U0090469

中國學術思想

研究輯刊

十二編

林慶彰 主編

第 27 冊

揚雄《太玄》《法言》之氣論思想研究

黃嘉琳 著

花木蘭文化出版社

國家圖書館出版品預行編目資料

揚雄《太玄》《法言》之氣論思想研究／黃嘉琳 著 — 初版 —
新北市：花木蘭文化出版社，2011〔民 100〕
目 4+264 面；19×26 公分
（中國學術思想研究輯刊 十二編：第 27 冊）
ISBN：978-986-254-668-0（精裝）
1.（漢）揚雄 2.學術思想 3.哲學
030.8   100015935

ISBN-978-986-254-668-0

9 789862 546680

中國學術思想研究輯刊
十二編 第二七冊   ISBN：978-986-254-668-0

揚雄《太玄》《法言》之氣論思想研究

作　　者 黃嘉琳
主　　編 林慶彰
總 編 輯 杜潔祥
出　　版 花木蘭文化出版社
發 行 所 花木蘭文化出版社
發 行 人 高小娟
聯絡地址 新北市永和區中正路五九五號七樓
　　　　 電話：02-2923-1455／傳真：02-2923-1452
網　　址 http://www.huamulan.tw 信箱 sut81518@gmail.com
印　　刷 普羅文化出版廣告事業
封面設計 劉開工作室
初　　版 2011 年 9 月
定　　價 十二編 55 冊（精裝）新台幣 90,000 元
版權所有·請勿翻印

揚雄《太玄》《法言》之氣論思想研究

黃嘉琳　著

作者簡介

黃嘉琳

學經歷：中國文化大學 中國文學系 博士候選人
　　　　中國文化大學 中國文學系 碩士班畢業
　　　　教育部 中等學校教師檢定及格
　　　　高雄市 大樹國中國文實習教師
專長：漢代易學、漢代思想

提　　要

　　秦漢時期《禮記》、《易傳》、《呂氏春秋》、《淮南子》、《春秋繁露》等皆對天地萬物、飛潛動植析分數類，冀求深察天地萬物之理，因而，漢代書籍中所論者以天文、曆法、星宿、方位、季節及人事活動一并而論，如此一來看似系統繁雜無章、資料冗然龐雜，然欲求諸天地人是一、宇宙整體為一的實有世界。

　　本論文將以「氣論」之本體宇宙觀出發，而「氣論」思想之中心為本體經陰陽二氣相生為萬物；以理性客觀機率排列決定一切；二五之氣相異、天地萬物各殊各異；萬物各具其主體性；二五之氣流行順暢為氣化之常；其氣流行過與不及則為氣化之變；氣化常道中有生生不已之生生義、生生中有其道德義；道德規範有他律與自律，以聖人自律導化眾人氣化之變，眾人以他律修養自身以求他律自律為一；形上在具體有限之物中展現，形下之物用以表現形上無限之理；元氣、形氣為一，形氣層中為道之分化、道之遍在等。且「氣論」乃依時間、空間之進程而具體存在，以求達天人為一，內外、有無、形上形下是一。由此可知，秦漢書籍中大多都有欲說盡天地人我萬物的形式風格，是欲以宇宙萬物為一整體的終極理想之表現。

　　本著「氣論」思想特色，以《太玄》、《法言》兩書為主，作為研究揚雄氣論思想的主軸，以下依每章主旨來闡述本文所欲傳達之揚雄氣論思想：

　　第一章，主要論述研究動機與目的、研究範圍與方法、先整理前人研究成果在界定本文所欲研究範圍，並說明以何種方法研究之。

　　第二章，舉例考證揚雄姓氏之派別，並說明何者為信；再對揚雄生年七十一之年歲，一方面以〈附錄一：揚雄年譜〉細論之，另一方面以分段說明之；並略述揚雄生平所作之書籍文章。

　　第三章，闡明揚雄所生之時代背景與思想傳承，時代背景一為今古文經之爭說明兩大流派之所持論與主張，二為陰陽五行思想的流行與後期的氾濫迷信，三則為天人感應的思想等；思想淵源，以儒家、道家、卦氣為主且分節陳述。

　　第四章，討論揚雄《太玄》書中之氣論思想的部份，先瞭解《太玄》架構，以三為組成天地萬物之基數開始，三三為九擴大為九的概念，以三分在方、州、部、家建構四重，組成八十一首，一首九贊，總為七百二十九贊，又為配以一年一之數，加以踦、贏二贊而副之，《太玄》世界圖式以「罔、直、蒙、酋、冥」依順序運行不已，最後更說明《太玄》操著之法與所占吉凶。

　　第二節至第六節皆在說明《太玄》架構的世界，從宇宙氣化之玄道出發，玄道以陰陽二氣發而為萬物，並對陰陽之間的關係以「漸進」、「極端」、「不離」、「相感」、價值付與等說明；「萬物感通」中以「孚」如「機」為萬物始發的那一刻討論開始，進而說明萬物之間各具有主體

性，萬物間以陰陽二氣相感，相感後則往來頻繁、萬物相交，天地萬物生生中有應然如此的道德義存在，可為人之常道常法；以陰陽生而為天，天為廣大無垠無涯、渾圓運行的自然渾天論，天道中會有因循革化之與時進化的觀念；最後以明葉子奇的疑議再對揚雄《太玄》體系做其補全與整體說明。

第五章，以《法言》中宇宙自然之天貫通補充《太玄》之自然渾圓天道；由氣論來說明心與性，以群心之用，心之神用能潛天潛地來論述，以氣說明人性善惡混之意，因其人性有善惡混而人有分以聖人、賢人、眾人三品；揚雄整部《法言》最重要且強調之處乃在於不論是三品中那一品，皆要「愛日以學」時時學習使達天道、人道為一，天地宇宙整體氣化流行無礙的實有世界。

第六章，討論揚雄思想對東漢桓譚、王充，及宋代司馬光的影響，更列以後代褒揚與貶抑的各論以觀揚雄全貌。

本文於研究揚雄《太玄》、《法言》思想過程中，以提綱挈領地說明所體悟揚雄作書之深意，及漢代天地萬物之整體氣化的思想觀。

目

次

第一章 緒 論

第一節 研究動機與目的

　　基於揚雄《太玄》、《法言》歷代以來討論者爲數不多，或言此兩部書僅爲摹擬《易經》、《論語》之作。再者揚雄又多以古文奇字造文，艱澀文字羅列其中，此亦造成研究者甚微之因。故本文試圖以「氣論」之角度，重新觀照《太玄》、《法言》且將揚雄思想以一嶄新的面貌展現出來。

　　班固作《揚雄傳》贊敍揚雄云：「實好古而樂道，其意欲求文章成名於後世，以爲經莫大於《易》，故作《太玄》；傳莫大於《論語》，故作《法言》。」〔註1〕而以《太玄》、《法言》爲研究揚雄思想之主軸，尤以《太玄》中的三方、九州、二十七部、八十一首、七百二十九贊的象數架構作爲闡述揚雄氣論思想基礎，由二的開端改爲三的發動，建立多種可能性。《法言》承接《論語》進而建構儒家思想，更強調「學」的工夫修養，以導正氣化之變回歸氣化常道。揚雄企圖集合現實上無限多之有限爲具體之無限，承接漢代貫通天人、包羅萬有之理。

　　「氣論」由學者論證成果得知，〔註2〕已從先秦之《孟子》、《莊子》、《荀

〔註1〕 （漢）班固撰；（唐）顏師古注；（清）王先謙補注：《漢書補注》（臺北：藝文印書館，1996 年），頁 1541。

〔註2〕 參看張立文撰：《氣》（臺北：漢興書局，1994 年）；楊儒賓主編：《中國古代思想中的氣論及身體觀》（臺北：巨流圖書公司，1997 年）；小野澤精一、福永光司、山井涌編著；李廣譯：《氣的思想——中國自然觀和人的觀念的發展》（上海：人民出版社，1999 年）；劉又銘撰：《理在氣中：羅欽順・王廷相・顧炎武・戴震氣本論研究》（臺北：五南圖書，2000 年）；王先生俊彥撰：《王廷相與明代氣學》（臺北：秀威資訊科技，2005 年）等。

子》、《管子》，秦漢之《呂氏春秋》、《淮南子》、《春秋繁露》、王充，魏晉南北朝之道家、道教，隋唐五代之儒、道、佛，宋代之邵雍、張載、二程、朱熹，明代之羅欽順、王廷相、吳廷翰，至清代之戴震、康有爲、嚴復、譚嗣同等皆一脈相承。由上陳述可知「氣論」思想至宋明以後已發展成熟，然「氣論」思想非一時一地一人所創，本文將根據氣論思想之特質上推至漢代揚雄之《太玄》、《法言》，並以《太玄》、《法言》爲研究範圍，以期展現漢代揚雄已然實存之「氣論」思想。

　　首先闡明本文中「氣論」之意爲何？「氣論」以萬物各具其主體性，形上與形下並重，有形、無形是一的具體實有之整體觀，但「氣論」非心學、理學所認爲的無本體義，在氣論的基本理論「元氣凝爲形氣」中，可知氣論本體義的存在。氣論不僅有本體義，更能不止息地生化各殊之萬物，因此氣論也具有生生義，在氣化生生不斷產生中，存在著必然如此、應然如此之理，此稱爲氣化生生之道德義。正因氣化有任何的可能性，並客觀機率決定一切，故能進而生成各殊各異之萬物，本文將由氣化之各種特性，開展此論文之陳述。

一、先　秦

　　先秦之際爲非自覺性地存有「氣論」思想概念，然孔子重實有的精神，早就已然開展，《論語・述而》云：

　　　　子不語怪力亂神。〔註3〕

　　又《論語・先進》云：

　　　　季路問事鬼神。子曰：「未能事人，焉能事鬼。」曰：「敢問死。」
　　　　曰：「未知生，焉知死。」〔註4〕

從篤行、實踐的生活點滴，積累成爲生命之價值義，此爲不自覺的形上、形下是一的實有觀。至《孟子》卷六中更直言：

　　　　「敢問夫子惡乎長？」曰：「我知言，我善養吾浩然之氣。」「敢問
　　　　何謂浩然之氣？」曰：「難言也。其爲氣也，至大至剛，以直養而無
　　　　害，則塞于天地之間。」〔註5〕

〔註3〕　（清）阮元撰；（魏）何晏注；（宋）刑昺疏：《論語正義》（臺北：藝文印書館，2001年《十三經注疏》本），卷7，頁63。

〔註4〕　同註3，卷11，頁97。

〔註5〕　（漢）趙岐注；（宋）孫奭疏：《孟子》（臺北：藝文印書館，2001年《十三經注疏》本），頁54。

氣以直養而無害,「直」可謂爲氣化中之常道,「浩然之氣」依循氣化常道運行並充斥於整個天地之間,可證明孟子之時早有氣化的觀念,進而由氣化肯定實踐生命的價值義及實然的整體觀。

《莊子·大宗師》云:

> 彼方且與造物者爲人,而遊乎天地之一氣。〔註6〕

又《莊子·知北遊》云:

> 人之生,氣之聚也;聚則爲生,散則爲死。若死生爲徒,吾又何患!
>
> 故萬物一也,是其所美者爲神奇,其所惡者爲臭腐;臭腐復化爲神
>
> 奇,神奇復化爲臭腐。故曰:「通天下一氣耳。」〔註7〕

《莊子》提出「天地之一氣」、「通天下一氣」、「萬物一」的概念,又將人之生死視爲「氣之聚散」,氣化之常爲美、爲神氣,氣化之變爲惡、爲臭腐,然氣化常變是可以互通互變的,因此才說「臭腐復化爲神奇,神奇復化爲臭腐」,由此可知當此之時,氣論思想已然存在。

陳鼓應在〈論道與物關係問題:中國哲學史上的一條主線〉中說:

> 漢以後,元氣思想盛行,「元氣」概念或乃「一氣」之轉化。而莊子
>
> 「一氣」思想,至北宋爲張載所發揚,張載認爲宇宙就是太虛一氣
>
> 的運動。「一氣」流行說也爲朱熹所繼承,……「一氣」成爲朱熹以
>
> 氣來解釋天地萬物生滅變化時的重要範疇。清代黃宗羲說:「通天
>
> 地,亙古今無非一氣而已。」(〈太極圖講義〉),哲學家王船山亦說:
>
> 「天人之蘊,一氣而已」(《讀四書大全說》卷十),可見莊子「一氣」
>
> 概念成爲後世哲學的重要範疇。〔註8〕

「一氣」之概念從《莊子》下貫至北宋張載、南宋朱熹、清代黃宗羲、王夫之等,可見「一氣」思想於中國思想中是有脈可尋的。陳鼓應又說:「道既然透過氣而內化爲萬物自身的生命內蘊,則道物之間的分際便取消了。」〔註9〕,氣能使道內化在萬物中,於是道物爲一。氣論思想是構築架立於天地間萬事萬物的可能性,由有限的事物,透過人文努力以達至無限天道的層次,氣是

〔註6〕 (晉)郭象注;(唐)陸德明音義:《南華眞經》(臺北:臺灣商務印書館,1976年《四部叢刊》影印上海商務印書館縮印明刊本),卷3,頁58。

〔註7〕 《南華眞經》,卷22,頁154。

〔註8〕 陳鼓應撰:〈論道與物關係問題:中國哲學史上的一條主線〉,《臺大文史哲學報》第2005年5月),頁112~113。

〔註9〕 同註8,頁111。

無形且眞實存在，連結「道物是一」，使天人有無爲一成爲可能。

二、漢　代

　　氣論思想不僅在先秦時已潛藏於諸子之中，早於揚雄前的漢代各書籍中也可察知氣論之形影。如《淮南子・天文》云：

> 明者，吐氣者也，是故火日外景；幽者，含氣者也，是故水月內景。
> 〔註10〕吐氣者施，含氣者化，是故陽施陰化。天地之偏氣，怒者爲風，
> 天地之合氣，和者爲雨。〔註11〕陰陽相薄，感而爲雷，激而爲霆，亂
> 而爲霧。陽氣勝則散而爲雨露，陰氣勝則凝而爲霜雪。毛羽者，飛行
> 之類也，故屬於陽；介鱗者，蟄伏之類也，故屬於陰。〔註12〕

陽氣爲明、爲吐氣、爲施、爲天；陰氣爲幽、爲含氣、爲化、爲地。於《淮南子》中可知，天地之飛潛動植全然由陰氣、陽氣所生，且冀望能詳備地描述天地間萬事萬物，《淮南子》已具體而微地呈現出漢代大一統帝國下，知識份子盡全力詮釋各種具體萬物，雖龐大而冗雜，但就是在表現萬物各具其主體性的態度，並集合無限多之有限，進而達到無限天道的可能，足見《淮南子》奮力建構一個實有整體。另司馬遷於《史記・律書》有言：

> 數始於一，終於十，成於三；氣始於冬至，周而復生。神生於無形，
> 成於有形，然後數形而成聲，故曰神使氣，氣就形。形理如類有可
> 類，或未形而未類，或同形而同類，類而可班，類而可識。〔註13〕

〔註10〕「火日外景」、「金水內景」《周髀算經》：「日者，陽之精，譬猶火光。月者，陰之精，譬猶水光。月含影，故月光生於日之所照。」故應作「火日外景」、「水月內影」。

〔註11〕「天地之偏氣，怒者爲風；天地之合氣，和者爲雨」景宋本作「天之偏氣，怒者爲風；天地之含氣，和者爲雨」。王念孫云：藝文類聚天部下引曾子曰：「天地之氣，和則雨」。是風雨皆天地之氣，豈得以風屬之天，雨屬之地乎？下句當依道藏本作「天地」，上句當補「地」字。又案「含氣」當爲「合氣」。「合」「含」字相似，又涉上文「含氣」而誤也。「合氣」與「偏氣」正相對，作「含」則非其指矣。詳說參見（清）王念孫：《讀書雜志下》（臺北：世界書局，1988年11月，據同治庚午十一月金陵書局重刊本影印），〈淮南內篇第三〉，頁785～786。今從王說校改。

〔註12〕（東漢）許慎記：《淮南子》（臺北：臺灣商務印書館，1976年《四部叢刊》影印上海商務印書館縮印影鈔北宋本），卷3，頁17。

〔註13〕（漢）司馬遷撰；（宋）裴駰集解：《史記》（臺北：藝文印書館據清乾隆武英殿刊本景印，2005年），頁493～494。

「神生於無形,成於有形,然後數形而成聲,故曰神使氣,氣就形」神的生生作用使氣能由無形成於有形,氣是建構說明無形到有形的可能性及其過程。

《春秋繁露・陽尊陰卑》〔註14〕又道:

> 春氣愛,秋氣嚴,夏氣樂,冬氣哀。愛氣以生物,嚴氣以成功,樂氣以養生,哀氣以喪終,天之志也。是故春氣暖者,天之所以愛而生之;秋氣清者,天之所以嚴而成之;夏氣溫者,天之所以樂而養之;冬氣寒者,天之所以哀而藏之。〔註15〕

《春秋繁露》中將四時運行與氣相結合,因此有春暖夏溫時,天愛樂萬物;秋清冬寒時,天就嚴而哀之。「天道之常,一陰一陽」〔註16〕而此陰氣與陽氣互相作用而生出宇宙、四時季候,甚而為此四時加諸人格化之性格。

可知上貫先秦之孔孟、《莊子》,下通秦漢《呂氏春秋》、《史記》、《春秋繁露》、《淮南子》、《太玄》、《論衡》等,皆有「氣論」思想的一脈相承,鄔昆如〈漢代宇宙論之興起與發展及其在哲學上的意義〉〔註17〕認為漢代宇宙論都濃縮到「氣」的問題上,他說:

> 漢代宇宙論的宇宙變化問題,都濃縮到「氣」的課題上。從騶衍五德終始說開展的陰陽二氣開始,到呂氏春秋的「順氣」,再到淮南子的「宇宙生氣」以及「天含和而未降,地懷氣而未揚」,還有「氣有涯垠」,再到董仲舒在春秋繁露裏所假定的「氣」,以及由氣所演化成的萬物。楊雄的「玄」極似老子的「道」,可也發佈陰陽二氣,而二氣的相互交散,才形成天地萬物。甚至,王充的論衡也認為「萬物都由氣構成」,進一步,離之氣便沒有物的存在,而「氣」才是天地萬物的根源。

今以揚雄《太玄》、《法言》為研究主題,於大一統漢帝國中,清楚說明龐大廣雜系統背後所潛藏之意,進以建構萬物皆具其主體性,萬物彼此以氣互相

〔註14〕 殷本將此段至於〈陽尊陰卑〉。蘇輿在《春秋繁露義證・陽尊陰卑》:「惡者受之,善從之下」下云:「各本此下皆下篇『夫喜怒哀樂之發』至『而人資諸天』。張惠言云:當接『土若地』至『此見天之近陽而遠陰』今從凌本移。」(北京:中華書局,2002 年),頁 325。故此段疑為錯簡。

〔註15〕 (漢)董仲舒撰:《春秋繁露》(臺北:臺灣商務印書館,1976 年《四部叢刊》影印上海商務印書館縮印武英殿聚珍版本),卷 11,頁 61。

〔註16〕 同註 15,卷 12,頁 66。

〔註17〕 鄔昆如〈漢代宇宙論之興起與發展及其在哲學上的意義〉:臺北:國立政治大學中文系所主編《漢代文學與思想學術研討會論文集》(1991 年),頁 104～105。

關聯，天人是一等的氣論思想。

第二節　研究範圍與方法

　　揚雄著作甚多，除了《太玄》、《法言》之外，文學方面就有《縣邸銘》、《王佴頌》、《成都四隅銘》、《綿竹頌》、《蜀王本紀》、《反離騷》、《廣騷》、《畔牢愁》、《甘泉賦》、《河東賦》、《羽獵賦》、《趙充國頌》、《長楊賦》、《酒賦》、《解嘲》、《解難》、《逐貧賦》、《琴清英》、《訓纂》、《難蓋天八事》、《官箴》、《州箴》、《劇秦美新》、《元后誄》、《方言》等篇，但因題目所限，在此專以氣論思想闡釋揚雄《太玄》、《法言》中所表現的特色來論述。

一、研究範圍

（一）《太玄》

　　關於《太玄》篇目問題，由幾個考證資料而論。《漢書‧藝文志》注曰：「《太玄》十九。」〔註18〕《漢書‧揚雄傳》：「故《玄》三方、九州、二十七部、八十一家、二百四十三表、七百二十九贊，分為三卷，曰一二三。……有首、衝、錯、測、攡、瑩、數、文、掜、圖、告十一篇，皆以解剝《玄》體，離散其文，章句尚不存焉。」〔註19〕可知在《漢書‧藝文志》和《漢書‧揚雄傳》中所記已經相異。

　　《太玄》一書，今存〈玄經〉五千餘文，加上玄傳〈首〉、〈測〉、〈衝〉、〈錯〉、〈攡〉、〈瑩〉、〈數〉、〈文〉、〈掜〉、〈圖〉、〈告〉十一篇。《四庫全書總目‧子部‧術數類》云：

> 《漢書‧藝文志》……稱《太玄》十九，其本傳則稱《太玄》……分三卷……又稱有〈首〉、〈衝〉、〈錯〉、〈測〉、〈攡〉、〈瑩〉、〈數〉、〈文〉、〈掜〉、〈圖〉、〈告〉十一篇，皆以解剝玄體，離散其文，章句尚不存焉，與〈藝文志〉十九篇之說已相違異。桓譚《新論》則稱《太玄》經三篇，傳十二篇，合之乃十五篇，較本傳又多一篇。案阮孝緒稱《太玄經》九卷，雄自作章句。疑〈漢志〉所云十九篇，乃合其章句言之。今章句已佚，故篇數有異。至桓譚《新論》則世

〔註18〕《漢書補注》，頁889。
〔註19〕同註18，頁1538。

無傳本，惟諸書遞相援引，或譌十一爲十二耳。〔註20〕

《太玄》篇目所產生的問題，較令人不解之處乃爲《漢書‧藝文志》與《漢書‧揚雄傳》中的篇目已不相同。《漢書‧藝文志》云有十九篇，但沒論述內容爲何，《漢書‧揚雄傳》則云此書有十一篇並列其篇目之名。後代又有桓譚及阮孝緒對《太玄》之篇目有不同的記錄。關於《漢書‧藝文志》十九篇之說，《四庫全書總目提要》：「《漢志》所云十九篇，乃合其章句言之。今章句已佚，故篇數有異。」〔註21〕《隋書‧經籍志注》：「揚子《太玄經》九卷，揚雄自作章句，亡。」〔註22〕《漢書‧藝文志》十九篇之溢多篇目，眾多推論皆言所缺爲章句。

《漢書‧藝文志補注》：「《太玄》本十四篇，據《別錄》有玄問一篇，合十五篇。《新論》亦稱《經》三篇，《傳》十二篇，與《別錄》合。」〔註23〕劉向《別錄》與桓譚《新論》皆稱十五篇，然《別錄》、《新論》皆佚散之，餘存之文分散於各書，故未見其書而不加採用。

本文以現今傳本《太玄》校之，其篇目合於《漢書‧揚雄傳》所記。劉韶軍於《太玄集注》前言對此書之優點加以論說：

> 司馬光根據漢宋衷、吳陸績、晉范望、唐王涯、宋陳漸、吳秘、宋惟幹七家注本，對其中的文字異同和異音異義進行了詳細校勘和記錄。這份資料對于後人的整理工作，具有十分寶貴的價值。這也是《集注》最具特色的優點之一。〔註24〕

本書以北京中華書局之新編諸子集成，漢揚雄撰、宋司馬光集注、劉韶軍點校本之《太玄集注》爲其研究底本。《太玄集注》是以明抄本爲底本，用道藏本、大典本、張士鎬本及胡注殘卷對校前六卷，後四卷許翰解，參考五柳居本。〔註25〕

〔註20〕　（清）永瑢、紀昀等撰：《武英殿本四庫全書總目提要》（臺北：臺灣商務印書館，2001年），第3冊，頁331。

〔註21〕　《武英殿本四庫全書總目提要》，第3冊，頁331。

〔註22〕　（唐）魏徵注：《隋書‧經籍三‧子》（臺北：藝文印書館據清乾隆武英殿本景印），頁503。

〔註23〕　《漢書補注》，頁889。

〔註24〕　（漢）揚雄撰；（宋）司馬光集注；劉韶軍點校：《太玄集注‧前言》（北京：中華書局，2005年），頁4～5

〔註25〕　劉紹軍於《太玄集注‧前言》對北京中華書局點校版本說明，他說：「此次點校，所用版本即上述之前四種。因各本皆有訛誤衍脫倒錯，相比之下以明抄

（二）《法言》

《法言》，《漢書・藝文志》及《漢書・揚雄傳》皆記十三卷。《漢書・揚雄傳》中有云作《法言》之歷程，本傳言：

> 雄見諸子各以其知舛馳，大氏詆訾聖人，即爲怪迂，析辯詭辭，以撓世事。雖小辯，終破大道而或眾，使溺於所聞而不自知其非也。及太史公記六國，歷楚漢，訖麟止，不與聖人同，是非頗謬於經。故人時有問雄者，常用法應之，撰以爲十三卷，象《論語》，號曰《法言》。〔註26〕

因當時諸子之小辯惑亂聖人之大道，揚雄「常用法應之」來說明不朽之聖道爲何，因此作《法言》。本文取北京中華書局汪榮寶所疏之《法言義疏》，汪氏一開始先作《法言箋記》，後又用十餘年之力作《法言疏證》，而後再加以汰繁存要作《法言義疏》。陳仲夫說：

> 《義疏》即以治經之法治之，考源流，明正叚，審正俗，辨異文，補舊注……校勘注釋，不嫌其詳，於五家注及《音義》之外，還薈萃了清代以來各家的研究成果，……引書達三百種左右，足見其內容豐富。〔註27〕

《法言義疏》中資料豐富並校勘注釋精密，因此，本文以北京中華書局之新編諸子集成，漢揚雄撰、晉李軌注、汪榮寶疏之《法言義疏》爲研究底本。此底本依陳仲夫言「以原刊本同秦刻本、明刊和日本刊《新纂門目五臣音註》本、稻香吟館刊盧氏校本以及《法言疏證》進行了對校」。〔註28〕

兩千多年前之揚雄著述作品《太玄》、《法言》，經時間的流變與各朝代學者注解，而有不同的樣貌，其中嚴靈峰的《周秦漢魏諸子知見書目》〔註29〕將《太玄》、《法言》目錄依其時間先後排列其中的書目，補充並了解其現今存有的資

本較少，且爲全本，故以明抄本爲底本，用道藏本、大典本、張士鎬本及胡注殘卷對校前六卷。後四卷許解，無他本可校，衹好用五柳居本作爲參考，斟酌文意，進行校改。五柳居本是清嘉慶三年蘇州書坊五柳居依據明抄本翻刻的本子。」，頁8。

〔註26〕《漢書補注》，頁1540。

〔註27〕汪榮寶撰；陳仲夫點校：《法言義疏・點校說明》（北京：中華書局，1996年），頁5。

〔註28〕同註27，頁5～6。

〔註29〕嚴靈峰：《周秦漢魏諸子知見書目》（臺北：正中書局，1979年），第5卷，頁357～389；321～355。

料，有完整的呈現，其中相關資料請參見其書目，本文則不另加贅述。

（三）前人研究成果

前人針對揚雄《太玄》、《法言》的思想研究專書甚少，大多爲單篇期刊論文之研究，單篇論文中又以研究揚雄文學思想爲多。以下爲筆者所整理揚雄生平及《太玄》、《法言》相關問題之討論。

1、揚雄相關背景研究

專書部份有王青著《揚雄評傳》，〔註 30〕陳福濱著《揚雄》、〔註 31〕丁介民著《揚雄年譜》、〔註 32〕張震澤校注《揚雄集校注》〔註 33〕等對揚雄生平著作及思想特色有所講述。單篇期刊論文〔註 34〕爲研究揚雄問題中數量最多者，如對揚雄生平著述考略、道家思想研究、宋儒論揚雄等文章。

2、《太玄》研究

論述之專書有鄭萬耕著《揚雄及其太玄》〔註 35〕及《太玄校釋》，〔註 36〕所論之書籍甚少，其他則以單篇期刊呈現之，〔註 37〕內容則論《太玄》與道

〔註 30〕　王青撰：《揚雄評傳》（南京：南京大學出版社，2000 年）。

〔註 31〕　陳福濱撰：《揚雄》（臺北：東大圖書股份有限公司，1993 年）。

〔註 32〕　丁介民撰：《揚雄年譜》（臺北：菁華出版社，1975 年）。

〔註 33〕　（漢）揚雄撰；張震澤校注：《揚雄集校注》（上海：上海古籍出版社，1993 年）。

〔註 34〕　與揚雄生平著作等問題相關之期刊論文有：劉曉勤撰〈評揚雄的政治操行〉；王春淑撰〈揚雄著述考略〉；雷健坤撰〈揚雄信道的思想特質〉；清宮剛撰〈揚雄與道家思想〉；張濤撰〈略論揚雄對漢代易學發展的貢獻〉；吳全蘭撰〈揚雄是「摹擬大師」之辨正〉；王萍撰〈嚴遵、揚雄的道家思想〉；譚繼和撰〈「西道孔子」揚雄的大一統觀與儒風在巴蜀的流布〉；楊福泉撰〈揚雄至京、待詔、奏賦、除郎的年代問題〉；劉保貞撰〈揚雄著作及其流傳〉；張靜環撰〈揚雄、王充自然說之人性論〉；張曉明撰〈揚雄著作存佚考及繫年研究〉；鄭文撰〈對揚雄生平與作品的探索〉等。

〔註 35〕　鄭萬耕撰：《揚雄及其太玄》（臺北：藍燈文化事業股份有限公司，1992 年）。

〔註 36〕　（漢）揚雄撰；鄭萬耕校釋：《太玄校釋》（北京：北京師範大學出版社，1989 年）。

〔註 37〕　《太玄》相關之單篇期刊論文有：魏啓鵬撰〈《太玄》‧黃老‧蜀學〉；葉幼明撰〈揚雄的「玄」是一個唯物主義命題〉；李軍撰〈揚雄與玄學〉；張善熙撰〈成都鳳凰山《太玄經》搖錢樹初探〉及〈成都鳳凰山出土《太玄經》搖錢樹探討〉；王世達撰〈簡論《太玄》外易內道的結構特色〉；張運華撰〈從《太玄》看道家理論思辨對揚雄的影響〉；王國忠撰〈揚雄《太玄》的象數結構與形上思想〉；董根洪撰〈「動化天下，莫尚于中和」──論揚雄的中和哲學〉；劉保貞撰〈論《太玄》對《周易》的模仿與改造〉及〈《太玄》贊辭所倡明君、

家思想、漢代易學與唯物主義等之關係。

3、《法言》研究

專書論述有：郭君銘著《揚雄《法言》思想研究》、〔註38〕藍秀隆著《楊子法言研究》〔註39〕等。單篇期刊論文相較於揚雄相關背景與《太玄》研究的資料為少，〔註40〕其內容則有對《法言》之評論與思想特徵，人性論之討論等。

張曉明在〈二十年來揚雄研究綜述〉〔註41〕單篇期刊論文中，對於二十世紀八十年代以來對研究揚雄之生平研究、著作研究、哲學思想研究、文學思想研究等做整理與統計，對近代研究揚雄者有其助益。

二、研究方法

（一）原典輯錄歸納

由《太玄》、《法言》進行全面性輯錄的工作，輯錄之關鍵字以「天」、「玄」、「氣」、「心」、「性」、「陰陽」、「五行」等為主，歸納原典中出現的重要關鍵字進而建立起宇宙、本體、心性、修養等思想架構。揚雄《太玄》擬《易》的構造形式、《法言》仿《論語》的對話樣態，為學者所共知，但本文是由氣論思想論述，《太玄》、《法言》所延伸出的論題，故討論的方式有所不同。

賢臣思想述評〉；周立升撰〈《太玄》對「易」「老」的會通與重構〉；陳廣忠撰〈揚雄《太玄》的道家精神（上）（下）〉；王青撰〈《太玄》研究〉；問永寧撰〈讀玄釋中——試論《太玄》所本的宇宙說〉；潘玉愛撰〈書評：鄭萬耕《揚雄及其太玄》〉；劉懷榮撰〈從「九天」說看揚雄「文必艱深」論〉；鄭萬耕撰〈試論《太玄》對《易傳》辯證思維的發展〉；田小中撰〈朱熹論《太玄》〉；解麗霞撰〈綜參古《易》：《太玄》的易學淵源〉等。

〔註38〕郭君銘撰：《揚雄《法言》思想研究》（成都：巴蜀書社，2006 年）。
〔註39〕藍秀隆撰：《楊子法言研究》（臺北：文津出版社，1989 年）。
〔註40〕《法言》相關之單篇期刊論文有：石曉寧撰〈試談揚雄《法言》的思想傾向〉；李英華撰〈楊雄《法言》中的易學思想〉；金毅撰〈論逸民、隱士及其隱遁權——《莊子》、《法言》、《抱朴子》論隱逸〉；鄭文撰〈揚雄的性「善惡混」論實際是荀況的性惡論〉；楊海文撰〈揚雄《法言》的文化守成主義〉；許愛蓮撰〈試論揚雄《法言》中的先秦儒家人物〉；劉爲博撰〈揚雄《法言》中的君子觀〉；張兵撰〈揚雄《法言》中的道家思想〉；楊福泉撰〈論《法言》的尊聖崇經與儒學批判〉；劉保貞撰〈從《孝至》後半篇看揚雄對王莽的態度〉等。
〔註41〕張曉明撰：〈二十年來揚雄研究綜述〉，《青島大學師範學院學報》第卷第4期（2002 年 12 月）。

（二）時代背景作旁證

　　期待對揚雄《太玄》與《法言》有更深一層的瞭解，除了就揚雄生平、著作及思想淵源等相關背景資料做研究，更期能對漢代思潮背景及漢代以前之歷史、思想作因果邏輯推演及廣遍式的探討，因而全篇論文所敘述之內容期以各角度、各面向之思考與資料來完整表達此論文之精要。

　　於歷史的理解正如高達美〔註42〕所言「由習俗和傳統的連續性所填滿」，時間是由過去、現在和未來的時間序列所構建而成，換言之，歷史不是斷裂的、遠不可知的，是有其成長過程與秩序可言，「連續性」重要地說明歷史是活動式的進程而不是獨立存在的，故時代背景的重要性，不可忽略。

（三）圖表解構法

　　《太玄》仿《易》而作，為求其與《易》卦、五行方位等相互排列對照而畫其圖表，觀其《太玄》獨立之建樹、創造之思維、縝密之體系，本文將以圖式進行解構，將圖式結構中存留的潛藏之意，做歸納比較，進而分解出揚雄新的世界圖式，以構圖、列表整合揚雄天地人一體的時空流轉進程。因構表系統所成之圖表，《太玄》之數目遠多於《法言》。

　　學術研究方法紛然多樣，至於用何種方法、何種角度，會依照欲解決的論題及所觀照的對象而不同。但學術界提出的方法及觀念，本有其研究方法上的有效性、合法性及其方便性，學者一提出新的研究方法及視野，後進之人常蜂然而湧的運用及執行，但往往忽略了自身研究論題的重心之所在，研究目的為何，預期建構的理論適用性如何，這些問題會隨著方法的使用，析剖的角度，而有南轅北轍之別。但究竟用何種適切的方法，仍是要真誠的面對論題。徐復觀說：「方法是研究者向研究對象所提出的要求，及研究對象對研究者所呈現的答復，綜合在一起的一種處理過程。所以真正的方法，是

〔註42〕《高達美‧理解的歷史性》：「時間間距根本不是像古典解釋學所主張的那樣，是一個為了達到正確的理解必須加以克服的障礙；也不是像歷史主義幼稚地假定的那樣，我們必須置身於時代的精神中，我們應當以它的概念和觀念，而不是以我們自己的概念和觀念來進行思考，從而能夠確保歷史的客觀性。相反，時間間距實際上是理解的積極的和建設性的可能性，意義發現的無窮程序就是通過它來實現的。高達美說：『事實上，具有重要意義的是，在於把時間距離看成是理解的一種積極的創造性的可能性。時間間距不是一個張著大口的鴻溝，而是由習俗和傳統的連續性所填滿，正是由於正種連續性，一切流傳物才向我們呈現出來。』」嚴平撰，（臺北：東大圖書股份有限公司，1997 年），頁 136。

與研究的對象不可分的。」〔註43〕因此方法的酌用與運行，都要益加的小心謹慎，而非盲從新觀念、新方法的使用，造成不合宜的、扭曲的、有距離感的或差異頗大的論題與成果。故本文將以合於漢代所流行的氣化宇宙論的「氣論」思想觀照揚雄《太玄》、《法言》，以期能體悟揚雄著書之深意，並減少誤解。

〔註43〕徐復觀：〈研究中國思想史的方法與態度問題〉，收入韋政通：《中國思想史方法論文選集》（臺北：水牛出版社，1993 年），頁 152。

第二章　生平與著作

第一節　揚雄姓氏考

　　自古至今對揚雄姓氏之論各持異端、眾說紛云,然論者大致分爲三個論說派別,一則從木之楊,另則從手之揚,再者從木從手互見皆可者。

　　揚雄之姓從手因甚爲罕見,又於《漢書‧揚雄傳上》記載其祖爲從木之姓,導致後人紛紛對其姓氏考持有不同之論見。而歷代學者不論從揚雄《漢書》本傳、各朝代刊本監本、石碑文等,追溯其揚雄之姓氏究竟爲從手、從木或兩者互見爲是者皆有其說。

　　(一)本文歸納贊成揚雄姓氏從木者有:段玉裁(1735～1815)、王念孫(1744～1832)、〔註1〕朱駿聲(1788～1858)、〔註2〕黃侃(1886～1934)〔註3〕等。王先謙補注引段玉裁說:

〔註1〕 王念孫《讀書雜誌》第六冊:「景祐本、汪本、毛本,楊揚二字雜出于一篇之中,明監本則皆改爲楊。其分見于各志各傳者,景祐本,汪本,毛本從木者尚多,而監本則否。余考《漢郎中鄭固碑》云,『君之孟子有楊烏之才』,烏即雄之子也,而其字從木,則雄姓之不從手益明矣。」(臺北:臺灣商務印書館,1978年),頁619。

〔註2〕 朱駿聲《說文通訓定聲》(下冊)揚字下謂:「又爲楊之誤字。《漢書‧揚雄傳》,字從手,說者謂子雲好奇,特自稱異。按雄《反騷》自序世系,當即《左傳》揚食我之後。三國楊德祖云,修家子雲,老不曉事,則其氏從木可知。」(臺北:世界書局,1968年),頁796。

〔註3〕 黃侃(法言義疏後序):「楊子以希聖之資,遭五百之會,所爲《法言》。繼迹孟、荀,次於經傳。」(北京:中華書局,1996年),頁1。

劉貢父《漢書注》云：「揚氏兩族，赤泉氏從木，子雲自敘其受氏從
才，而楊修書稱『修家子雲』，又似震族。」貢父所見雄自序，必
是唐以後偽作，雄果自序其受氏從才不從木，則《漢書音義》及師
古注必載其說，何唐以前並無是說，至宋而乃有之。且班氏用序為
傳，但曰其先食采於楊，因氏焉。楊在河汾之間，考《左傳》霍楊
韓魏皆滅於晉，羊舌肸時食采於楊，故亦稱楊肸，其子食我亦稱楊
石。《漢志》河東郡楊縣，即楊侯國。說《左傳》《漢書》家，未有
謂其字從者，則雄何得變其受氏之始兒從也。修與雄姓果不同字，
斷不曰「修家子雲」，以啓臨淄侯之欵笑也。作偽自序者，但因班氏
「無他楊於蜀」一語；不知師古注但云，「蜀諸姓楊者，皆非雄族」，
不云諸姓楊者皆從木，與雄從才異也。《廣韻》「揚」字註不言姓；「楊」
字注則云「姓出於宏農天水二望，本自周宣王子尚父、幽王邑諸楊，
號曰楊侯，後并於晉，因為氏。」然則姓有「楊」無「揚」明矣。

〔註4〕

段玉裁考證其意為：劉貢父認為揚雄《自序》是唐以後之偽作，且楊修、雄為
同姓而云「修家子雲」；《左傳》、《漢書》中皆未言從手；《廣韻》揚字註不言姓，
而楊字註言姓。前文論述乃為段玉裁考證楊雄之楊從木不從手。王念孫更以《漢
郎中鄭固碑》：「『君之孟子有楊烏之才』，烏即雄之子也，而其字從木，則雄姓
之不從手益明矣。」〔註5〕段、王等皆以楊雄之姓從木不從手為是。

　　（二）主張從手之揚者且闡論精細者有：徐復觀等。徐復觀以《古籀補》、
《古籀補補》、《金文編》和殷墟文字相較，「揚」字較「楊」字多且推論「揚」
字較「楊」字為早出。從木之楊至西漢始大盛，因此推知古籍中之「揚」後
人無意地改為從木之「楊」，徐復觀並引甚多資料以證明其是。〔註6〕

〔註4〕《漢書‧揚雄傳上注》，卷87上，頁1514。
〔註5〕《讀書雜誌》，頁619。
〔註6〕徐復觀《兩漢思想史》第二卷）：「經趙萬里、楊明照判斷為中唐草書的《文
　　　心雕龍》……揚雄之揚皆從手。今日可以看到最早的北宋景祐（1034～1037）
　　　本《漢書》，胡刻宋淳熙本重雕《文選》，中華書局影印宋理宗端平乙未朱熹
　　　孫刻《楚辭集注》、《楚辭後語》卷第二，揚雄或揚子雲之揚，皆從手。《四部
　　　叢刊》影印宋刊本《六臣注文選》，宋刊本《資治通鑑》卷三十八，石硯齋翻
　　　宋治平監本《揚子法言》，元刊本《元豐類稿》卷三十六《答王深甫論揚雄書》，
　　　元刊本朱文公校《昌黎先生集》卷之十一《讀荀子》，揚字皆從手。」（上海：
　　　華東師範大學，2004年），第2卷，頁274～275。

此外，徐復觀對段玉裁支持從木之楊者一一辯證論說。一、對劉貢父以為揚雄《自序》為唐後人所偽，徐復觀言：「若劉貢父所看到的揚雄《自序》寫本是唐以後人所偽造的，但偽造者將姓氏上本是最通行的從木的楊字，改為在姓氏上最不通行的從手的揚字，這是很可怪異的情形。」〔註7〕二、對其《左傳・襄公二十九年》：「虞郭焦滑霍揚韓衛，皆姬姓也。」阮元《校記》：「諸本作揚。《石經》初刻楊，後改從扌。」徐復觀又言：「所謂《石經》，指唐《開成石經》而言。唐《石經校文敘例》：『《石經》……有隨刻隨改，及磨改字迹，文誼并佳者，蓋唐玄度覆定。』楊與揚，在上引一句中，沒有訓釋上的問題，唐玄度們若無根據，何以會把已刻為楊改為揚？」〔註8〕以《開成石經》上之文不可為其準且未說明為何將已刻之楊改為揚。三、《廣韻》揚字不言姓，徐復觀言：「同屬十陽之『湯』、『方』，注亦皆未言姓，由此而可推論世不應有湯姓方姓嗎？」〔註9〕《廣韻》下之字，非言姓才為姓，以湯、方為例皆不言為姓但實姓氏也。

徐復觀推論因「漢元鼎間，避仇溯江上，處岷山之陽曰郫」〔註10〕時，始改從木之楊為從手之揚，避仇改姓多採原字稍加變動或字異音同的方式，這是中國社會常見之慣例。因避仇改姓而不便與蜀地的其他楊姓通族，故云「雄無它揚於蜀」〔註11〕，雄既承認其五世祖改楊為揚，則不須後人回復其姓。又云：「《說文解字》十二上『揚，飛舉也』，揚雄號子雲，或亦出于『飛舉』之義。」〔註12〕可論證揚雄字子雲，「子雲」意由「揚」之姓而來，非從木之「楊」。總而論之，徐復觀與段、王諸說皆認為揚雄與漢時楊姓本源相同。兩派之異乃在徐復觀以為揚雄五世祖因避仇而改姓且無須改回；段、王認為揚雄姓氏為後人所偽，因此本為「楊」，非為「揚」。

（三）另外主張從手從木互見者有：王先謙（1842～1917）、汪榮寶等。王先謙《漢書補注》云：

> 《漢書》從木從手之字，類多通作，不能枚舉，而各本又互異。楊揚通作。如揚州，景祐本、汪本多作楊；明監本全書皆作楊。《左傳》

〔註7〕　同註6，第2卷，頁275。
〔註8〕　同註6，第2卷，頁274。
〔註9〕　同註6，第2卷，頁276。
〔註10〕　同註6，第2卷，頁276。
〔註11〕　《兩漢思想史》（第二卷），第2卷，頁276。
〔註12〕　同註11。

之揚干，汲古本人表作楊干。本書之楊惲，見於宣紀者。李尋傳之
揚光輝，汲古本作楊光輝，足證此書二字通寫，元無一定。〔註13〕
上文王先謙有言「揚」、「楊」古字通用，元無一定。汪榮寶〔註14〕以為從「楊」、
從「揚」無正假可言，不必執著其事。由前所引之書，「楊」、「揚」本無所別，
於其他書籍中亦常見此互用情形。〔註15〕但徐復觀言：「若謂揚楊本可通用，
故子雲之姓，有楊揚歧出互用的情形，則何以其他以楊為姓的人，從未其歧
出為從手之揚？所以從木從手，必作一是一非的判斷，而不應採融通，實即
混淆之論。」〔註16〕因而不能從木從手隨其所用，不詳加考證，更說明從手
從木互見者有其缺失不足處。

今論揚雄姓氏之考，前文已明白陳述三派所持之論說，然筆者以為一因
揚雄之揚從手已久，自唐至今，廣為所用；二因後代亦有從揚之姓；三因揚
子雲之揚為五世祖所改「楊」為「揚」，後世不當為擅自歸復其宗。因此本文
行文皆取其從手之揚，不用從木之楊。

第二節　生　平

揚雄，字子雲，蜀郡（四川）成都人，生於漢宣帝甘露元年（53B.C），
卒於新莽天鳳五年（18），生年七十一。其間經歷西漢宣、元、成、哀、平、
孺子嬰及新王莽等七朝，揚雄生平細節可參考本文後所附之〈附錄一：揚雄
年譜〉。下文依揚雄生平分成四個時期，一為「居鄉時期」指西漢宣帝、元帝
及入京前成帝時期；二為「入京時期」指入京後成帝為政時期；三為「哀平

〔註13〕《漢書・揚雄傳上補注》，卷87上，頁1514。
〔註14〕汪榮寶：「同聲通用，古書常例，託名懷襪，尤無正假可言。謂雄姓從手，與
　　　　『楊』不同，斯為妄論：必以作『揚』為謬，亦乖通義。今所引用，悉依原
　　　　書，楊、揚並施，無取膠執也。」《法言義疏》，頁4。
〔註15〕徐復觀《兩漢思想史》（第二卷）：「《四部叢刊》影印明通津草堂刻本《論衡・
　　　　命祿篇》之揚子雲從手，《超奇篇》則從木。縮印明刊本《文心雕龍・詮賦》
　　　　第八『王楊聘其勢』從木。此外稱及『揚雄』的，則皆從手。……明代成化
　　　　年江西藩府覆刊宋咸淳六年導江黎民本《朱子語類》一三七卷，問揚雄條揚
　　　　字手，立之問揚子條，楊字又似從木。……蓋寫刻者，不知班揚是指班固、
　　　　揚雄，所以保留從手之揚，而寫刻到揚子雲，則以為并無從手之揚姓，遂改
　　　　成從木之楊姓。明刊本《文心雕龍》的情形，正與此相反。他知道揚雄的揚
　　　　從手，但并不知道『王揚』即是王褒與揚雄，所以又從木。」第2卷，頁275。
〔註16〕同註11，第2卷，頁275。

時期」指哀帝、平帝及爲期三年之孺子嬰時期皆歸於此；四爲「新莽時期」指王莽創建新朝時期。下文分別依四個先後不同時期來論述揚雄生平事蹟。

一、居鄉時期

揚雄自幼好學，當時儒生們多好章句，章句爲追求利祿的重要條件，他爲學重道不重祿，所以「不爲章句，訓詁通而已。」〔註17〕有口吃的毛病，因而喜歡獨處，愛好沈思「不汲汲於富貴，不戚戚於貧賤，不修廉隅以徼名當世」。〔註18〕早期曾遊學於嚴遵之門，嚴遵是一個「修身自保」，愛好老子之道者，著有《老子指歸》，揚雄深受其師嚴遵愛好老子的影響。

揚雄爲西漢重要的文學家、哲學家、語言家和天文學家，《漢書》卷八十七《揚雄傳上》云：

> 揚雄字子雲，蜀郡成都人也。其先出自有周伯僑者，以支庶初食采於晉之揚，因氏焉。不知伯僑周何別也。揚在河汾之間，周衰而楊氏或稱侯，號曰揚侯。會晉六卿爭權，韓、魏、趙興。而范中行知伯弊。當是時偪楊侯，楊侯逃於楚巫山，因家焉。楚漢之興也，楊氏遡江上處巴、江州，而楊季官至廬江太守。漢元鼎間避仇，復遡江上處壃山之陽曰郫，有田一壪，有宅一區，世世以農桑爲業。自季至雄，五世而傳一子，故雄亡它楊於蜀。〔註19〕

「有田一壪，有宅一區。」據晉灼注：「《周禮》上地夫一，一百畝也。」〔註20〕則揚雄出身於擁有田百畝、家產十金的家庭，在蜀郡是中小地主的水平。揚雄從小脫離勞動，求學博覽，因此不像是農民子弟，但他的家境並不富裕，又無望門大族投靠，此種生活環境對於揚雄生長個性有相當的影響。《漢書·食貨志》〔註21〕中描寫文帝時徭役賦斂、急政暴虐，但到了宣元之際，土地兼并、賦稅

〔註17〕《漢書·揚雄傳上》，卷87上，頁1514。

〔註18〕同註17。

〔註19〕同註17。

〔註20〕同註17。

〔註21〕《漢書·食貨志上》：「今農夫五口之家，其服役者，不下二人；其能耕者，不過百畝；百畝之收，不過百石。春耕、夏耘、秋穫、冬藏，伐薪樵，治官府，給徭役，春不得避風塵，夏不得避暑熱，秋不得避陰雨，冬不得避寒凍，四時之間，亡日休息。又私自送往迎來，弔死問疾，養孤長幼在其中。勤苦如此，尚復被水旱之災，急政暴虐，賦斂不時，朝令而暮改。當具，有者半賈而賣，亡者取倍稱之息。於是有賣田宅、鬻子孫，以償責者矣。」，卷24，頁517。

增重、徭役繁苛,此時農民的生活更是苦不堪言的。但在這樣辛苦生活環境中,揚雄仍戮力地奮發向學、求知以進。

　　早年揚雄在蜀郡之種種,少有文獻記載流傳,因此為瞭解揚雄入京前的生活,可循西漢景、武帝間著名循吏文翁在蜀郡所流傳事蹟,對蜀郡學風可知其端倪,《漢書》卷八十九《循吏・文翁傳》〔註22〕記載文翁將其道德教化不開、窮鄉僻壤之地,導化為具有文風之境,使「蜀地學於京師者比齊、魯」。且《華陽國志》卷三〔註23〕也云「因翁倡其教,蜀為之始也」,因此,以《漢書》、《華陽國志》綜合觀之,文翁乃遵循儒家所授以「富之」進而「教之」的原則,進而導化蜀郡學風。余英時在《士與中國文化》也言:「文翁所發揮的也不是『吏』的功能,而是『師儒』的作用。」〔註24〕在中國文化的教育系統中,儒家一直占著潛移默化的影響力,揚雄身為蜀國人,或不可避免地受到文翁於蜀郡所傳導的文風教化的影響。

　　揚雄居鄉蜀郡時期,另外尚有值得提論的是揚雄從學於嚴君平,這對他的思想存有深刻的影響。早年追隨治《老子》著稱的嚴君平游學,《漢書・王貢兩龔鮑傳》云:

> 其後谷口有鄭子真,蜀有嚴君平。皆修身自保,非其服弗服。非其食弗食。……君平卜筮於成都市,以為卜筮者賤業而可以惠眾人,有邪惡非正之問,則依蓍龜為言利害,與人子言依於孝,與人弟言依於順,與人臣言依於忠。各因埶導之以善,從吾言者已過半矣。裁日閱數人,得百錢足自養則閉,肆下簾而授老子,博覽亡不通。

〔註22〕《漢書・循吏傳》對文翁於蜀之教化有云:「景帝末,為蜀郡守,仁愛好教化。見蜀地辟陋有蠻夷風,文翁欲誘進之,乃選郡縣小吏。開敏有材者張叔等十餘人,親自飭屬。遣詣京師,受業博士,或學律令。減省少府用度,買刀布蜀物齎計吏以遺博士。……每出行縣,益從學官諸生明經飭行者與俱,使傳教令,出入閨閣。縣邑吏民見而榮之,數年,爭欲為學官弟子,富人至出錢以求之。繇是大化,蜀地學於京師者比齊、魯焉。至武帝時,乃令天下郡國皆立學校官,自文翁為之始云。」,卷89,頁1556〜1557。

〔註23〕《華陽國志・蜀志》中對文翁之貢獻有所記載:「孝文帝末年,以廬江文翁為蜀守。穿湔江口,溉灌繁田,千七百頃。是時,世平道治,民物阜康,承秦之後,學校陵夷俗好文刻,翁乃立學選吏子弟,就學遣雋士張叔等十八人,東詣博士受七經。還,以教授學徒,鱗萃蜀學比於齊、魯、巴漢。亦立文學。孝景帝嘉之,令天下郡國皆立文學,因翁倡其教,蜀為之始也。」(晉)常璩撰,(明)錢穀鈔校,(臺北:世界書局,1979年),卷3,頁70。

〔註24〕余英時:《士與中國文化》(上海:上海人民出版社,2006年),頁141。

依老子嚴周之指，著書十餘萬言。楊雄少時從遊學，以而仕京師顯
名，數爲朝廷在位，賢者稱君平德。〔註25〕

師嚴君平平日以卜筮爲業、博覽群書並依《老子》作《老子指歸》，因此，居
蜀期間揚雄受其師嚴君平道家思想影響，更對己身人生態度有深刻默化之
功。王青《揚雄評傳》〔註26〕一文中云嚴君平這樣的人生態度勢必會對從學
於君平之揚雄，有著或多或少的影響。而揚雄於成帝時，急於奏賦於上，願
上能以賦爲戒，可見當時的揚雄有著入世治世的抱負，有儒家傳統中「修身」
乃至「平天下」的宏願，但事不如心所願，當王莽、劉歆從同事黃門，到最
後只有他一人遲遲不遷，且上奏之賦也無其諷諫的效果，當時的揚雄應該與
其師嚴君平一樣對人事感到矛盾。

　　思想除受嚴君平影響外，在文學創作上，還受司馬相如以辭賦獲取一職，
留存名聲的途徑有所影響。《漢書‧地理志》云：

及司馬相如游宦京師諸侯，以文辭顯於世，鄉黨慕循其迹，後有王
褒、嚴遵、揚雄之徒，文章冠天下，繇文翁倡其教，相如爲之師。
故孔子曰：「有教無類。」〔註27〕

《漢書‧揚雄傳》：「先是時，蜀有司馬相如作賦，甚弘麗溫雅，雄心壯之，
每作賦常擬之以爲式。」〔註28 可見司馬相如不僅僅在蜀郡是赫赫有名之人，
更是蜀地爭相仿效、爲其崇尚之士。揚雄除了對司馬相如有著尊崇與敬佩之
情，甚而摹擬仿效其賦，辭賦更爲蜀地人民引領功成之康莊仕途。處蜀地的
揚雄當然也受其感染，更何況這是西漢時期進入中央政府機構之途。

　　揚雄在四十餘歲前，皆在蜀郡，直至《漢書‧揚雄傳》：「孝成帝時，客
有薦雄文似相如者，上方郊祠甘泉泰畤、汾上后土，以求繼嗣，召雄待詔承
明之庭。」〔註29〕這裡的「客」爲楊莊〔註30〕，經同鄉楊莊的引薦揚雄開始

〔註25〕《漢書‧王貢兩龔鮑傳》，卷72，頁1363。
〔註26〕王青《揚雄評傳》：「嚴君平終身不仕，又以忠孝之行勸人。……既想做些事
　　　情挽救社會危機，又不願陷入政治的漩渦而懼禍。他看不起『阿富順貴』的
　　　小人，也不願做『誦詩書，修禮節』的朝臣，嚮往的是『輕物傲世，卓爾不
　　　污』的清高之士，所以平日潔身自好，不苟爲官。他的處世哲學是：『不爲石，
　　　不爲玉；常在玉石之間』，『不爲有罪，不爲有功』，『遇時而伸，遭世而伏』，
　　　動搖於入世和避世之間。」（南京：南京大學出版社，2000年），頁55。
〔註27〕同註25，卷28，頁854～855。
〔註28〕同註25，卷87，頁1514。
〔註29〕同註25，卷87，頁1517。

他截然不同的官宦生涯，也是他實現儒者學而優則仕的理想抱負。

二、入京時期

揚雄由蜀郡入京便得上位者賞識，在這一時期當是他最積極入世的時刻，對政治國家有著當有所爲的憧憬。〈答劉歆書〉中指出：

> 雄始能草文，先作〈縣邸銘〉、〈王佴頌〉、〈階闥銘〉及〈成都城四隅賦〉。蜀人有楊莊者，爲郎，誦之于成帝，成帝好之，以爲似相如，雄遂以此得外見。〔註31〕

成帝喜愛文辭，身旁又有位和揚雄同鄉且任郎官的楊莊，楊莊因此有機會接近成帝進而推薦揚雄的作品，揚雄摹擬司馬相如的賦已達精妙，況又以求精爲志。且成帝觀其文「以爲似相如」，此時楊莊藉其機會薦舉同鄉之揚雄。

成帝因無子嗣，宮中常舉行大規模的祭祀活動，因此需要一位文采溢美，能粉飾漢朝大帝國的人才，因而揚雄於成帝元延二年（11B.C）行幸甘泉，郊泰時，作《甘泉賦》，三月經過河東，祠后土，作《河東賦》，十二月作《羽獵賦》，最後終於被成帝任命除爲黃門侍郎。

言及黃門侍郎，究竟侍郎是一個如何的官位？在《中國歷代官制》〔註32〕中說郎官的任務是輪流值班、侍衛皇帝。王青《揚雄評傳》：「黃門侍郎是一個秩比四百石的低級官職，其流品很雜，有以特殊技能文才進的。郎官中有武士，有儒生，有文人，有富人，有博聞顯學的，也有目不識丁的，有貴游子弟，也有一貧如洗的。」〔註33〕從這可知侍郎並非一個大的官位，但因有機會接近皇帝，皇帝在任命官吏時常就從身邊郎官中拔擢，因此郎官可稱爲是一個晉身上階的基石。比居身家鄉爲田百畝之農民的收入多，且不用服徭役，對揚雄而言生活可說是改善良多。

爲官之後又作《酒賦》等勸諫成帝，但這些卻淪爲品賞美詞之作，不足

〔註30〕 參考《漢書・揚雄傳》：「宋祁曰：劉良曰：客則楊莊也。」，卷，頁 1517。

〔註31〕 （清）嚴可均編：《全上古三代秦漢三國六朝文》（臺北：世界書局，1982 年），卷 52，頁 9。

〔註32〕 《中國歷代官制》：「郎有議郎、中郎、侍郎、郎中，其中議郎地位最高，職掌與大夫相同，但級別比大夫低。中郎、侍郎、郎中統稱郎官，主要任務是輪流值班，『執戟宿衛諸殿門，出充車騎』。郎官規模很大，人數多至千員。因侍衛皇帝，易受信任，常外調任地方長官。」孔令紀等編，（濟南：齊魯書社，2005 年），頁 53。

〔註33〕 《揚雄評傳》，頁 60。

達其諷諫功效，揚雄此時心中必是對政治產生無力之疏離感。〔註34〕最後提出到京師石室中觀書，成帝下詔，非但沒有取消他的奉祿，還令尚書賜給他筆墨錢六萬，讓他觀書於石室。

三、哀平時期

政治掌權者轉換，其下臣宦也隨之更替，揚雄在成帝亡後，政治之途更加坎坷。哀帝上位後，隨順成帝的王氏集團也漸漸沒落，取而代之的是丁、傅、董賢用事，哀帝在第一年秋天就伐其王根，欲剷除異族，《漢書・元后傳》：「遣就國免，況爲庶人，歸故郡。根及況父商所薦舉爲官者，皆罷。」〔註35〕揚雄雖然不屬於王氏集團中一員，但在這種政治紊亂，哀帝大掃異族的同時，更使揚雄對爲政的失望轉而專注於創作上。自此後創作出《太玄》、《法言》及數篇文章，皆在此階段所寫。《漢書・揚雄傳》：「時雄方草《太玄》，有以自守，泊如也。或嘲雄以玄尙白，而雄解之，號曰〈解嘲〉。」〔註36〕又云：

> 雄見諸子各以其知舛馳，大氐詆訾聖人，即爲怪迂，析辯詭辭，以
> 擾世事。雖小辯，終破大道而或眾，使溺於所聞，而不自知其非也。
> 及太史公記六國，歷楚漢，記麟止，不與聖人同，是非頗謬於經。
> 故人時有問雄者，常用法應之，譔以爲十三卷，象《論語》，號曰《法
> 言》。〔註37〕

〔註34〕鄭文認爲將揚雄的思想和以後生活結合，可知：「一方面他對當時污濁的現實是不滿的，甚至是反對的，但自己不僅手無斧柯，無可如何，而且寂寂寥寥揚子居，年年歲歲一床書，似乎成、哀、平、莽時期政潮的起伏、人事的變化，和他沒有什麼聯繫，雖不是高蹈遠引，的確做到了邦無道，危行言孫。另方面，他連作四賦，都針對當時的弊病，寄寓應有的諷諭，盡了他文學侍從的責任。而〈太玄〉之作，則須從他寫作的年歲，影射的對象、譴責的內容以及所涉及的範圍而探索他的內心；〈法言〉之作，固在用孔子之說，以糾各家之『謬』，而它所蘊含的隱衷、所寄託的微旨，特別所暗示的讖語式的口號，我們都可以從字裏行間領會；至於眾箴之作，雖假之『在昔末葉』，而其筆鋒所指，顯爲箴砭現實而發，否則不能攻疾防患，以箴石爲喻了。合兩方面觀之，似乎可以這樣了解子雲，即：一方面他危行言孫，自甘淡泊，一方面在力所能及的情況下，盡量發揮自己的積極作用。也就是：一方面具有鳳麟般的才德，而可以有爲於世；一方面『混漁父之餔歠』，用消極對抗的方法，以保己全身。」《揚雄文集箋注》（成都：巴蜀書社，2000年），頁18～19。

〔註35〕《漢書・元后傳》，卷98，頁1708。

〔註36〕《漢書・揚雄傳》，卷87，頁1534。

〔註37〕同註36，卷87，頁1540。

在哀帝期間，揚雄有兩次重大的政治介入。其一爲建平二年（5B.C）諫朱博不宜爲相。《漢書·朱博傳》〔註38〕中記載朱博本是個見風轉舵的投機者，一路由王氏推薦而升遷，但上位者爲哀帝時，立即投靠勢力龐大的丁、傅氏。

與揚雄同反對朱博爲相者爲李尋，〔註39〕李尋和揚雄同是黃門侍郎之職，而此事件記載於《漢書·五行志》云：

> 哀帝建平二年四月乙亥朔，御史大夫朱博爲丞相，少府趙玄爲御史大夫。臨延登受策，有大聲如鍾鳴，殿中郎吏陛者皆聞焉。上以問黃門侍郎揚雄、李尋。尋對曰：「……鼓妖，聽失之象也。朱博爲人彊毅多權謀，宜將不宜相，恐有凶惡亟疾之怒。」八月，博、玄坐爲奸謀，博自殺，玄減死論。〔註40〕

由此事更可確立揚雄的政治立場，非爲左右不定、見利轉舵者，倘若揚雄不爲風骨，極盡攀附權貴之能事，此時更可以隨朱博一同阿諛丁、傅集團，但揚雄非爲此做，乃可知其心中有一定道德判斷標準。

其二爲建平四年（3B.C），揚雄上書進諫哀帝，言漢與匈奴之間的關係。《漢書·匈奴傳》云：

> 建平四年，單于上書願朝五年。時哀帝被疾，或言匈奴從上游來厭人，自黃龍、竟寧時，單于朝中國輒有大故。上由是難之，以問公卿，亦以爲虛費府帑，可且勿許單于使辭去未發。黃門郎揚雄上書諫曰：「……今單于歸義，懷款誠之心，欲離其庭，陳見於前，此迺上世之遺策，神靈之所想望。國家雖費，不得已者也。奈何距以來厭之辭，疏以無日之期，消往昔之恩，開將來之隙！夫款而隙之，使有恨心，負前言，緣往辭，歸怨於漢，因以自絕，終無北面之心，威之不可，諭之不能，焉得不爲大憂乎……夫百年勞之，一日失之，費十而愛一，臣竊爲國不安也。唯陛下少留意於未亂未戰，以過邊

〔註38〕《漢書·朱博傳》：「文理聰明殊不及薛宣，而多武譎，網絡張設，少愛利，敢誅殺。……博尤不愛諸生，所至郡輒罷去議曹。曰：『豈可復置謀曹邪。』文學儒吏時有奏記稱說云云。博見謂曰：『如太守漢吏，奉三史律令以從事耳。亡奈生所言聖人道何也。且持此道歸，堯舜君出，爲陳說之。』」，卷83，頁1477。

〔註39〕《漢書·李尋傳》：「帝舅曲陽侯王根爲大司馬票騎將軍，厚遇尋。是時多災異，根輔政，數虛已問尋……根於是薦尋。哀帝初即位，召尋待詔黃門。」，卷75，頁1405～1406。

〔註40〕《漢書·五行傳》，卷27中之下，頁633～634。

萌之禍。」〔註41〕

此次揚雄的上諫，爲哀帝採用其想法，以致避免了一場漢民族和匈奴之間的對立。

　　平帝時揚雄所遇人生中最大的苦難之一，爲「比歲亡其兩男」之痛，《太平《御覽》卷五五六引桓譚《新論》云：

> 揚子雲爲郎，居長安，素貧，比歲亡其兩男，哀痛之，皆持歸葬於
> 蜀，以此困乏。子雲達聖道、明於生死不下季札，然而慕戀死子，
> 不能以義割恩，自今多費而致困貧。〔註42〕

揚雄在《法言‧問神》中曾提到其子揚烏與《玄》文之事：「育而不苗者，吾家之童烏乎！九歲而我《玄》文。」〔註43〕《華陽國志》云：「文學神童楊烏，雄子也，預父《玄》文，九歲卒。」〔註44〕年逾花甲的揚雄，兩次將自己年幼之子的靈柩送回蜀郡，不僅心靈上哀痛萬分，連兩次的喪禮應該使揚雄的家境狀況愈趨貧窮了。

四、新莽時期

　　西元九年，揚雄六十二歲，與他同事過黃門侍郎的王莽自稱爲新皇帝。王青評論〔註45〕王莽得政後有三項大規模改革以創其理想之境。然揚雄在漢朝由對成帝的諷諫不起作用，進而自願觀書於石室，最後到哀、平帝之際更是荒淫無度，整個漢帝國已然呈現出一股衰敗的氛圍，這時出現一位博學多才又尊重儒生的王莽爲政，其實對揚雄心中未必是失落的，反而有一股新朝氣的期望。

　　揚雄這時由秩比四百石的黃門侍郎升遷爲秩比二千石的中散大夫。《漢書》卷八十七下《揚雄傳下》：「及莽篡位，談說之士用符命，稱功德，獲封

〔註41〕　《漢書‧匈奴傳》，卷94，頁1617～1618。

〔註42〕　（宋）李昉等撰：《太平御覽》（臺北：臺灣商務印書館，1968年據上海涵芬樓影印中華學藝社借照日本帝室圖書寮京都東福寺東京岩崎氏靜嘉堂文庫藏宋刊本），卷556，頁2644。

〔註43〕　《法言義疏》，第8卷，頁166。

〔註44〕　《華陽國志》，卷12，頁463。

〔註45〕　王青《揚雄評傳》：「王莽掌權之後致力者有三：一是通過加官進爵等方式拉攏羅致了大批儒生，使得儒生集團成爲新朝強有力的支持者；二是編造了無數符命圖讖，試圖以天意證明其政權的合法性基礎；三是立即著手大規模的復古改制，意圖創建一個儒生心目中的理想社會。」，頁68。

爵者甚眾。雄復不侯，以耆老久次，轉爲大夫，恬於勢利乃如是。」〔註46〕
《漢書》卷九十九中《王莽傳中》：「始建國元年……封拜卿大夫侍中尚書官，
凡數百人。」〔註47〕又陸續呈《劇秦美新》、《元后誄》這樣讚美阿附的作品，
這也是揚雄最爲人詬病的文章。〔註48〕

　　王莽因運用符命確立自己的正統性，一旦新朝代建立後，又要避免有心
之士取而用之，進而取代他的正統性，因此新朝建立後，即禁止符命出現。
但劉歆之子劉棻、甄豐之子甄尋再次獻符命，王莽因而做了大動作之殺伐，
誅殺了甄豐父子，流放劉棻，揚雄因曾教授劉棻而受致牽連，兵吏來到天祿
閣收捕，揚雄從天祿閣上跳下，《漢書·揚雄傳》云：

> 王莽時，劉歆、甄豐皆爲上公。莽既以符命自立，即位之後，欲絕
> 其原，以神前事；而豐子尋，歆子棻，復獻之。莽誅豐父子，投棻
> 四裔；辭所連及，便收不請。時雄校書天祿閣上，治獄事使者欲收
> 雄；雄恐不能免，乃從閣上自投下，幾死。莽聞之曰：「雄素不與事，
> 何故在此？」間請問其故，乃劉棻嘗從雄學作奇字；雄不知情，有
> 詔勿問。然京師爲之語曰：「惟寂寞，自投閣；愛清靜，作符命。」
> 雄以病免。〔註49〕

天鳳五年（18），揚雄七十一歲，卒於長安。弟子侯芭爲他起墳。《漢書·揚
雄傳》云：

> 年七十一，天鳳五年卒。侯芭爲起墳，喪之三年。時大司空王邑，

〔註46〕《漢書·揚雄傳下》，卷87，頁1541。

〔註47〕《漢書·王莽傳中》，卷99，頁1729。

〔註48〕劉曉勤〈評揚雄的政治操行〉：「揚雄的晚年是在王莽居攝、代漢經營新朝時
期渡過的。這期間，揚雄做了三件事，引起後人對他人品的爭議。一是在《法
言·孝至》末尾有一段稱頌王莽『新政』的文字：『周公以來，未有漢公之懿
也，勤勞則過于阿衡，漢興二百一十載而中天，其庶矣乎，辟雍以本之，校
學以教之，禮樂以容之，輿服以表之，復井刑，免人役，唐矣夫。』其二，
王莽稱帝後，揚雄上《劇秦美新》一文，表示擁護王莽的新朝。其三，揚雄
接受莽朝大夫職位。這三件事雖發生在揚雄生命的最末十年裡，但卻成爲關
於他個人品質和政治操行的爭論熱點，故專列出來論述。……前人的評述各
有道理，然又都有不妥之處。我以爲，如果把辯證法和唯物主義用於分析人
的性格及心理，就必須承認人的性格及心理活動的多重性，尤其是在社會黑
暗、是非顛倒的恐怖時期更是如此。」，《西南民族學院學報（哲學社會科學
版）》1996年第2期（1996年2月），頁47。

〔註49〕《漢書·揚雄傳下》，卷87，頁1541。

納言嚴尤，聞雄死，謂桓譚曰：「子嘗稱揚雄書，豈能傳於後世乎？」
譚曰：「必傳，顧君與譚不及見也。凡人賤近而貴遠，親見揚子雲祿
位容貌不能動人，故輕其書。……今揚子之書文義至深，而論不詭
於聖人，若使遭遇時君，更閱賢知，爲所稱善，則必度越諸子矣。」
〔註50〕

歷代學者對揚雄的評價有二：〔註51〕一是「不修廉隅，以徼名當世」的揚雄，
一是作《劇秦美新》及投閣的揚雄。這兩種相互矛盾的個性，或許是揚雄處
理入世及出世的折衷作法，晚年家貧又連喪兩子，面對紛盪政治局面，雖身
爲當朝之士，但也經歷了漢代末期幾位皇帝的虛淫荒度，因此，揚雄在此時
代背景下，則專心致力於著書立論。

第三節　著　作

　　附錄一中有〈揚雄年譜〉，其中記載了揚雄生平事跡、著作年代及考證、
年代大事等。所以這裡僅將文類作歸納。不再細述各個作品年代先後及創作
動機等相關論題。

　　針對揚雄的文論部分總共分成七個部份論述，其一爲完整部書；二爲賦；
三爲文；四爲書；五爲頌誄；六爲箴；七爲存目亡其內容者。揚雄作品中成
一本完整書的有《太玄》、《法言》及《方言》。〔註52〕

〔註50〕同註49，卷87，頁1541～1542。
〔註51〕參看本文第六章第一節結論中一、「褒揚之論」與二、「貶異之論」。
〔註52〕王春淑〈揚雄著述考略〉中論《方言》一段：「《方言》，又稱《輶軒使者絕代
　　　　語釋別國方言》，十五卷。《漢志》及《漢書》本傳皆無著錄。最早有後漢應
　　　　紹《風俗通義‧序》載：『周秦常以歲八月遣輶軒之使，求異代方言，還奏籍
　　　　之，藏于秘室。……』應紹之說似乎源于劉歆《與揚雄書》及揚雄《與劉歆
　　　　書》……。隋唐時有人以爲《漢志》所載《別字》十三篇即揚雄《方言》，以
　　　　至將十五卷《方言》拼湊成十三卷，以與《漢志》所記《別字》十三篇相穩
　　　　合。……但是，《漢志》并不以《別字》爲揚雄所作。這從《漢志》所統計的
　　　　『凡小學十家，四十五篇』與『入揚雄、杜林二家二篇』皆可推算出來。如
　　　　果以《別字》爲揚雄所作，則小學只有『九家』，揚雄也遠不止『二篇』。《四
　　　　庫提要》則以爲：『疑難本有此未成之書，歆借觀而未得，故《七略》不載，
　　　　《漢志》亦不著錄。』這一解不僅使人信服地說明了《漢書》本傳及《漢志》
　　　　不錄的原因，而且也很能說明其書書名、所收字數在諸書中記載不一的原因，
　　　　以及爲何東漢許慎《說文解字》有用《方言》之說者而皆不標揚雄《方言》
　　　　的原因。這一切都是因爲其書在揚雄手中尚未最後編成，所以其書書名、所

賦的作品有：〈甘泉賦〉、〈河東賦〉、〈羽獵賦〉、〈長楊賦〉〔註53〕、〈蜀都賦〉〔註54〕、〈覈靈賦〉〔註55〕、〈太玄賦〉〔註56〕、〈逐貧賦〉、〈酒賦〉（又稱〈酒箴〉）〔註57〕、〈反離騷〉。

文的部分有：〈解嘲〉、〈解難〉、〈劇秦美新〉、〈琴清英〉〔註58〕、〈連珠〉、〈難蓋天八事〉、〈蜀王本紀〉。〔註59〕

書的部份有：〈答劉歆書〉、〈與桓譚書〉、〈上書諫哀帝勿許匈奴朝〉、〈對哀帝問災異〉。

頌誄的部份有：〈趙充國頌〉、〈元后誄〉。

箴的部份有：十二州百官箴、十二州箴（冀州牧箴、兗州牧箴、青州牧箴、徐州牧箴、揚州牧箴、荊州牧箴、豫州牧箴、益州牧箴、雍州牧箴、幽州牧箴、并州牧箴、交州牧箴）、百官箴（司空箴、尚書箴、大司農箴、侍中箴、光祿勳箴、大鴻臚箴、宗正箴、衛尉箴、太僕箴、廷尉箴、太常箴、少府箴、執金吾箴、將作大匠箴、城門校尉箴、太史令箴、博士箴、國三老箴、太樂令箴、上林苑令箴）。

收字數尚未一定，作者亦尚未廣爲世人所認識。揚雄之後，書稿輾轉流傳，遞相增益。直至晉常璩《華陽國志》記揚雄以『典莫正于《爾雅》，故作《方言》』，此後，揚雄作《方言》才得以正名。《方言》今傳本十三篇，一萬一千九百餘字，多于應紹所稱九千字。」《四川師範大學學報（社會科學版）》第23卷第3期（1996年3月），頁120～121。

〔註53〕《漢書·揚雄傳》稱〈甘泉〉、〈河東〉、〈羽獵〉三賦作於同一年，〈長楊〉作於後一年。

〔註54〕《漢書》、《文選》皆未載。但（後魏）酈道元撰：《水經注·江水一》（北京：中華書局，1991年），卷33，頁1741。（唐）李百藥撰《北齊書·司馬子如傳》（臺北：鼎文書局，1983年），卷18，頁241。皆載司馬膺之曾注此賦。

〔註55〕《文選注》、《太平御覽》有引文。

〔註56〕張曉明：「此賦疑點甚多。如《太玄賦》中有『蚌含珠而孽裂』一語，但是《文選》李善注郭景純《江賦》，注曹子建《七啓》皆明白寫道：『揚雄《蜀都賦》曰：「蚌含珠而孽裂。」』但查現存《蜀都賦》語。是自晉以來，皆以此賦爲揚雄作。」〈揚雄著作存佚考及繫年研究〉，《青島大學師範學院學報》第21卷第4期（2004年12月），頁24。

〔註57〕《漢書·游俠傳·陳遵傳》題作：「揚雄作〈酒箴〉」，頁1585。

〔註58〕王春淑〈揚雄著述考略〉：「《水經注》引有揚雄《琴清英》。清王謨、馬國翰皆以爲《琴清英》乃揚雄《樂》四篇之一。王謨《漢魏遺書鈔》輯《琴清英》一卷，五條；馬國翰《玉函山房輯佚書》輯《琴清英》一卷，六條。兩書去其重複，共六條。」《四川師範大學學報（社會科學版）》第23卷第3期（1996年3月），頁121。

〔註59〕最早稱揚雄作〈蜀王本紀〉的是《華陽國志·序志》，頁453。

　　存目亡其內容的有：〈廣騷〉、〈畔牢愁〉〔註60〕、〈天問解〉〔註61〕、〈法言解〉、〈樂〉四〔註62〕、〈縣邸銘〉、〈玉佴頌〉、〈階闥銘〉、〈成都城四隅銘〉、〈繡補靈節龍骨之銘〉詩三章〔註63〕、〈倉頡訓纂〉〔註64〕一篇、〈續史記〉〔註65〕、〈志錄〉。

〔註60〕《漢書・揚雄傳》：「又旁〈離騷〉作重一篇，名曰〈廣騷〉，又旁〈惜誦〉以至〈懷沙〉一卷，名曰〈畔牢愁〉。〈畔牢愁〉〈廣騷〉文多，不載。」，卷87上，頁1515。

〔註61〕《楚辭章句・天問敘》：「〈天問〉，以其文義不次，又多奇怪之事，自太史公口論道之，多所不逮。至於劉向揚雄，援引傳記以解說之，亦不能詳悉，所闕者眾，日無聞焉。既有解詞，乃復多連蹇其文，蒙瀆其說，故厥義不昭，微指不晳，自游觀者，靡不苦之而不能照也。」（東漢）王逸注（臺北：五洲出版社，1965年），頁50。

〔註62〕《漢書・藝文志・諸子略儒家類》：「揚雄所序三十八篇。」本注：「《太玄》十九，《法言》十三，〈樂〉四，〈箴〉二。」，卷30，頁889。

〔註63〕〈答劉歆書〉：「雄始能草文，先作〈縣邸銘〉、〈王佴頌〉、〈階闥銘〉及〈成都四隅銘〉。蜀人有楊莊者，為郎，誦之於成帝，成帝好之，以為似相如。」又曰：「令尚書賜筆墨錢六萬，得觀書於石渠。如是後一歲，作〈繡補靈節龍骨之銘〉詩三章，成帝好之。」《全上古三代秦漢三國六朝文》，卷52，頁9。

〔註64〕《漢書》：「史篇莫善於〈倉頡〉，作〈訓纂〉。」又《漢書藝文志・六藝略小學家》後序：「至元始中，徵天下通小學者以百數，各令記字于庭中。揚雄取其有用以作〈訓纂篇〉，順續〈倉頡〉，又易〈倉頡〉中重復之字，凡八十九章。」王春淑〈揚雄著述考略〉：「但是《漢志》為何既錄《訓纂》一篇，又錄《蒼頡訓纂》一篇呢？這大概是因為二書內容有異，分別歸類，即形成了這種狀況。《訓纂》的內容是取其有用之字，纂而次之，順續《蒼頡》。以這部分內容，此書可視為字書之類。所以劉歆《七略》將《訓纂》列于古文《蒼頡》、《凡將》、《急就》、《元尚》等字書之後，《漢志》因之。而《蒼頡訓纂》是取閭里書師所并《蒼頡》五十五章之舊本，易其複字，別纂成文，加以訓詁。以這部分內容，此書可視為注釋字書的傳釋之書。所以班固作《漢志》時又將《蒼頡訓纂》增入。但二書的內容是密不可分的，所以在《漢志》之後，無論題揚雄《訓纂》，還是揚雄《蒼頡訓纂》，漸漸被視為同一著述。例如《隋志・三蒼》條下，注明揚雄作《訓纂篇》，又注明後漢司空杜林注《蒼頡》二卷，亡佚。杜林注《蒼頡》二卷，即《漢志》所錄杜林《蒼頡訓纂》一篇、《蒼頡故》一篇。凡與《蒼頡》有關的著述《隋志》都已注明，卻不言及揚雄的《蒼頡訓纂》。這證明《隋志》很有可能是將《漢志》所錄揚雄《訓纂》一篇與揚雄《蒼頡訓纂》一篇視為同一著述。馬國翰與黃奭的輯本，一題為《訓纂篇》，一題為《蒼頡訓纂》，而內容完全相同，其原因亦在于此。」，《四川師範大學學報（社會科學版）》第23卷第3期（1996年3月），頁120。

〔註65〕有提及《續史記》為揚雄作：「武帝時司馬遷著《史記》，自太初以後闕而不錄。後好事者頗或綴集時事，然多鄙俗，不足以踵繼其書。」章懷注：「好事者謂揚雄、劉歆、陽城衡、褚少孫、史孝山之徒也。」（宋）范曄撰：《四史・後漢書》（臺北：藝文印書館），卷40上，頁499。

第三章 時代背景和思想淵源

第一節 時代背景

　　對作者之理解，除了詳盡鑽研作者個人著作外，更需要相關時代背景與思想淵源等合兼以觀之。在顏崑陽〈論漢代文人「悲士不遇」的心靈模式〉[註1]中可知「歷時性的因果」與「並時性的互動關係」就是個人與歷史相並連結、相輔相成 之處，理解個人必須理解歷史，理解歷史也必須理解個人。因此，說明漢代風氣中之今古文之爭、陰陽五行、天人感應等時代背景，以瞭解揚雄所處之漢代風潮。

一、今古文經之爭

　　秦始皇二十六年（221B.C），秦完成了統一六國的事業，秦始皇在採取「書

〔註 1〕顏崑陽〈論漢代文人「悲士不遇」的心靈模式〉：「所謂歷史經驗乃是集體生命進化歷程的實踐經驗。此一歷程，於時間是因果辯證性之連續，故前代、後代只是時間秩序上相對性的概念，而個人生命爲集體生命之一成份，所謂個人文化經驗，就其不可重複之偶然性，是個別的、孤立的經驗。然而，人之不同於動物，即是其經驗之發生並不單純源自於物質性的生理官能，而是更深層地源自於精神性的心靈官能，此一精神性心靈官能，不論其自覺與否，均有一價值理念以爲支配。而價值理念乃是歷史文化發展中所逐漸規範而成。因此，個人文化經驗，不管從歷時性的因果關係或從並時性的互動關係而言，它與所謂前代文化經驗及當代文化經驗都是辯證融合爲不可分割的整體。故每一個人都既是個別的存在，也是歷史的存在。理解個人必須理解歷史、理解歷史也必須理解個人。」臺北：國立政治大學中文系所主編《漢代文學與思想學術研討會論文集》（1991年），頁 213。

同文，車同軌」、銷毀兵器、統一度量衡等一系列重大措施之外，又施行另一個統一思想的文化殺伐，秦始皇因李斯的奏議，下令焚書，焚燒詩書百家語，並禁止私學、以古非今、批評政治。從此時開始有人將書藏在於壁中，而開始了今古文的來由。

漢惠帝四年（191B.C）廢除了私家藏書的法令，藏書漸漸的出現，其後文景以至武帝，皆極力重整經籍，於是獻書解經，蔚爲風潮，故《漢書‧藝文志》乃有以下的記載：

> 戰國從衡，眞僞分爭，諸子之言紛然殺亂。至秦患之，乃燔滅文章，以愚黔首。漢興，改秦之敗；大收篇籍，廣開獻書之路。迄孝武世，書缺簡脫，禮壞樂崩。聖上喟然而稱曰：「朕甚閔焉」。於是，建藏書之策，置寫書之官，下及諸子傳說，皆充祕府。〔註2〕

再觀看漢武帝元朔五年（124B.C）詔文，更顯見今文經之系統在元朔五年（124B.C）才問世，《漢書‧武帝紀》云：

> 蓋聞導民以禮，風之以樂。今禮壞樂崩，朕甚閔焉。故詳延天下方聞之士，咸薦諸朝。其令禮官勸學，講議洽聞，舉遺興禮，以爲天下先。太常其議予博士弟子，崇鄉黨之化，以屬賢材焉。〔註3〕

詔文所云「令禮官勸學」、「舉遺興禮」其意皆在捕救「書缺簡脫」，因此採取建立「寫書之官」，當時離秦始皇焚書的時間還不遠，尚有通五經的儒者，年老儒生口傳並用當時的文字隸書所記，與藏在壁中的文字有異，這是分別今古文的其中一種方式但非爲絕對。

導致今古文爭的情況，是劉歆在校書時，看到一部古文字《左傳》，他便以傳中的文字來注經，成了一冊《春秋左傳》。後來又有《毛詩》、《逸禮》、《尚書》。這些文字都是古文字，和西漢所流行的經書，篇章不全相同，劉歆請求將這幾冊經書也設立博士官。當時的今文經學家群起反對，而開始了這場今古文經之爭。

今文經與古文經之別，據皮錫瑞的說法爲：

> 兩漢經學有今古文之分。今古文所以分，其先由於文字之異。今文者，今所謂隸書，世所傳熹平《石經》及孔廟等處漢碑是也。古文者，今所爲籒書，世所傳岐陽石鼓及《說文》所載古文是也。隸書，

〔註 2〕《漢書‧藝文志》，卷30，頁874。
〔註 3〕《漢書‧武帝紀》，卷30，頁89。

漢世通行，故當時謂之今文；猶今人之於楷書，人人盡識者也。籀
書，漢世已不通行，故當時謂之古文；猶今人之於篆、隸，不能人
人盡識者也。凡文字必人人盡識，方可以教初學。許慎謂孔子寫定
六經，皆用古文；然則，孔氏與伏生所藏書，亦必是古文。漢初發
藏以授生徒，必改爲通行之今文，乃便學者誦習。故漢立博士十四，
皆今文家。而當古文未興之前，未嘗別立今文之名。〔註4〕

皮氏以文字異同而分之，今文者爲隸書，通行於漢朝，古文者爲籀書，於漢
代已非通行於世，今古文之別，無所爭議，但今文經、古文經的概念則較複
雜，不能僅以今古文字而做區別，羅光曾說這種分法不很合實際情況，〔註5〕
今文經並非全由口授而後以隸書寫成，漢景、成帝尋古簡本，以古文本寫成
今文經書；古文經也非全用籀書、篆文寫成，戰國時期文字未統一，金石文
之文字已和篆文不同。

　　今古文之別其中立的分法可見《中國經學思想史》〔註6〕中以漢武帝元朔
五年（124B.C）爲分界，古文經包含有經書古文抄本、古文抄本隸定本、武
帝元朔五年前流行某些隸定抄本。今文經應爲武帝元朔五年以後組織所抄之

〔註4〕　（清）皮錫瑞著，周予同注釋：《經學歷史》（北京：中華書局，2004年），頁
　　　　54～55。
〔註5〕　羅光《中國哲學思想史─兩漢、南北朝篇》：「至於說今文經學和古文經學的
　　　　分別，在於文字，因今文爲隸字，古文爲篆文。這種分法不很合實際情況。
　　　　除非今文經全部由於口授，由隸書傳抄，則西漢經學的來源，不是來自漢以
　　　　前的古文。但漢景帝開了獻書之路和漢成帝的遣使求書，不能不尋得古簡本，
　　　　然後用隸書傳抄，則今文經也有源自古文本的。所謂劉歆的古文經都用篆書
　　　　刻寫，也能有疑問，因爲李斯曾經奏請統一文字，則在戰國時，各國的文字
　　　　不完全統一，至少秦在西方，楚在南方，和在中原的齊魯等國的文字不完全
　　　　一樣，這些國的文字據現有金石文，則已經和篆文有些不同。故劉歆若得有
　　　　古文經書，經文書的文字則不定是篆文。」（臺北：臺灣學生書局，1985年），
　　　　頁129。
〔註6〕　今古經文之別應爲：「所謂『今文經』其實不是一切的經書隸書抄本，而只是
　　　　漢武帝時期官方組織抄寫並編定的傳本。所謂『古文經』其實不限於經書的
　　　　古文抄本，還應包括這些古文抄本的隸定本，以及漢武帝元朔五年以前流行
　　　　的某些隸書抄本。」、「若是只注重於文本是用今文還是古文抄寫，不足以鑒
　　　　定其爲今文經抑或古文經；或是著眼於祖本是否爲古文，亦不足以鑒別其爲
　　　　今文經抑或古文經。惟著眼於抄本的時間才能做到準確地鑒別：所謂今文經
　　　　僅限於漢武帝元朔五年（公元前124年）組織抄寫的經書今文寫本以及在此
　　　　之後衍生的今文寫本。」姜廣輝主編：《中國經學思想史·第二卷》（北京：
　　　　中國社會科學出版社，2003年），頁554、560。

經書今文寫本及之後衍生之今文寫本。因此，今古文之間的分別不是僅從文字上的差異能分清楚的，也不是考究其祖本的流別，而確切的分法應該是在抄本的時間。

（一）今文經略述

至於今文經之特色為何？今文經之特點〔註 7〕為陰陽家學說和儒家學說結合起來，編造了一套「天人合一」、「天人感應」的理論，既能與兩漢統治者對於圖讖、符瑞、災異的迷信投合，又能以「任德不任刑」的儒家傳統作兩漢統治者「內法外儒」政策的裝飾。

當時漢初今文經學派的一個主要的領導者為董仲舒，他所依據之經為《春秋》，《春秋》又分為《公羊春秋》、《穀梁春秋》及《左傳春秋》，其中《公羊春秋》、《穀梁春秋》為今文經學，《左傳春秋》為古文經學。而董仲舒是《公羊春秋》的一個大師，他依據著《春秋》發揮他的「奉天古法」、「天人感應」的思維。並且當時的官學都屬於今文這一派別。

另外，漢章帝主持下，由東漢儒者參加以講論「五經」異同、章句、大義等，後經由班固編纂而成《白虎通義》，簡稱《白虎通》，可說是經義通論，將儒家經典神化之集大成。

《春秋繁露》和《白虎通》二部書可以作為今文經學的代表。此兩部書中有宇宙與倫理等哲學思想，但政治思想濃厚，又因當時充斥陰陽五行之說，書中也充滿五行感應等思想，對《春秋》之「微言大義」漸漸傾向神秘主義和宗教迷信，達之極盛時開始流於繁瑣、以讖緯解經等，已然成為今文經學發展缺失。

王青《揚雄評傳》認為揚雄受今文經影響較深，〔註 8〕一則從《法言》中用語分析，認為「《詩》所受的是魯詩，《易》所受為京氏易，《春秋》所受為公羊學，《禮》所受為《儀禮》，《尚書》所受為《今文尚書》。」；二是《法言・問明》中對龔勝作出高度的評價，而龔勝就是主要反對古文經立學官者之一；三是定義孔子的定位，今文學將孔子視為「素王」，古文學將孔子尊為「先師」，然《法言・重黎》中揚雄認為孔子有成王的資格。綜合以上論述，可知揚雄受今文經學的影響較深，但唯獨不採今文經學中迷信讖緯之理路。

〔註 7〕 孫叔平：《中國哲學史稿》（上）（上海：上海人民出版社，2003 年），頁 229。
〔註 8〕 《揚雄評傳》，頁 74〜80。

（二）古文經略述

古文經之特色為何？「通訓詁，明大義，不為章句」古文經的確糾正了今文經學弊病，也較少附和讖緯迷信，它的發展對當時今文經學之背景而言，有一定的積極意義。徐復觀所說：「經學的文字是客觀地存在，但由文字所蘊涵的意義則須由人加以發現，而不是純客觀的固定的存在。」〔註9〕所以可說這兩派經學的不同，主要的是由於他們對於經典的解釋不同，因而所代表的思想路線也不同。

古文經學在官學上並沒有立為學官，他們對官學是採反對的姿態，而支持者有劉歆、揚雄及桓譚等。在《隋書·經籍志》云：

> 起王莽好符命，光武以圖讖興，遂盛行於世。漢世又詔東平王蒼正
> 五經章句，皆命從讖。俗儒趨時，益為其學。篇卷第目，轉加增廣。
> 言五經者，皆憑讖為說。唯孔安國，毛公，王璜，賈逵之徒，獨非
> 之，相承以為妖妄，亂中庸之典；故因漢魯恭王河間獻王所得古文，
> 參而考之，以成其義，為之古學。〔註10〕

「古學」乃指古文學的經學，是由劉歆所提出的觀念，並被今文經學博士所排斥的一組經典。主張不用緯書、讖書、陰陽家之言，一掃神秘怪異的思想，對當時為官學的今文經學派而言，無異是一種對立的反對派。　今文經學派傾向把儒家宗教化，古文經學派的傾向和今文經相反，是反對永「天人感應」等神秘主義思想對儒家經典進行解說。古文經學家是企圖要將儒家典籍及思想從當時漢代的神秘風潮、讖緯迷漫的風氣中解脫。

（三）今古文經之爭

今文經學與古文經學對於「五經」解釋、孔子為文學家或史學家之定位皆有不同觀點，後人依清末廖平對今、古文經學之分析歸納出一具體之圖式，〔註11〕以別今古文具體分歧處：

〔註9〕　徐復觀撰：《徐復觀論經學史二種》（上海：上海書店出版社，2005 年），頁143。

〔註10〕　（唐）魏徵撰：《隋書》（臺北：藝文印書館），卷32，頁483。

〔註11〕　姜廣輝說明圖式來源：「清末廖平根據許慎《五經異義》，撰《古學考》和《今古學考》，對今古為經學的分歧和爭議作了系統的概括。民國時期和現代的學者又對廖平的說法進行總結，歸納出一個具體系性的圖式。」且圖式轉引自姜廣輝主編：《中國經學思想史·第二卷》，頁 571～572。

圖表一：今古文經學之比較

今文經學	古文經學
1. 崇奉孔子	1. 崇奉周公
2. 尊孔子爲素王	2. 尊孔子爲先師
3. 認孔子爲哲學家、政治家、教育家	3. 認孔子爲史學家
4. 以孔子爲托古改制	4. 以爲孔子「信而好古，述而不作」
5. 以六經爲孔子作	5. 以六經爲孔子以前的史料
6. 以《春秋公羊傳》爲主	6. 以《周禮》爲主
7. 爲經學	7. 爲史學
8. 經的傳授多可考	8. 經的傳授不大可考
9. 西漢都立于學官	9. 西漢多行于民間
10. 盛行于西漢	10. 盛行于東漢
11. 斥古文經是劉歆僞作	11. 斥今文經是秦火之餘
12. 信緯書，以爲孔子微言大義間有所存	12. 斥緯書爲誣妄

當學術定於一尊，今文經學立於學官，經學遂成爲利祿的捷徑，學術的正宗與政權的正統將相互利用。《漢書‧儒林列傳》云：

> 自武帝立五經博士，開弟子員，設科射策，勸以官祿，迄於元始百有餘年，傳業者寖盛，枝葉蕃滋，一經說至百餘萬言，大師眾至千餘人，蓋祿利之路然也。〔註12〕

今文經和古文經的爭端，不僅僅於文學上識知相佐、於解經之注、內容詮釋，甚而在政治、利益上的爭論皆不同，今文經與古文經學者之選派擇宗，已然成爲政治、思想中各持己見之不同生命方向。

二、陰陽五行

討論「陰陽五行」此論題，必先由「陰陽五行」字義上做了解及確定才能進行思想之研究，因此先從字義上逐字分解其義是爲學的基本且重要的功夫。「陰陽五行」將其拆解爲兩個觀念以便說解，一爲「陰陽」，另則爲「五行」，以陰陽五行自始出以至形成定義，且合併爲「陰陽五行」之辭等，將於

〔註12〕《漢書‧儒林列傳》，卷88，頁1555。

下列本文說明討論之。

（一）陰　陽

陰陽兩字皆見於《說文》皀部。陽，本意是向日，指陽光照到的地方。《說文》：「陽，高明也。從皀，昜聲。」〔註13〕《爾雅》曰：「山西曰夕陽，山東曰朝陽。」〔註14〕桂馥《說文解字義證》說：「高明也者，對陰言也。」〔註15〕高明是相對於陰闇說的。陽，原字是昜，《說文》曰：「昜，開也。從日、一、勿也。」〔註16〕從日從一，即日在地上之意；勿，即陽光四射之象。向日能見陽光，引申爲正面。

陰，本意是背日，是陽光照不到的意思。《說文》曰：「陰，闇也，水之南，山之北也。從皀，会聲。」〔註17〕陰之原字爲会，《說文》：「霒，雲覆日也。從雲，今聲。会古字。」〔註18〕《玉篇》：「陰以雲蔽日之陰霠」〔註19〕陰又可作霠。陰爲雲覆日爲本義，引申爲覆蔽之義。覆蔽必闇後又引申爲闇義，背日之地與向日之地相較必闇。

又參考張立文對陰陽的解說，〔註20〕勞思光的陰陽觀念，〔註21〕及鄺芷

〔註13〕　（漢）許慎著：（清）段玉裁注：《說文解字注》（臺北：萬卷樓圖書有限公司，1999年），頁738。

〔註14〕　（晉）郭璞注：（宋）邢昺疏：《爾雅》（臺北：藝文印書館《十三經注疏本》，2001年），頁118。

〔註15〕　桂馥撰：《說文解字義證》（濟南：齊魯書社出版，1994年），頁1268。

〔註16〕　《說文解字注》，頁458。

〔註17〕　同註16，頁738。

〔註18〕　前註16，頁580。

〔註19〕　（梁）顧野王撰：《玉篇》（臺北：藝文印書館，1967年據《百部叢書集成》影印《古逸叢書》本），第2冊，玉篇廿二。

〔註20〕　張立文《中國哲學範疇發展史天道篇》）：「陰陽作爲對偶範疇，是中國哲學範疇系統中既古老又重要的範疇。甲骨文陽作……。無論是甲骨或金文，陽字均與日相聯繫，且日高懸，光芒下射，指日光照到的地方。陰，甲骨現未確認爲哪個字。金文之陰，似與日無聯繫，後人以陰爲背日或「日所不及」，都取陽之相反之義，是相對於陽而言的，恐與金文陰之本義有異。因而，有作会和，以明其雲覆日的意思，亦相對於陽而釋陰義。」（臺北：五南圖書出版有限公司，1996年），頁265。

〔註21〕　勞思光《新編中國哲學史二）》：「『陰陽』之觀念，最初應由《易》之筮法而生。即以『—』表陽，以『--』表陰。此屬原始思想。正式見於文字者，則如〈乾〉象詞中有『潛龍勿用，陽氣潛藏』之語；〈坤〉初六象詞亦有『履霜堅冰，陰始凝也』之語；皆以陽指乾，以陰指坤；至於〈繫辭〉、〈說卦〉等則屢言『陰陽』。然此等作品均屬晚出，不能用爲漢儒以前儒學本言『陰陽』

人對陰陽的定義，〔註 22〕總而論之，陰陽二字皆爲相對之義。最初陰、陽兩字並無思想意涵，且多陽尚指受日面，陰則爲無陽光之暗層面，陰、陽二字可見於《詩經》、《書經》、《易經‧卦辭爻辭》中，此處尚不加贅述。而陰陽二字連用，最早的史料爲《詩經‧大雅‧公劉》云：

　　篤公劉，既溥既長，既景迺岡，相其陰陽。觀其流泉，其軍三單。

　　度其隰原，徹田爲糧，度其夕陽，豳居允荒。〔註23〕

「既景乃崗，相其陰陽」的陰陽爲向日及背日之義，是以原始意義始用，不具有本體及宇宙等哲學義存在。春秋之際，《左傳》僖公十六年記載，春天曾發生出現隕石和六鶂退飛之現象，被認爲是天的譴告，叔興曰：

　　是陰陽之事，非吉凶所生也。吉凶由人。〔註24〕

以陰陽來解釋隕石及六鶂退飛之怪異情形，否定「吉凶所生」之見，叔興將以自然科學思維來擺脫宗教迷信，否定天人感應的神學思想。《左傳》昭公元年：「陰淫寒疾，陽淫熱疾」〔註25〕以陰陽解釋人身體機能與疾病之關係。范蠡於《國語‧越語》中提出用兵之道，曰：

　　陽至而陰，陰至而陽。日困而還，月盈而匡。古之善用兵者，因天
　　地之常，與之俱行，後則用陰，先則用陽。〔註26〕

以陰陽之道說明戰爭變化，他提出被動防守用陰之道，主動攻擊用陽之道，

　　之證。」（臺北：三民書局，2002 年），頁 23。

〔註22〕 鄺芷人《陰陽五行及其體系》：「先從文字學方面看，陰是『闇』的意義，而陽則爲『高明』義。梁任公認爲陰陽二字即『仌』『昜』，此說其實乃出於段玉裁。依許氏說文，『仌』就是『露』的簡體字，是『雲覆日』的意思；至於『昜』，許慎認爲是『開』的意思，段玉裁註謂：『此陰陽正字也，陰陽行而仌昜廢矣，闢戶謂之乾，故曰開也』。許氏把『昜』釋爲『開』，並不是很適當，因爲『昜』的象形字寫作𤲮是由『旦』及『勿』二字構成，而『旦』即『旦』，是意謂著太陽從地平線昇起之意。至於『勿』，說文謂『𠃜，州里所建旗也』。故昜字無疑是指當太陽從地平線上昇起而『建旗』之意。」又「綜觀以上所述，則陰陽二字在文字學上原是分別指雲蔽日而暗及太陽之明照而言。這大抵就是陰陽二字的初始義。」（臺北：文津出版社，1998 年），頁 8。

〔註23〕 （漢）毛公傳；（漢）鄭元箋；（唐）孔穎達等正義：《詩經》（臺北：藝文印書館《十三經注疏本》，2001 年），頁 620。

〔註24〕 （周）左丘明傳；（晉）杜預注；（唐）孔穎達疏：《左傳》（臺北：藝文印書館《十三經注疏本》，2001 年），頁 236。

〔註25〕 同註24，頁 709。

〔註26〕 （三國吳）韋昭：《國語》（臺北：臺灣商務印書館，1976 年《四部叢刊》影印上海商務印書館縮印杭州葉氏藏明金李校刊本），卷 21，頁 150～151。

明瞭陰陽間之相對性及互變性的關係。從自然吉凶、人之身體及戰爭變化皆以陰陽說明，將陰陽視爲萬物內在的一種本質屬性。《莊子・則陽》云：

> 陰陽相照，相蓋相治，四時相代，相生相殺，欲惡去就，於是橋起，
> 雌雄片合，於是庸有。〔註27〕

「萬物負陰而抱陽，沖氣以爲和」〔註28〕老子甫將其陰陽二字轉換爲具有本體或宇宙論的意義，而後莊子更承繼老子的「萬物負陰而抱陽」的思考模式，陰陽相互照應、賊害、治理，四時互相迭代、生成、殺害，萬物生成於陰陽之相對相合中。《莊子》更提出「陰陽調和」的命題，《莊子・天運》云：

> 一清一濁，陰陽調和，流光其聲，……吾又奏之以陰陽之和，燭之
> 以日月之明。〔註29〕

顯然已經將「陰陽」兩字連用並且付予哲學意義，《莊子》在清濁等對應的關係中求陰陽的和諧，此和諧關係是透過交相感應之模式而實踐。戰國之際，《管子・五行》云：

> 是故陰陽者，天地之大理也。四時者，陰陽之大經也。〔註30〕

已知陰陽是天地萬物間之大道、原理原則，陰陽思想在戰國時期已經被普遍關注。秦漢之時，陰陽已和本體論、宇宙論結合，並且也與天文、曆法、醫學、政治等形成一個可相對應之系統，《呂氏春秋》〔註31〕十二紀中依據陰陽的消長、四時更迭而進行變化推移，《淮南子》〔註32〕更用陰陽氣化理論具體說明日月、四時、風雨雷霧等形成原因，總而論之，陰陽觀念於漢代已然成

〔註27〕《南華眞經》，卷8，頁190。

〔註28〕河上公章句：《老子道德經》（臺北：臺灣商務印書館，1976年《四部叢刊》影印上海商務印書館縮印常熟瞿氏藏宋本），卷下，頁14。

〔註29〕《南華眞經》，卷5，頁107～108。

〔註30〕（唐）尹知章注，（清）戴望校正：《管子校正》（臺北：世界書局，1958年），頁238。

〔註31〕〈季夏紀・音律〉：「陽氣始生，草木繁動，令農發土，無或失時」、〈季春紀・三月紀〉：「生氣方盛，陽氣發泄，生者畢出」、〈仲夏紀・五月紀〉：「日長至，陰陽爭，死生分」、〈季夏紀・音律〉：「草木盛滿，陰將始刑，無發大事，以將陽氣」……等。高誘解；雲間　宋邦乂　張邦瑩　徐益孫　何玉畏校：《呂氏春秋》（臺北：臺灣商務印書館，1976年《四部叢刊》影印上海商務印書館縮印明刊本），卷6、3、5、6，頁35、17、29、35～36。

〔註32〕《淮南子・天文》：「毛羽者飛行之類也，故屬於陽。介鱗者蟄伏之類也，故屬於陰。」、「夏日至則陰乘陽，是以萬物就而死；冬日至則陽乘陰，是以萬物仰而生。」，卷3，頁17、21。

為眾人所知且習用之宇宙質性。

（二）五　行

　　現存文獻「五行」之始，並無現在的金、木、水、火、土五行之意，這樣的思想是經由後代進程後的現象。最早出現「五行」的文獻《尚書・甘誓》云：

　　　　有扈氏威侮五行，怠棄三正。〔註33〕

對於〈甘誓〉的五行說，梁啓超《陰陽五行說之來歷》提出：「竊疑此文應解為威侮五種應行之道，怠棄三種正義。其何者為五，何者為三，固無可考，然與後世五行說絕不相蒙，蓋無疑。」〔註34〕從〈甘誓〉中不能確定其中「五行」真正的意旨為何。《尚書・洪範》云：

　　　　五行：一曰水，二曰火，三曰木，四曰金，五曰土。水曰潤下、火
　　　　曰炎上、木曰曲直、金曰從革、土爰稼穡。潤下作鹹，炎上作苦，
　　　　曲直作酸，從革作辛，稼穡作甘。〔註35〕

而其〈洪範〉中直接說明此「五行」乃為金、木、水、火、土五項內容，並云五行所延伸而成之物及物之作用，顧頡剛認為：「〈洪範〉上的五行，說是上帝賜給夏禹的；但從種種方面研究，這篇書很可疑，大約出於戰國人的手筆。所以這種思想雖不詳其發生時代，但其成為系統的學說始自戰國，似已可作定論。漢代承戰國之後，遂為這種學說的全盛時期。」〔註36〕由此可知，五行學說成為系統學說大概始於戰國。倘或認為《洪範》中「五行」哲學意味不明，其觀《國語・鄭語》周幽王太史的史伯云：

　　　　夫和實生物，同則不繼。……故先王以土與金、木、水、火雜，以
　　　　成百物。〔註37〕

以五行為哲學範疇來解釋宇宙生成的過程，而這樣的思想在早漢代幾百年前就已經形成，直至漢代更可說在其生活、學術、政治上無不瀰漫著「陰陽五行」的思想。

〔註33〕　（漢）孔安國傳；（唐）孔穎達等正義：《尚書》（臺北：藝文印書館《十三經注疏本》，2001 年），頁 98。

〔註34〕　顧頡剛編著：《古史辨》（上海：上海書店，1935 年據樸社 1935 年版影印），頁 350。

〔註35〕　《尚書》，頁 169。

〔註36〕　顧頡剛：《秦漢的方士與儒生》（上海：上海古籍出版社，2005 年），頁 1～2。

〔註37〕　《國語》，冊，頁 4。

五行中還有「五行相勝」、「五行相生」的問題,「五行相勝」在《孫子兵法‧虛實篇》云:「故五行無常勝,四時無常位,日有短常,月有死生。」〔註38〕這裡的五行相勝就是所謂的五行相剋。《左傳》中也有五行相勝的思想,在昭公三十一年:「火勝金,故弗克。」〔註39〕又哀公九年:

> 盈,水名也。子,水位也。名位敵,不可干也。炎帝為火師,姜姓其後也。水勝火,代姜則可。〔註40〕

如此「五行相勝」思想大概在春秋時就已經出現。然而「五行相生」,從先秦的可靠典籍中,沒有出現五行相生的記載,但五行和時間的關係,可能是產生五行相生的關鍵所在,《管子‧五行》云:

> 睹甲子木行御……七十二日而華;睹丙子火行御……七十二日而華;睹戊子土行御……七十二日而華;睹庚子金行御……七十二日而華;睹壬子水行御……七十二日而華。〔註41〕

以天干、地支和五行配合。於《管子‧四時》中將五行、四時、方位相對應,其云:

> 東方曰星,其時曰春,其氣曰風,風生木與骨,……南方曰日,其時曰夏,其氣曰陽,陽生火與氣,……中央曰土,土德實,輔四時入出,以風雨節土益力,土生皮肌膚,……西方曰辰,其時曰秋,其氣曰陰,陰生金與甲,……北方曰月,其時曰冬,其氣曰寒,寒生水與血。〔註42〕

「五行相生」的說法大概到秦漢之際才開始流行,直到漢代《春秋繁露》對五行生剋問題提出了「比相生而間相勝」的說法,對於「五行生剋」的問題做了一個完整論述與總結。

(三)陰陽五行

「陰陽」和「五行」本為兩個不同的觀念,直到齊人騶衍將其兩概念合而為一,在《史記‧孟子荀卿列傳》中有詳細的說明:

〔註38〕《孫子集註》(臺北:臺灣商務印書館,1976年《四部叢刊》影印上海商務印書館縮印江南圖書館藏明嘉靖刊本),卷6,頁79。
〔註39〕《左傳》,頁931。
〔註40〕同註39,頁1014。
〔註41〕《管子校正》,頁243。
〔註42〕同註41,頁238~239。

> 騶衍睹有國者益淫侈，不能尚德，若大雅整之於身，施及黎庶矣。
> 乃觀陰陽消息而作怪迂之變，始終、大聖之篇十餘萬言，其語閎大
> 不經，必先驗小物，推而大之，至於無垠。先序今以上至黃帝，學
> 者所共術，大並世盛衰，因載其磯祥度制，推而遠之，至天地未生，
> 窈冥不孤考而原也。先列中國各山大川，通谷禽獸，水土所殖，物
> 類所珍，因而推之，及海外人之所不能睹，稱引天地剖判以來，五
> 德轉移，治各有宜，而符應若茲。〔註43〕

騶衍是齊國的儒者也是陰陽家，他提倡了「五德終始說」，更從「乃觀陰陽消
息而作怪迂之變」及「稱引天地剖判以來，五德轉移，治各有宜，而符應若
茲」可以明瞭騶衍是將「陰陽」、「五行」兩大觀念融合為一體，但究竟是否
為最初者已不可考。「騶子之徒論著終始五德之運，及秦帝而齊人奏之，故始
皇采用之。」〔註44〕騶衍「終始五德」之論於秦皇時則加以採用其說。

此處有一個令人發醒的問題則為何謂「陰陽家」？在司馬談論六家要旨
中最先論述陰陽家，他說：

> 嘗竊觀陰陽之術，大祥而眾忌諱，使人拘而多所畏。……夫陰陽、四時、八位、十二度、二十四節，
> 各有教令。順之者昌，逆之者不死則亡，未必然也。故曰：使人拘
> 而多畏。夫春生夏長、秋收冬藏，此天道之大經也，弗順則無以為
> 天下綱紀。故曰：四時之大順，不可失也。〔註45〕

自司馬談論陰陽家似乎陰陽家有天文及曆法等觀念相雜，從上述引文中，可
知陰陽家和天文、曆法甚至氣象有密切的關連，而在當時據鄺芷人的推論「天
文者、曆法（譜）者及五行者皆為陰陽家」，〔註46〕以當時漢初之際這樣的解

〔註43〕《史記》，頁939。
〔註44〕《漢書‧郊祀志》，頁541。
〔註45〕《史記‧太史公自序》，頁1349。
〔註46〕鄺芷人《陰陽五行及其體系》：「藝文志除了把陰陽家列為諸子略之首外，在
　　　術數略中又有天文者，曆譜者及五行者。這三者與陰陽家有甚麼關係呢？這
　　　有三種可能情形。第一可能情形是：諸子之言既重於社會政教，自然有疏於
　　　其他專門知識。因此，儘管陰陽家乃出於羲和之官，而陰陽家中也許有通天
　　　文曆法或氣候學的人。但畢竟這些人可能是屬少數。隨著知識的發展，天文
　　　及曆學家便漸漸從陰陽家中分離出來。第二個可能情況是：天文及曆法家根
　　　本就未曾與陰陽家相混，而只是由於陰陽家也涉及到一些天文和曆法的知
　　　識，並以天文曆法的知識建立他們的社會政教的思想。第三個可能情形是：

說是可以說明陰陽家所識知之廣泛。

　　總而論之，司馬遷〔註 47〕和班固〔註 48〕所指稱的陰陽家，是一群依順鄒衍「五德終始」並融合天文、曆法及氣象學等的人，並以此學說來論及政治、學術及其天人關係的演變。而「陰陽五行」思想從戰國齊人鄒衍提出之後，對後期的秦代更是極大的影響，《史記‧秦始皇本紀》云：

> 始皇推終始五德之傳，以爲周得火德，秦代周德，從所不勝。方今水德之始，改年始，朝賀皆自十月朔；衣服旄旌節旗皆上黑；數以六爲紀；符、法冠皆六寸，而輿六尺、六尺爲步，乘六馬。更名河曰德水，以爲水德之始。剛毅戾深，事皆決於法，刻削毋仁恩和義，然後合五德之數。〔註 49〕

可見直至秦始皇時「陰陽五行」、「五德終始說」的觀念已經深入人心，也確實在歷史少產生實際的影響。

　　再者談及漢代，陰陽五行的思想幾乎是日常生活中的一部份，遍及生活、學術、政治，從上至天子宰相下至愚夫庶民，無不深受其影響。首推《春秋繁露》與《淮南子》中的〈天文〉、〈地形〉、〈時則〉、〈主術〉，《呂氏春秋》的四季十二紀，《白虎通》、《黃帝內經》等，甚而漢代學術之主「經學」也籠罩在陰陽五行的思想氛圍下。

　　李漢光《先秦兩漢之陰陽五行學說》〔註 50〕中曾云漢代以五行思想論經

天文者、曆法（譜）者及五行者皆爲陰陽家。我們以爲第三種情形的可能性最大，這當然只限於戰國至漢初這段時期而言，以後的天文學家就很少再被稱作陰陽家了。」（臺北：文津出版社，1998 年），頁 41～42。

〔註 47〕《史記‧龜策列傳》中：「雖然，禍不妄至，福不徒來。天地合氣，以生百財，陰陽有分，不離四時，十有二月，日至爲期。聖人徹焉，身乃無災。明王用之，人莫敢欺。」，頁 1326。

〔註 48〕《漢書‧藝文志‧陰陽家》：「陰陽家者流，蓋出自羲和之官。敬順昊天，歷象日月星辰，敬授民時，此其所長也。及拘者爲之，則牽於禁忌，泥於小數，舍人事而任鬼神。」；《漢書‧藝文志‧兵家陰陽序》：「陰陽者，順時而發，推刑德，隨鬥擊，因五勝，假鬼神而爲助者也。」，頁 893；904～905。

〔註 49〕《史記‧秦始皇本紀》，頁 120。

〔註 50〕李漢光《先秦兩漢之陰陽五行學說》：「綜觀上述兩漢政治，與「五德終始說」，「陰陽災異說」，「四時禁忌說」所發生的關係，是那樣的深刻，普遍，則知齊人鄒衍之學，播種於戰國末期，生根於嬴秦，花孕怒放，則在兩漢了。兩漢這樣的政治，「君主」之上，還有「天主」，「天主」的意見是什麼，要由陰陽五行專家來判斷，人神揉雜，又近乎古代巫祝政治；所不同者，只是把巫祝易爲明經達識的士子而已。……至於兩漢政治，何以接受了鄒氏之學這個

學並對政治形成相當影響。皮錫瑞《經學歷史》在「經學極盛時代」談到漢代經學時，曾說：「漢有一種天人之學而齊學尤盛。《伏傳》五行，《齊詩》五際，《公羊春秋》多言災異，皆齊學也。《易》有象數占驗，《禮》有明堂陰陽，不盡齊學，而其旨略同。」〔註51〕從此可證五行思想對經學的影響，但最重要的是左右了漢代人的生活各個層面及思想。

三、天人感應

敘述天人感應之前，必須先處理中國人將「天」字分為那些意義。馮友蘭將其歸納為五個不同概念之意，一曰物質之天；二曰主宰之天；三曰運命之天；四曰自然之天；五曰義理之天。〔註52〕此五種之天常存於各時代典籍中並象徵不同意義。殷周之際，據《左傳》昭公二十五年鄭國子大叔回答趙簡子問禮時云：

> 為刑罰威獄，使民畏忌，以類其震曜殺戮；為溫慈惠和，以效天之
> 生殖長育。〔註53〕

以刑罰牢獄來法天之雷震殺人，以溫和慈惠來效天之生養繁殖，將天道與人事相聯繫起來，但此「天人相應」仍為一種不自覺之模糊概念。春秋戰國時期，《孟子·盡心上》云：

> 盡其心者，知其性也；知其性，則知天矣。〔註54〕

心為發用思維者，性之本善而存有惻隱、羞惡、恭敬、是非之心，盡心而能知性善，性善能相應於天道之流行，因此，又曰：「存其心，養其性，所以事天也。」〔註55〕心、性、天之相連足以說明天人之間是能相感應，人之心性盡力以求回歸天道自然。換句話說，孟子之前天人相應主體是外部相感，孟子之天人感應是以心性內在相應，此兩者之天人相感內容截然不同。

問題，筆者認為研究過西漢學術的來源（主要是經學），纔敢論定。」（臺北：維新書局，1968年），頁188。

〔註51〕《經學歷史》，頁68～69。

〔註52〕馮友蘭：《中國哲學史》（上冊）（上海：華東師範大學出版社，2000年），頁35。

〔註53〕《左傳》，頁891。

〔註54〕（漢）趙岐注；（宋）孫奭疏：《孟子》（臺北：藝文印書館《十三經注疏本》，2001年），頁228。

〔註55〕同註54，頁228。

《莊子・大宗師》：「不以心捐道，不以人助天。」〔註56〕、〈秋水〉：「無以人滅天」〔註57〕皆在論述不用外在人爲損害天道自然，唯有拋棄人爲、順應自然，才能天人爲一，因此，莊子是從順應天道自然的角度來否定天人相通。荀子針對莊子之論認爲「蔽於天而不知人」，〔註58〕進而提出「明於天人之分」〔註59〕但卻未言貫通天與人之最高主體爲何，荀子「明於天人之分」之思想後由《春秋繁露》的天人感應所取而代之。

漢代之際，《淮南子》已明白言說天人之關係，《淮南子・覽冥》云：

> 故聖人在位，懷道而不言，澤及萬民。君臣乖心，則背譎見於天，神氣相應徵矣。故山雲草莽，水雲魚鱗，旱雲煙火，涔雲波水，各象其形類，所以感之。夫燧取火於日，〔註60〕方諸取露於月，天地之間，巧歷不能舉其數，手徵忽恍不能覽其光。然以掌握之中，引類於太極之上，而水火可立致者，陰陽同氣相動也。〔註61〕

君臣相背不同心則天會有所感應是爲「神氣相應」，「山雲草莽」、「水雲魚鱗」、「旱雲煙火」、「涔雲波水」等彼此之間以「所以感之」，以「陰陽同氣相動」，天與人之間是同類感動之方式架構「天人感應」之關係。

漢代思想中深受其影響的莫過於《春秋繁露》的「天人感應」說，要《春秋繁露》的天人感應，先由他對「天」字的解釋說起。《春秋繁露》的天有兩義，一者爲人格神的天，另一者爲自然界中天地之天。前者如「天者，萬物之祖，萬物非天不生，獨陰不生，獨陽不生，陰陽與天地參然後生。」〔註62〕後者爲「天之道有序而時，有度而節，變而有常」〔註63〕，天之道可以說爲自然規律。不論是人格神的天或自然的天，皆與人相副，其中用的論證方法爲「天有十端」、「人副天數」。《春秋繁露・人副天數》云：

〔註56〕《南華眞經》，卷 3，頁 50

〔註57〕《南華眞經》，卷 6，頁 124

〔註58〕（唐）楊倞注；（清）王先謙集解：《荀子集解・考證》（臺北：世界書局，2005年），頁 362。

〔註59〕同註 58，頁 285。

〔註60〕「夫燧取火於日」景宋本作「夫陽燧取火於日」。王念孫云：「夫陽燧」本作「夫燧」，今本有陽字者，後人所加也。詳說參見（清）王念孫：《讀書雜志下》（臺北：世界書局，1988 年 11 月，據同治庚午十一月金陵書局重刊本影印），〈淮南內篇第六〉，頁 818。

〔註61〕《淮南子》，卷 6，頁 40。

〔註62〕《春秋繁露》，卷 15，頁 81。

〔註63〕同註 62，卷 11，頁 63。

> 唯人獨能偶天地。人有三百六十節，偶天之數也。形體骨肉，偶地之厚也。上有耳目聰明，日月之象也。體有空竅理脈，川谷之象也。心有哀樂喜怒，神氣之類也。……天地之符，陰陽之副，常設於身，身猶天也。數與之相參，故命與之相連也。天以終歲之數成人之身，故小節三百六十分，〔註64〕副日數也。大節十二分，副月數也。內有五臟，副五行數也。外有四肢，副四時數也。乍視乍瞑，副晝夜也。乍剛乍柔，副冬夏也。〔註65〕

將人的身體骨節、耳目聰明、空竅理脈、心之喜怒哀樂無一處不與天相副相配，甚而配至日數、月數、五行、四時、晝夜等。《春秋繁露·二端》〔註66〕云：

> 其大略之類，天地之物有不常之變者謂之異，小者謂之災；災常先至而異乃隨之。災者，天之譴也，異者，天之威也，譴之而不知，乃畏之以威。……凡災異之本，盡生於國家之失。國家之失，乃始萌芽，而天出災害以譴告之。譴告之而不知變，乃見怪異以驚駭之。驚駭之尚不知畏恐，其殃咎乃至。以此見天意之仁而不欲陷人也。
> 〔註67〕

除此之外，還有命之相連性，漢代人信其感應之說，惡的行為引起災異，善的行為產生祥瑞，一切自然現象中有異於日常生活的就叫作異，對百姓人民

〔註64〕殿本作「小節三百六十六」，但據（清）王念孫《讀書雜誌·讀淮南雜志》對〈精神〉云：「天有四時五行九解三百六十六日，人亦有四肢五臟九竅三百六十六節。」所云：「本作『三百六十日』、『三百六十節』，後人以〈堯典〉言『期三百有六旬有六日』，故於上加『六』字，因併下句而加之也。不知三百六十日但舉大數言之。……《春秋繁露·人副天數》曰：『故小節三百六十分，副日數也。大數十二分，副月數也。』《淮南·天文》亦曰：『天有十二月以制三百六十日，人亦有十二肢以使三百六十節。』此皆以十二統三百六十，猶十二律之統三百六十音。」（臺北：臺灣商務印書館，1968年），頁35～36。又〈人副天數〉上文曰：「人有三百六十節，偶天之數也」，故此處非「三百六十六」，疑為「三百六十分」。

〔註65〕《春秋繁露》，卷13，頁70～71。

〔註66〕殿本將「其大略之類」以下皆放於〈必仁且智〉。今據鍾肇鵬《春秋繁露校釋》所云：「大典本『其大略之類』提行。惠校云：『以下另為一篇。』盧校引錢塘云：『後一段疑本在《二端篇》。』譚本移入《二端篇》。蘇注於《二端篇》末亦云：『案《必仁且智篇》其大略之類一段，與此篇文相類。』《必仁且智》後『其大略』以下一段與仁智無關，乃《二端》錯簡於彼。錢校是，今從譚本移入《二端篇》。」（河北：河北人民出版社，2005年），頁345。

〔註67〕同註65，卷8，頁49～50。

有福的就叫作祥，這就是天人之間命的相連。由如此繁複的天人之間的對應
關係更可證「天人同類」的觀念，《春秋繁露·同類相動》云：

> 今平地注水，去燥就濕；均薪施火，去濕就燥；百物去其〔註68〕所
> 與異，而從其所與同，故氣同則會，聲比則應，其驗皦然也。試調
> 琴瑟而錯之，鼓其宮則他宮應之，鼓其商而他商應之。五音比而自
> 鳴，非有神，其數然也。

> 美事召美類，惡事召惡類，類之相應而起也。如馬鳴則馬應之。帝
> 王之將興也，其美祥亦先見；其將亡也，妖孽亦先見，物固〔註69〕
> 以類相召也。故以龍致雨，以扇逐暑，軍之所處，生〔註70〕以棘楚，
> 美惡皆有從來，以爲命，莫知其處所。〔註71〕

《春秋繁露》中，不論是物與物之間，天人之間的相感，都有一個核心關鍵，
就是所謂的「類」，借著這個「同類相動」、「以類相召」爲世界各種事物甚而
是天人之間的感應基礎，也才使得這感應的作用成爲可能。

王充《論衡》中對「同類相召」的現象提出更詳細的說明，如感應過程
的不可逆性，「夫天能動物，物焉能動天」〔註72〕及「寒溫之氣，繫於天地而
統於陰陽。人事國政，安能動之。」〔註73〕對此任繼愈主編的《中國哲學發
展史》更將此歸納出某些規則：「這就要求在討論事物的感應問題時，首先要
區別物類。不能把同類事物間能夠發生的事推廣到不同類的事物之間，也不
能把此類事物間的事推廣到彼類。」〔註74〕張立文在《中國哲學範疇發展史》

〔註68〕殿本作「其去」，而凌本、蘇本皆作「去其」。鍾肇鵬以爲「百物去其所與異」
乃指百物之性，都是避開與其相異的事物，而與其相同的事物親近，以明同
類相動之理也。《春秋繁露校釋》，頁810。故此處「其去」疑作「去其」也。
〔註69〕殿本作「故」，今據蘇輿注云：「『故』當作『固』。」《春秋繁露義證》，頁359。
而凌本也作「固」，故此處「故」疑作「固」也。
〔註70〕殿本作「軍之所處以棘楚」，而據蘇輿注：「『以』上脫生字。《老子》：「師之所
處，荊棘生焉。」《呂覽·應同篇》：「師之所處，必生荊楚。」高注：『軍師訓
眾，以殺伐爲首，棘楚以戮人，喜生戰地，故生其處也。』《淮南·人間訓》：
『師之所處，生以棘楚。』高注：『楚，大荊也。』《藝文類聚·六十八》、《藝
文類聚·八十九》引此文，『以』上並有生字，是唐本不誤。」《春秋繁露義證》，
頁359。故此處「軍之所處以棘楚」疑作「軍之所處，生以棘處」也。
〔註71〕《春秋繁露》，卷13，頁71。
〔註72〕（漢）王充著：《論衡》（臺北：臺灣商務印書館，1976年《四部叢刊》影印
上海商務印書館縮印明通津草堂刊本），卷15，頁147。
〔註73〕同註72，卷15，頁147。
〔註74〕任繼愈主編，孔繁等撰：《中國哲學發展史（秦漢）》（北京：人民出版社，1998

中共提出三個感應的途徑，〔註75〕這些無非是在建構天人感應的合理性與架構的邏輯性。

關於《春秋繁露》因應漢代的思潮，其目的最主要是對帝王的譴告，進而使上位者有所警惕，這樣一套「天人感應」學說，其實真正希望發生作用於君王身上，但當時漢代瀰漫在陰陽五行系統中，《春秋繁露》此一思想不僅運用在帝王上，連平民百姓直至現今這樣的影響力仍不可小覷。

「天人感應」的影響，可由兩個層面敘述。一為消極面，在消極方面，這樣的思潮傳播無議是加深了迷信讖緯思想的流行，為無形的神學思想建立了一套有系統的邏輯理論。

另一方面，針對《春秋繁露》初始之意，原為告知帝王有其冥冥之上天，希望能達到敬天愛民的境界。再者，更由「天人感應」中肯定人的自主作用，為善為惡都是人自由意志所決定的。對於後代天文學及科學界也是一個正面的影響，當發展天人感應學說時，其中所必須聯繫的架構有「陰陽五行」、「星相」的觀測、天地間物質的細分，這種種的過程，皆是發展天文學、科學的有利過程。因此，單就《春秋繁露》縝密的規劃一套「天人關係」圖式，其影響力遍及人民大眾，甚而遠至今日，《春秋繁露》的「天人感應」學說，可說為可觀的系統思想。

第二節　思想淵源

一、儒家思想

揚雄入京以前居處於蜀地，蜀地經文翁教化，使巴蜀之地由蠻夷之風轉

年），頁 565。

〔註75〕張立文《中國哲學範疇發展史（天道篇）》：「『人副天數』，按人的模樣塑造天，是董仲舒論證天人感應的途徑之一。因人和天具有相似的形體和感情意識以及道德倫理的本質，所以，『天人相副』而感應，相類而合一。『同類相動』，人亦能影響天，天人互相作用，是論證天人感位的途徑之二。天、地、人既然由王用道貫通起來，王亦依道來影響天。『陽尊陰卑』，五行相勝相生，以證天有意志。這為論證天人感應的途徑之三。把陰陽關係和五行次序，說成天的有意識的活動，並通過陰陽、五行，把天與人的各個方面都聯結起來。於是，天人之際便合而為一了。」（臺北：五南圖書出版，1996 年），頁 55。

而爲教化文風，《漢書‧循吏‧文翁傳》云：

> 至武帝時，乃令天下郡國皆立學校官，自文翁爲之始云。文翁終於
> 蜀，吏民爲立祠堂，歲時祭祀不絕。至今巴蜀好文雅，文翁之化也。
> 〔註76〕

處蜀地之揚雄，受文翁以儒學文風廣爲傳播，儒家思想浸染感化，揚雄多寡
受儒家思想薰陶及影響。

　　漢武帝時採取一系列的措施，罷黜百家、獨尊儒術，立五經博士，以提高
官學地位進而鞏固中央集權、加強王權爲目的，作爲官方意識所用的儒學，開
始調整迎合政治現實所需。《春秋繁露》的貢獻是將儒學理想目標尋求一個形而
上的最終依據，並且更將儒學從孔孟時期只論最高境界未言實際步驟，開始落
實運用於現實生活中，其「天人感應」、「災異祥瑞」等都在營造儒學風潮。

　　揚雄在此時代背景下，摹擬《論語》而作《法言》，他以儒家孔丘爲聖人，
孔子言而後載之書籍爲最重要經典。揚雄尊孔崇儒明表於《法言》之書，《法
言》中以儒家孔氏爲主，並對老聃、宗教迷信、天命、後天學習等重要議題
提出看法，由思想看法中可知揚子一切以儒家思想爲出發點，且對應所處之
漢代風潮有所因應，《法言‧吾子》中云：

> 舍舟航而濟乎瀆者，未矣。舍五經而濟乎道者，未矣。〔註77〕

以五經爲通濟正道之要，如同渡其大水需以舟航爲媒介，揚雄認爲天下之道
皆以儒家爲主，儒家五經更爲通道體道之徑。《法言‧吾子》云：

> 山嶇之蹊，不可勝由矣；向墻之戶，不可勝入矣。曰：惡由入？曰：
> 孔氏。孔氏者，戶也。〔註78〕

揚雄以孔子之道比喻爲入墻之戶，孔子主張學習五經爲首，儒家孔氏爲揚子
尊嚮對象，依順孔氏提倡儒家經典五經爲求道之徑。他又對莊、楊、墨、晏
等思想加以批評，《法言‧五百》云：

> 莊、楊蕩而不法，墨、晏儉而廢禮，申韓險而無化，鄒衍迂而不信。
> 〔註79〕

對諸子之批評，他是站在儒家的中庸之道，去批評道、墨、法、陰陽各家的

〔註76〕《漢書‧循吏傳》，卷89，頁1557。
〔註77〕《法言義疏》，頁67。
〔註78〕《法言義疏》，頁68。
〔註79〕同註78，頁280。

偏頗。至於老聃，《法言・問道》云：

> 老子之言道德，吾有取焉耳。及槌提仁義，絕滅禮學，吾無取焉耳。
> 〔註80〕

對於老子非全然排斥，仍以儒家仁義禮智為基準，言及道德者有所取，滅及仁義禮者則無所取，因此在自然觀方面，揚氏主張天道無為而自然，某部分是繼承道家的精神，但在社會人文方面則拋棄道家消極之無為，以儒家積極向上求學為主要目標。《太玄》中「童」首為揚雄提倡學習的一首，《太玄・童》云：

> 初一　顝童不寱，會我蒙昏。測曰：顝童不寱，恐終晦也。〔註81〕

愚昧無知的顝童若不學習，歸於蒙昧無知，終究後悔不已。「孔子習周公者也」〔註82〕、「仲尼潛心於文王」〔註83〕孔丘尚為努力求學，況於眾人更要以學習為務，《法言・學行》云：

> 學者，所以修性也。視、聽、言、貌、思，性所有也。學則正，否
> 則邪。〔註84〕

聖人、賢人及眾人都要經由學習以趨性善而遠惡，且〈學行〉置於《法言》第一篇且《法言序》中言：「天降生民，倥侗顝蒙，恣乎情性，聰明不開，訓諸理，譔〈學行〉。」〔註85〕雖篇名乃以行文第一句為用，然學行等後天工夫教化足見為揚子為重者。

孔子不言「怪、力、亂、神」，揚雄也反對當時社會的宗教迷信，《法言・重黎》云：

> 神怪茫茫，若存若亡，聖人曼云。〔註86〕

神怪之事揚雄不與論談，承孔氏之習而來，因此，又云：「或曰：甚矣傳書之不果也。曰：不果則不果矣，又以巫鼓。」〔註87〕漢代之際，解經之緯書、傳書已經不實，且又加之巫風迷信於其中，這是揚雄所批評欲革之處，宗教

〔註80〕同註78，頁114。
〔註81〕《太玄集注》，頁28。
〔註82〕同註78，頁13。
〔註83〕同註78，頁137。
〔註84〕《法言義疏》，頁16。
〔註85〕同註84，頁566。
〔註86〕同註84，頁327。
〔註87〕同註84，頁508。

迷信思想亦承儒家思想而至。至於「天命」，揚雄云：

> 屈人者克，自屈者負。天曷故焉？〔註88〕

用屈人者、自屈者說明統治階級爭奪政權之士，他們成功與失敗與天命是無所干係的，對於儒家傳統的天命論有所批判，且不贊成孟子「五百年必有王者興」的觀點，因此，對儒家思想有所承有所變。《法言‧重黎》云：

> 或問「黃帝終始」。曰：「詑也。昔者姒氏治水土，而巫步多禹；扁鵲，盧人也，而醫多盧。夫欲譸偽者必假真。禹乎？盧乎？終始乎？」
> 〔註89〕

其「黃帝終始」即「五德終始」之神秘的歷史循環論，揚雄認為皆偽託假造而出，與「巫步多禹」、「醫多盧」相為偽騙之術。對於長生之術更是為揚雄所詬病，《法言‧君子》云：

> 有生必有死，有始必有終，自然之道也。〔註90〕

駁斥一般世人追求長生不死之道，認為生死、終始是自然循環定律，更對當時神仙方術與以批評。

　　儒家思想在《法言》書之外，揚雄所作《太玄》中也充滿儒家思想與觀念，劉保貞在〈《太玄》贊辭所倡明君、賢臣思想述評〉文中說，〔註91〕贊辭是在當時「法天道而制人事」思想影響下對「人事」的探討，並且觀察贊辭內容可知其中皆為儒家「修身、齊家、治國、平天下」的思想體系，揚雄更在其中闡論明君、賢臣等思想，七百二十九贊之中有九十餘贊以多角度、反復論述儒家思想。

　　總而論之，揚雄終究以繼承儒家「周禮」之道統為標的，《法言‧五百》云：

> 或問：「其有繼周者，雖百世可知也。秦已繼周矣，不待夏禮而治者，
> 其不驗乎？」曰：「聖人之言，天也。天妄乎？繼周者未欲太平也。
> 如欲太平也，舍之而用他道，亦無由至矣。」〔註92〕

秦朝形式上繼承周朝但內在禮儀制度不然，而導致天下未太平，「如欲太平也，舍之而用他道，亦無由至」天下不會太平。揚雄在內在思想修養上以儒

〔註88〕同註84，頁361。

〔註89〕同註84，頁317。

〔註90〕《法言義疏》，頁521。

〔註91〕劉保貞：〈《太玄》贊辭所倡明君、賢臣思想述評〉，《齊魯學刊》年第2期（總第161期）（2001年2月），頁29。

〔註92〕同註90，頁261。

家精神爲依據，於己身之學習工夫修養重視，於社會之神秘宗教迷信斥除，而後推崇儒學、繼承周禮、學習孔丘，足以見揚雄思想源於儒家者繁多，並對部份儒家思想有所改革、革新。

二、道家思想

前文已論揚雄在居鄉時期從師於嚴君平〔註93〕《漢書・王貢兩龔鮑傳》記載李強與揚雄對話中表現出揚雄熟識其師嚴遵之人，其云：

> 揚雄少時從游學，以而仕京師顯名，數爲朝廷在位賢者稱君平德。杜陵李強素善雄，久之爲益州牧，喜謂雄曰：「吾眞得嚴君平矣。」雄曰：「君備禮以待之，彼人可見而不可得詘也。」強心以爲不然。及至蜀，致禮與相見，卒不敢言以爲從事，仍嘆曰：「揚子雲誠知人！」
> 〔註94〕

嚴遵爲揚雄之師而揚雄誠知其師之爲人與作風，《法言・問明》中更極力的讚美其師君平：

> 蜀莊沈冥。蜀莊之才之珍也，不作苟見，不作苟得，久幽而不改操，雖隨、和何以加諸？舉茲以游，不亦珍乎？吾珍莊也，居難爲也。
> 〔註95〕

嚴遵生平「不作苟見，不作苟得，久幽而不改操」此品性操行無形地影響著揚雄，因此《解嘲》更言：

> 攫挐者亡，默默者存。位極者宗危，自守者身全。是故知玄知默，守道之極；爰清爰靜，游神之廷；惟寂惟寞，守德之宅。……故默然獨守吾《太玄》。〔註96〕

處漢代政治鬥爭下的揚雄，在政治爲官方面躬身體會「位極者宗危，自守者身全」的道理，在爲人處事方面，也頗得道家思想之沾漑，〔註97〕以其師君

〔註93〕參看本文第二章第二節之「一、居鄉時期」內文。
〔註94〕《漢書・王貢兩龔鮑傳》，卷72，頁1363。
〔註95〕《法言義疏》，頁200。
〔註96〕《漢書補注》，頁1514。
〔註97〕《漢書・揚雄傳》：「雄少而好學，不爲章句，訓詁通而已，博覽無所不見。爲人簡易佚蕩，口吃不能劇談，默而好深湛之思，清靜亡爲，少嗜欲，不汲汲於富貴，不戚戚於貧賤，不修廉隅以徼名當世。家產不過十金，乏無儋石之儲，晏如也。」，頁1536～1537。

平品性爲榜樣，道家清靜守道爲依歸。

　　嚴君平作《老子指歸》以表其思想，將《周易》、《老子》結合，《指歸》中大量用《周易》思想內容以外，還引用《周易》的文句與詞語來闡述《易》、《老》。〔註98〕《華陽國志》：「君平專精大《易》，耽於《老》、《莊》，著《指歸》。」〔註99〕指出嚴遵將《易》、《老》思想匯集而釋，著書《指歸》。

　　今日多位學者對《太玄》中承接《易》、《道》思想也多所論述，如陳廣忠〔註100〕說揚雄沿著其師嚴遵的路子，把《周易》的《損》、《益》之道，《老子》的「倚」、「伏」之理，貫穿在《太玄》之中。王世達在〈簡論《太玄》外易內道的結構特色〉〔註101〕中也清楚說明揚雄《太玄》中以外易內道的結構呈現出老子思維。王萍〔註102〕更言揚雄認爲宇宙間天地、陰陽、剛柔都是

〔註98〕《老子指歸》卷一：「仰則見天之裏，俯則見地之裏。」（漢）嚴遵撰；王德有譯注：《老子指歸譯注》（北京：商務印書館，2006年），頁21。《周易‧繫辭上》：「仰以觀於天文，俯以察於地理。」《周易‧繫辭下》：「仰則觀象於天，俯則觀法於地。」（魏）王弼、韓康伯注；（唐）孔穎達等正義：《周易》（臺北：藝文印書館《十三經注疏本》，2001年），頁147；166。可知《指歸》中兩句源於《繫辭》。

〔註99〕《華陽國志》，頁288。

〔註100〕陳廣忠〈揚雄《太玄》的道家精神（上）〉說：「由此可知，揚雄沿著其師嚴遵的路子，把《周易》的《損》、《益》之道，《老子》的『倚』、『伏』之理，貫穿在《太玄》之中，深刻地揭示了自然界與人世間的損益、倚伏、憂喜、吉凶等之間盈虛、消長、轉化的辯證關係，提出了觀察、分析、認識一切事物的準則。」，《鵝湖月刊》第26卷第7期（總號第307）（2001年1月），頁18。

〔註101〕王世達〈簡論《太玄》外易內道的結構特色〉：「在人生態度上，玄與道是一脈相承的，是消極遁世，清靜無爲的，其目的是全身而退遠禍，而其根據則是最純粹、最富哲學意義的理智思考和規定。……這種態度實源于老子的自然應化、柔弱不爭的思想。揚雄一再說的是：『夫作者貴有循而體自然也』……這些論調，很明顯的是老子『希言自然』，『道之尊，德之貴，夫莫之尊而常自然』，『弱之勝強，柔之勝剛』。」，《人文雜誌》1998年第6期（總116期）（1998年11月），頁40～41。

〔註102〕王萍〈嚴遵、揚雄的道家思想〉：「有天地、陰陽、剛柔對立的兩方面交互作用，才有萬物的生成、更新、變化和發展，這是《老子》辯證法思想的再現。」又說：「受《老子》盛極則衰、物極必反等對立面轉化思想的影響，揚雄認爲，任何事物都不是固定不變的，其發展超過一定限度，就要向自身的反面轉化。……揚雄認爲，事物運動、變化的總趨勢是陳新代謝，不斷前進，新生事物具有光明的發展前途，而一切腐朽的事物都將滅亡。……這是對《易傳》日新說和自強不息精神的進一步發揮，同時也是對老子學說的一種根本改造。……揚雄關於因循革化的思想，既在一定程度上揭示了事物發展的辯證規律，又表現出一種較爲進步的社會歷史觀。這當是對黃老之學因循觀念及

對立統一的，處永恆的變化發展是源於老子辯證法思想；老子盛極則衰、物極必反的觀念，揚雄延續此思想，而認爲事物發展超過一定限度則自身會反向轉化。張濤〔註103〕認爲揚雄之「玄」是生化宇宙萬物的過程，不存在任何超自然的造物主，是發展了道家學派的自然無爲說。

君平在《指歸》中也出現「氣化」的觀念，《老子指歸》卷二云：

> 夫天人之生也，形因於氣，氣因於和，和因於神明，神明因於道德，
>
> 道德因以自然，萬物以存。〔註104〕

論說萬物得以存在，因氣相和始能轉化爲具體形狀，因此，揚雄從君平而學，多寡受道家、易學、氣化思維所影響。陳鼓應〔註105〕認爲身處漢代之嚴遵的宇宙觀上承黃老、莊子、《淮南子》、《呂氏春秋》，下啓王弼，但對揚雄尤有直接影響。

秦好大喜功，苛政峻法，漢代統治者吸收亡秦之教訓，注意清靜無爲，讓人民休養生息，漢初與民休息的政治方針中，實際的理論根據爲黃老之學，《史記·曹相國世家》所載：

> 參爲齊丞相……參盡召長老諸生，問所以安集百姓，如齊故諸儒以
>
> 百數，言人人殊，參未知所定。聞胶西有蓋公，善治黃老言，使人
>
> 厚幣請之。既見蓋公，蓋公爲言治道貴清靜而民自定，推此類具言

《易傳》革故鼎新思想加以綜合創新而來的。」，《山東大學學報（哲學社會科學版）》2001 年第 1 期（2001 年 1 月），頁 76。

〔註103〕張濤〈略論揚雄對漢代易學發展的貢獻〉：「關於玄生化宇宙萬物的過程。揚雄提出：『玄者，幽攤萬類而不見形者也。資陶虛無而生乎規……就以深刻的辯證思維說明，玄即元氣自我展開，生發陰陽二氣，陰陽二氣一分一合而形成天地萬物，日月不斷運行而形成晝夜寒暑循環不已。……這裡揚雄所描述的，是一個自然而然的演化過程，不存在任何超自然的造物主。這就進一步發展了道家學派的自然無爲說。」，《河北大學學報（社會科學版）》第 40 卷第 1 期（2000 年 1 月），頁 48。

〔註104〕《老子指歸譯注》，頁 48。

〔註105〕陳鼓應撰〈漢代道家易學鈎沉〉：「由嚴遵提出『氣化分離』、『皆同原始』來看，這種天地萬物的同源一體觀可能受到莊子學派，特別是黃老的影響。再者，因爲萬物彼『氣化清通，連屬一體』，因此產生『同類相應，氣化相動』的現象，考察嚴遵所抱持的這種『物類相應、至精相感』、『神氣相搏，感動相抱』的原則明顯淵於《呂氏春秋》與《淮南子》『物類相感，天人相應』的觀念。歸結地說，嚴遵『有生於無』的宇宙論，上承《老子》及《淮南子》，下啓王弼，而嚴遵易、老結合的思維方式，對揚雄尤有直接的影響。」，《臺大文史哲學報》第 57 期（2002 年 12 月），頁 58。

之。參於是避正堂，舍蓋公焉。〔註106〕

曹參用黃老之學來治理漢朝天下，漢初黃老之學風行天下且蔚為風氣，黃老道家的清靜無為符合當時社會需求，因此產生良好的社會及經濟效益。《老子》云：

> 道，可道也，非恒道也；名，可名也，非恒名也。無名，萬物之始也；有名，萬物之母也。故恒無欲也，以觀其妙；恒有欲也，以觀其所徼。兩者同出，異名同謂，玄之又玄，眾妙之門。〔註107〕

其他各章還有「玄牝」、「玄覽」、「玄德」、「玄同」、「玄通」等說法。揚雄以「玄」為最高的中心本體，《太玄》：「玄也者，天道也，地道也，人道也。」〔註108〕《老子》云：

> 有狀混成，先天地生，寂乎！漠乎！獨立而不垓，可以為天地母。未知其名，字之曰道，吾強為之名曰大。大曰逝，逝曰遠，遠曰返。道大、天大、地大、王亦大，國中有四大，王居一焉。人法地，地法天，天法道，道法自然。〔註109〕

老子所表現的道是「大、逝、遠、返」的循環運行不已的周行著，其在揚雄就表現在「罔、直、蒙、酋、冥」的天日運行中。《太玄賦》云：

> 觀《大易》之損益兮，覽老氏之倚伏。省憂喜之共門兮，察吉凶之同域。……自夫物有盛衰兮，況人事之所極？〔註110〕

揚雄思想承師嚴君平之道家思想、易學思維，表現在著書、作官、待人處世方面，因官仕不順退而求著書、校書，揚雄所著《太玄》、《法言》中皆有道家思想「物極則衰」、「大逝遠返」之宇宙循環觀，有清靜守道之生命體會，

〔註106〕《史記》，頁809。

〔註107〕《老子道德經》本作：「道可道，非常道；名可名，非常名，無名天地之始，有名萬物之母，故常無欲以觀其妙，常有欲以觀其徼，此兩者同出而異名，同謂之玄，玄之又玄，眾妙之門。」，卷上，頁4。然依據陳先生錫勇校正之文如上所列，《老子校正》（臺北：里仁書局，2003年），頁168。

〔註108〕《太玄集注》，頁212。

〔註109〕《老子道德經》本作：「有物混成，先天地生，寂兮寥兮獨立而不改，周行而不殆，可以為天下母，吾不知其名字之曰道，強為之名曰大，大曰逝，逝曰遠，遠曰反，故道大天大地大王亦大，域中有四大，而王居其一焉，人法地，地法天，天法道，道法自然。」，卷上，頁9～10。然依據陳先生錫勇校正之文如上所列，《老子校正》，頁240。

〔註110〕（漢）揚雄撰；張震澤校注：《揚雄集校注》（上海：上海古籍出版社，1993年），頁138。

並冀以君平德品以勉自達之。

三、卦氣思想

　　漢易卦氣所指何意？卦氣以易卦配上曆法的十二月、二十四節氣表示陰陽二氣消長運行的狀態，漢人所講的卦氣已不是模糊地指陰陽二氣，而是以易卦與節氣相互配對。

　　「卦氣」一詞始見於《漢書》〔註111〕和《易緯》，〔註112〕為西漢人之說法，於此之前未有見卦氣一詞。《新唐書》僧一行曰：「十二月卦出於《孟氏章句》，其說《易》本於氣，而後以人事明之。……當據孟氏……坎、震、離、兌，二十四氣，次主一爻，其初則二至、二分也。」〔註113〕卦氣一詞未在先秦出現，與孟喜同為田王孫學生之施讎、梁丘賀，此兩者易學中也不曾說卦氣，因此更可確定卦氣說出自孟喜。《漢書‧儒林傳》云：

　　　　孟喜字長卿，東海蘭陵人也。……乃使喜從田王孫受《易》。喜好自
　　　　稱譽，得《易》家候陰陽災異變書，詐言師田生且死時枕喜膝，獨
　　　　傳喜，諸儒以此耀之。〔註114〕

孟喜受學於田王孫之《易》學，並將西漢易家和陰陽災變并之而論，但孟喜今所存之著作已佚，僅能由古籍文獻中求得孟喜之作。《新唐書》卷二十七上是研究孟喜卦氣說最珍貴的資料，其云：

　　　　自冬至初，中孚用事。一月之策，九六、七八，是為三十。而卦以
　　　　地六，候以天五，五六相乘，消息一變，十有二變而歲復初。坎、
　　　　震、離、兌，二十四氣，次主一爻。其初則二至、二分也。坎以陰
　　　　包陽，故自北正。微陽動於下，升而未達，極於二月，凝涸之氣消，
　　　　坎運終焉。春分出於震，始據萬物之元，為主於內，則群陰化而從
　　　　之。極于南正，而豐大之變窮，震功究焉。離以陽包陰，故自南正，

〔註111〕《漢書‧谷永傳》：「王者躬行道德，承順天地，博愛仁恕，恩及行葦，籍稅
　　　　取民不過常法，宮室車服不逾制度，事節財足，黎庶和睦，則卦氣理效，……
　　　　失道妄行，逆天暴物，……則卦氣悖亂。」，卷85，頁1499。
〔註112〕（漢）鄭玄注《易緯稽覽圖》：「甲子卦氣起中孚」、「六日八十分日之七」（臺
　　　　北：藝文印書館據《百部叢書集成》影印《聚珍版叢書》本，1967年），卷
　　　　上，頁2。
〔註113〕（宋）歐陽修撰：《新唐書》（臺北：藝文印書館據清乾隆武英殿刊本景印），
　　　　卷27上，頁301。
〔註114〕《漢書‧儒林傳》，卷88，頁1546。

微陰生於地下，積而未章，至於八月，文明之質衰，離運終焉。仲秋陰形于兌，始循萬物之末，爲主於內，群陽降而承之。極於北正，而天澤之施窮，兌功究焉。故陽七之靜始於坎，陽九之動始於震，陰八之靜始於離，陰六之動始於兌。故四象之變，皆兼六爻，而中節之應備矣。〔註115〕

孟喜將六十四卦與二十四節氣相配，而創造出漢易卦氣之新架構，其架構有「四正卦」、「六日七分」、「六十卦配七十二候」、「十二消息卦」等。

「四正卦」是指坎、震、離、兌，一卦六爻，四卦二十四爻，二十四爻主二十四節氣，一年循環以坎、冬至爲始。坎爲：冬至、小寒、大寒、立春、雨水、驚蟄。震爲：春分、清明、谷雨、立夏、小滿、芒種。離爲：夏至、小暑、大暑、立秋、處暑、白露。兌爲：秋分、寒露、霜降、立秋、小雪、大雪。以四正卦配四時是最基本的卦氣思想骨架。另外，爲何是坎、震、離、兌爲四正卦？〈說卦傳〉〔註116〕中坎、震、離、兌四卦與北、東、南、西相對應，同時也是冬、春、夏、秋，「坎以陰包陽，故自北正。微陽動於下，升而未達」因此，卦氣說用坎、震、離、兌四卦爲主，並以坎卦、冬天、十一月爲起點。

「六日七分」之說由僧一行所記孟喜易說爲「自冬至初，中孚用事。一月之策，九六、七八，是爲三十。而卦以地六，候以天五，五六相乘，消息一變，十有二變而歲復初。」其中提其中孚卦和十二月，以一卦對應時日，說明孟喜已有六日七分之法。何爲「六日七分」？六十四卦除去「四正卦」，後餘六十卦，六十卦總合要爲周天之數，因此，一卦主六日七分，一卦爲六又八十分之七日，六十卦總爲三百六十五又四分之一日，將卦與一年之數相配合。

「六十卦配七十二候」是指一年有二十四節氣，每一節氣分爲三候即初候、次候和末候，共七十二候。又六十卦，依據辟（君）、公、侯、卿、大夫五爵位，分爲五組，每組有十二卦。初候配公卦、侯卦；次候配辟卦、大夫

〔註115〕同註113。

〔註116〕〈說卦傳〉：「帝出乎震，齊乎巽，相見乎離，致役乎坤，說言乎兌，戰乎乾，勞乎坎，成言乎艮。萬物出乎震，震東方也。……離也者明也，萬物皆相見，南方之卦也。……兌正秋也。……坎者水也，正北方之卦也。」（魏）王弼、韓康伯注；（唐）孔穎達等正義：《周易》（臺北：藝文印書館《十三經注疏本》，2001年），頁183～184。

卦；末候配侯卦、卿卦。六十卦配上七十二候，缺十二卦，以侯卦補之，將侯卦分內、外，而六十卦與七十二候則可相應。

「十二消息卦」從上述「六十卦配七十二候」而來，辟一組主十二卦，而十二辟卦為：復、臨、泰、大壯、夬、乾、姤、遯、否、觀、剝、坤，又稱十二月卦，十二消息卦。前六卦為陽息陰消，又稱為息卦；後六卦為陽消陰息，被稱為消卦。〔註117〕

孟喜後有京房之卦氣說。西漢之際有兩京房，皆為易學家，一是淄川楊何弟子，孟喜的同學梁丘賀之師。另一為東郡頓丘人，字君明，焦延壽之弟子，此京房指後者。《漢書‧儒林傳》云：

> 受易梁人焦延壽。延壽云嘗從孟喜問易。會喜死，房以為延壽易即孟氏學，翟牧、白生不肯，皆曰非也。至成帝時，劉向校書，考易說，以為諸易學說皆祖田何、楊叔、丁將軍，大誼略同，唯京氏為異，黨焦延壽獨得隱士之說，托之孟氏，不相與同。房以明災異得幸，為石顯所譖誅。〔註118〕

京房學於焦延壽，焦氏又學於孟喜，京房承孟喜之易卦氣說且「以明災得幸」，漢代風氣中更瀰漫著神秘與迷信的風潮，〔註119〕朱伯崑《易學哲學史》云：「以

〔註117〕 參看朱伯崑《易學哲學史》說明前六卦與後六卦之陰陽關係：「前六卦，即從復卦到乾，表示陽爻逐漸增加，從下往上增長。復卦象為一陽生，臨為二陽生，泰為三陽生，大壯為四陽生，夬為五陽生，乾卦六爻皆陽，表示陽氣極盛。此為陽息的過程，同時也是陰消的過程。後六卦，從姤到坤，表示陰爻逐漸增加，陰氣逐漸增長。姤卦為一陰生，遯為二陰生，否為三陰生，觀為四陰生，剝為五陰生，坤六爻皆陰，表示陰氣極盛。此為陰息的過程，同時也是陽消的過程。」（臺北：藍燈文化事業股份有限公司，1991年），頁138。

〔註118〕 《漢書‧儒林傳》，卷88，頁1547。

〔註119〕 劉慧珍在〈漢代易學的特殊問題—易象陰陽五行化試論〉中說：「西漢易學家數開展主要用以占驗妖祥卦氣說為漢代易學的特色。卦氣以納甲、納支、納五行、五星、二十八宿、二十四節氣、七十二候，以孟喜易家侯陰陽災異之書始，至京房又藉以發展成八宮卦與卦氣結合的世界圖式，成一套體大思精的漢代易學系統。由卦劃奇偶陰陽呈現的陰陽消長，用以說解季節變化，是卦氣的主要精神。……而師心自用或自神其說的天人感應和災異譴告的解《易》方法，使陰陽五行的科學方法神秘化，又應用在卦與曆的配合和推災度異及世軌的運算，雖然方法言之成理，但錯綜在神靈信仰極有限的天文學知識中，在大一統的政治思想要求下，不免穿鑿附會，成為龐大神秘而不能驗證的怪誕之說，也使漢代易學家的努力，同時埋首在神學和科學的迷信中不能自拔，在哲學的發展上，作多方雖是錯誤卻有意義的貢獻。」臺北：國立政治大學中國文學系編《第三屆漢代文學與思想學術研討會論文集》（2003

講占候之術而聞名。但其在占算體例解釋中，進一步發展孟喜的卦氣說，並且吸收了當時的陰陽五行學說。」〔註120〕朱伯崑更云京房有「八宮卦說」、「納甲說」、「五行說」、「卦氣說」等。然本文唯說明漢代卦氣說基本思想風潮，因此，不再另加說明之。

　　從所舉孟喜、京房兩人之卦氣說，則可知漢代將易學配以節氣的模式已經發展至盛，此思想對身處於西漢的揚雄有多寡之影響，鄭萬耕在〈試論《太玄》對《易傳》辯證思維的發展〉中說：「揚雄在《太玄》中對《周易》陰陽變易學說加以闡發：『一晝一夜，然後作一日。一陰一陽，然後萬物生。』（《玄圖》）並進一步發展為『陰陽消息說』。」〔註121〕整部《太玄》以陰陽二氣相替循環代表一日，以八十一首、七百二十九加踦、嬴兩贊皆以首、贊配以一年之數，「陰陽消息」之說顯露運行於《太玄》文中，可知揚雄受漢代易卦氣、將易卦配以節氣的作風，完整消化吸收並創造《太玄》系統架構以應之。又再論及揚雄受《京氏易傳》之影響：「『物極必反』這一個命題，就易學系統說，始於京房的『物不可極，極則反』說。其《京氏易傳》解釋大壯卦曰：『壯不可極，極則敗。物不可極，極則反。』又說：『震至於井，陰陽代位，至極則反』。『陰陽相蕩，至極則反』。《太玄》吸收京氏『物極則反』說，納入其理論體系之中，將其視為事物運動變化的根本法則，極大地發展了《周易》以來『至極則反』的辯證思維。」〔註122〕揚雄許多思想架構因卦氣說盛行，間接也受卦氣中之《易傳》系統的影響甚多。

　　揚雄的尚中與推時的觀念於《法言序》：「立政鼓眾，動化天下，莫尚于中和。中和之發，在哲民情。」〔註123〕《法言·問神》：「或曰：龍必欲飛天乎？曰：時飛則飛，時潛則潛。既飛且潛，食不妄，形其不可得而制也歟。」〔註124〕《太玄》：「君子修德以俟時，不先時而起，不後時而縮。動止微章，不失其法者，其惟君以乎！」〔註125〕這些觀念也都與《易傳》的「趨時說」有很大的關連。

年），頁129。
〔註120〕《易學哲學史》，頁142。
〔註121〕鄭萬耕：〈試論《太玄》對《易傳》辯證思維的發展〉，《哲學與文化》第卷第10期（2004年10月），頁96。
〔註122〕同註121，頁103。
〔註123〕《法言義疏》，頁571。
〔註124〕同註123，頁141～142。
〔註125〕《太玄集注》，頁206。

　　總而論之，揚雄身處大漢帝國時代紛雜、百家爭鳴之際，揚雄思想非單方面源自於何處，有居鄉入京前之蜀風儒學、其師君平之道家思想、孟喜京房之漢易卦氣，更有與《易緯》、象數之學等，問永寧於〈從《太玄》看揚雄的人性論思想〉〔註126〕中說揚雄學問淵通且不固守一家為其成德之途，在揚雄著作、生命修養上皆可見其跡象。

〔註126〕問永寧〈從《太玄》看揚雄的人性論思想〉：「在成德之途徑上，揚子也提出了一些具體的方法。這些方法主要有明顯受《荀子》影響的格物說，受《易傳》影響的積善說，受《老子》影響的謙下說，受《孟子》影響的集義與養氣說。當然這裡只是一種概括的描述，這些思想家之間，本身就有複雜的影響，其修養方法也多有互通之處。揚子學問淵通且不固守一家，這些修養方法被他消化吸收，已經融合在《太玄》之中了。」，《周易研究》2002 年第 4 期（總第 54 期）（2004 年 4 月），頁 30。

第四章　《太玄》之氣論

　　揚雄《太玄》之書模仿《易》之系統而作，且文句行間充斥著艱澀文字，以至於後代研究者甚少，本文更以氣論思想觀看整部《太玄》，進而闡明揚雄思想中也存有上下、左右、有無、顯隱是一的氣論思維。

　　《太玄》是以三分法為基礎，三三而九建立九的概念，再架構八十一首之組成，每首下又有九贊的型式，因此總合為七百二十九贊加踦、嬴兩贊以合一年之日數。《太玄》文中陰陽消長環環相扣，揚雄為增加並說明整體《太玄》架構，此外又以數十篇文章明白闡述文中所架構之漢代氣化的一個宇宙整體觀。揚雄以簡單詞語概括說明單篇意旨於《太玄·玄捝》中云：

> 玄之贊辭，或以氣，或以類，或以事之觕卒。謹問其姓而審其家，觀其所遭遇，罽之於事，詳之於數，逢神而天之，觸地而田之，則玄之情也得矣。故〈首〉者天性也，〈衝〉對其正也，〈錯〉絣也，〈測〉所以知其情，〈攡〉張之，〈瑩〉明之，〈數〉為品式，〈文〉為藻飾，〈捝〉擬也，〈圖〉象也，〈告〉其所由往也。〔註1〕

〈玄首〉說明八十一首之辭是用以表現一年四季中陰陽消長的情形、天地自然萬物變化的過程；〈玄衝〉中以兩首相對為文；〈玄錯〉是在解釋八十一首的意義，以錯綜排列以說明之；〈玄測〉以說明七百二十九贊各贊之意；〈玄攡〉用以舒張《太玄》主旨；〈玄瑩〉用以闡明事物間之道理；〈玄數〉以闡述框架結構；〈玄文〉以文藻裝飾之；〈玄捝〉闡發《太玄》所模仿之事；〈玄圖〉以說明所象之自然及人事變化；〈玄告〉以論述《太玄》生滅循環往復的變化。由〈玄

〔註1〕《太玄集注》，頁208。

首〉至〈玄告〉皆極力建構無限之有限事物以求達到無限之可能。

揚雄所採取的方法乃爲仿《易》的系統，企圖透過首贊的建立以取代卦爻的意象，鋪疊事物的各種可能性；方、州、部、家用以象徵各種階層的對象。此章節則分層剖析並梳理揚雄所建立之氣化整體的世界，並從中可證明揚雄實然存有氣化本體思想，以驗證漢代雖爲複雜龐大的體系，但在這樣的體系背後是有自我的哲學思潮及意涵的。

第一節　《太玄》之構造

一、三分法

（一）三之起源

《太玄》仿《易》之系統而作，《易》以陰爻、陽爻之二分法爲其架構，《周易‧繫辭傳》：「易有太極，是生兩儀，兩儀生四象，四象生八卦。」〔註2〕揚雄另以三分法建立《太玄》思想，然三分法之思想於揚雄前早已有所承。《老子》云：

> 道生一，一生二，二生三，三生萬物。萬物負陰而抱陽，沖氣以爲和。〔註3〕

《老子》以三生萬物，揚雄以━、━ ━、━ ━ ━爲天地創生之始，《太玄》所有運行系統皆起源於此三種符畫變化。秦漢之際，《淮南子》也已存有三分的觀念，《淮南子‧天文》云：

> 道始於一，〔註4〕一而不生，故分而爲陰陽，陰陽合和而萬物生，故曰：「一生二，二生三，三生萬物。」天地三月而爲一時，故祭祀三飯以爲禮，喪紀三踊以爲節，兵重三令以爲制，〔註5〕以三參物，

〔註2〕　《周易》，卷7，頁156～157。

〔註3〕　《老子道德經》，卷下，頁14。

〔註4〕　「道始於一」景宋本作「道曰規始於一」。王念孫云：「曰規」二字與上下文義不相屬，此因上文「故曰規生矩殺」而誤衍也。詳說參見（清）王念孫：《讀書雜志下》（臺北：世界書局，1988年11月，據同治庚午十一月金陵書局重刊本影印），〈淮南內篇第三〉，頁796。

〔註5〕　「兵革三令以爲制」景宋本作「兵重三罕以爲制」。王念孫云：重、罕二字，義不可通。重當爲革，罕當爲軍。又于先生大成云：王校革是而軍非。兵革之事而以三軍爲制，義不可通，且與上「三飯」、「三踊」不相類。罕當爲令，「三

三三如九，故黃鐘之律九寸而宮音調，因而九之，九九八十一，故
黃鐘之數立焉。〔註6〕

《淮南子》中也因其老子觀念而言「陰陽合和而萬物生」三爲化生萬物之始，
譬以「天地三月」、「祭祀三飯」、「喪紀三誦」「兵重三罕」，三三爲九，由三
擴大延伸爲九，如「黃鐘之律」，九九八十一，如「黃鐘之數」，天下分化根
基之數爲三。西漢時期《春秋繁露・官制象天》云：

王者制官，三公、九卿、二十七大夫、八十一元士，凡百二十人，
而列臣備矣。……何謂天之大經？三起而成日，三日而成規，三旬
而成月，三月而成時，三時而成功。寒暑與和，三而成物；日月與
星，三而成光；天地與人，三而成德。由此觀之，三而一成，天之
大經也，以此爲天制。〔註7〕

《春秋繁露》制官之數以三爲基礎，「三公、九卿、二十七大夫、八十一元士」，
另則言天之常道仍以三爲數，有「三起」、「三日」、「三旬」、「三月」、「三時」
等，「三而一成，天之大經」可見漢初「三」已爲萬物分化根基之數。《後漢
書・張衡傳》引桓譚《新論》云：

揚雄作《玄》書，以爲玄者，天也，道也。言聖賢制法作事，皆引
天道以爲本統，而因附續萬類、王政、人事、法度，故伏羲氏謂之
易，老子謂之道，孔子謂之元，而揚雄謂之玄。《玄經》三篇，以記
天地人之道，立三體有上中下，如《禹貢》之陳三品。三三而九，
因以九九八十一，故爲八十一卦。以四爲數，數從一至四，重累變
異，竟八十一而遍，不可損易。〔註8〕

東漢桓譚以「玄」爲天爲道，又稱「易」與「元」，三篇爲天地人，八十一首
之首分上中下三者，三分法之體系於東漢仍有所影響。揚雄之師嚴遵，嚴遵
《老子指歸》對〈道生一〉篇詳盡的解釋宇宙生成的過程。〔註9〕由此可知，

令」，即史記孫武列傳之「三令五申」也。詳說參見（清）王念孫：《讀書雜志
下》（臺北：世界書局，1988 年 11 月，據同治庚午十一月金陵書局重刊本影印），
〈淮南內篇第三〉，頁 797、于先生大成：《淮南鴻烈論文集上》（臺北：里仁書
局，2005 年 12 月），〈淮南鴻烈天文校釋〉，頁 308。今從王、于說校改。

〔註6〕《淮南子》，卷3，頁21。
〔註7〕《春秋繁露》，卷7，頁40。
〔註8〕（宋）范曄著；（唐）李賢注；（清）王先謙集解：《四史・後漢書》（臺北：
藝文印書館），頁677。
〔註9〕《老子指歸譯注》云：「有虛之虛者開導稟受，無然然者而然不能然也；有虛

揚雄「三」的觀念是前有所承。

　　張濤〔註10〕更言漢代常用數的形式來構造自己的理論體系，反映出象數易學與天文、曆法的一種天然聯繫、一種淵源關係。鄭萬耕〔註11〕於《太玄校釋》中說《太玄》圖式是本著《三統曆》而來的，《太玄》中分天玄、地玄、人玄，源於《三統曆》中的「天統」、「地統」、「人統」。以三而分判天地萬物是早有所本，《太初曆》與劉歆加以整理的《三統曆》或多或少皆影響著《太玄》，因此，八十一首與《太初曆》中鄧平所創制的八十一分法之數相合，可見揚雄創《太玄》是前有所承，再依據此三分的基礎，進而擴展至整個《太玄》圖式。

（二）揚雄三分法

　　揚雄創▬、▬▬、▬▬▬三種不同符號，但未說此三種符號稱為何，然後造代論說者有二種說法，一曰奇、偶、和，二曰陰、陽、和。張運華〔註12〕說明《周易》與《太玄》以奇、偶及奇、偶、和來說明這兩組符號。周立升〔註13〕

〔註10〕者陶冶變化，始生生者而生不能生也；有無之無者而神明不能改，造存存者而存不能存也；有無者纖微玄妙，動成成者而成不能成也。」，頁48。

〔註10〕張濤〈略論揚雄對漢代易學發展的貢獻〉：「《太玄》的三分法，它的宇宙圖式所用數字皆為三或三的倍數即九、二十七、八十一、二百四十三、七百二十九等，顯然亦是受《太初曆》特別是劉歆在此基礎上修訂而來的《三統曆》影響的結果。當然，將宇宙及其運動數字化，也是漢代象數易學的特徵之一。它們處處用數的形式來構造自己的理論體系。而這又反映出象數易學與天文、曆法的一種天然聯繫、一種淵源關係。」，《河北大學學報（社會科學版）》第40卷第1期（2000年1月）。

〔註11〕鄭萬耕《太玄校釋·前言》有云：「《太玄》圖式將八十一首分為七百二十九贊，每兩贊主一晝夜，共三百六十四日半，外加踦、嬴兩贊，而滿一歲三百六十五日又一千五百三十九分日之三百八十五。正與《三統曆》相合。所以《太玄圖》說：『凡三百六十四日有半，踦滿焉，以合歲之日而律曆行。』又說：『故自子至辰，自辰至申，自申至子，冠之以甲，而章、會、統、元與月蝕俱沒，《玄》之道也。』這恰好說明《太玄》圖式是本於《三統曆》的。而將八十一首分為天玄、地玄、人玄，很有可能也是由《三統曆》中『天統』、『地統』、『人統』的說法演化而來。所以本傳敘述《太玄》說：『其用自天元推一畫一夜陰陽數度律曆之紀，九九大運，與天終始。故《玄》三方、九州、二十七部、八十一家、二百四十三表、七百二十九贊，分為三卷，曰一二三，與《太初曆》相應，亦有《顓頊》之曆焉。』」，頁11。

〔註12〕張運華〈從《太玄》看道家理論思辨對揚雄的影響〉：「處處模仿《周易》來構築其書的間架：《周易》有奇（—）、偶（--）卦畫，《太玄》則有奇（—）、偶（--）、和（---）卦畫。」，《唐都學刊》第15卷第1期（1999年1月），頁19。

〔註13〕周立升《太玄》對『易』『老』的會通與重構〉：「《周易》以一分為二，二分為四，四分為八，直至六十四的二分法，將八卦與六十四卦聯為兩兩相對的

則說《太玄》三分法爲陰、陽、和，凸顯了陰陽參和、陰陽消長的調節功能。奇、偶、和用以說明卦畫，而陰、陽、和則強調萬物相生、陰陽消息，因此，本文採以陰、陽、和來說明—、--、---三種不同符號。

二分法本於陰、陽，三分法以陰、陽、和爲變化本質，另外更清楚地說明三分法較二分法更爲有益於強化「和」、「天人是一」的觀念。周立升〔註14〕並提出三分法的兩個方面的優勢，一爲把事物共同體的全貌概括了出來，二爲體現尚中的「中和」之道。因此，三分法較二分法爲周全，且說明陰陽之道非孤陰孤陽，尚中觀念深植其中。

揚雄的三分法爲—、--、---的三種創造天地之元素，〔註15〕並象徵爲天、地、人三才的具體意涵。《太玄·玄首序》：「陰陽批參，以一陽乘一統，萬物

整體，它把陰陽視爲兩體，故而兩體的『中和』、『中介』不易透顯。《太玄》則不同，它以三分法代替了《周易》的二分法，強化了陰、陽的結合體即陰（一）陽（二）、和（三），凸顯了陰陽參和、陰陽消長的調節功能。」，《孔子研究》2001 年第 2 期（2001 年 2 月），頁 91～92。

〔註14〕 周立升《太玄》對『易』『老』的會通與重構〉：「其一，它把事物共同體的全貌概括了出來。作爲共同體不僅有『陰』與『陽』的對待，而且有維繫這種對待的『參』，即通於『陰』『陽』而兼體的『和』。質言之，既沒有純粹的獨陰，亦沒有純粹的獨陽，陰陽局於一偏皆不通。其二，在事物共同體中，『玄』（和）起著維繫全局的作用。陰陽相錯相行，陽息陰消，陰息陽消，無論是陽的動吐，還是陰的靜翕，都表示舊事部的減損與消失，新事物的增長與發展。儘管陰陽有更迭，事物有演化，而『玄』（和）的維繫作用并不因此而消亡。正如《太玄文》所云：「周蒙相極，直茵相敕。出冥入冥，新故更代。陰陽迭循，清濁相廢。」而「周之時，玄矣哉」。由此可見，《太玄》的三錯符號「—」、「--」、「---」彌補了《周易》二錯符號「—」、「--」的不足，更能體現尚中的「中和」之道。」，《孔子研究》2001 年第 2 期（2001 年 2 月），頁 92。

〔註15〕 張善熙以考古搖錢樹中對《太玄》中的三種符號提出不同的看法，他說：「根據全樹葉片上所能破譯的各錢卦，因各符號的位置均不相同，且多重複。綜合這些錢卦符號，共爲納爲三種類型。即 A：♀♀♀♀破譯爲—。B：♦♦ 破譯爲--。C：♦♦♦♦ 破譯爲---。從這株搖錢樹每一『錢』卦所示，說明揚雄在《太玄經》時所寫卦爻，並非像目前書上所示用—、--、---來表示，而是採用天圓地方，卦爻分布四周，即是用『錢』的形式以符號來表示卦名，以預測天文、地理和人事（天下事）。這些破譯符號—類型均爲天玄，--類型均爲地玄，--類型均爲人玄。天、地、人玄各有二十七首。首即卦，每卦有九種解釋詞，主要指天文與靈異占侯的天變異，地水火風與人的吉凶禍福之類的贊語，類似寺廟中的求識解釋語，因其深微玄妙，世人很難讀懂，故研究太玄經者，歷來人數很少。」〈成都鳳凰山出土《太玄經》搖錢樹探討〉，《四川文物》（1998 年 4 月），頁 27～28。

資形。」〔註16〕陰、陽與和參而成萬物，司馬光注曰：「一生二，二生三，配而三之，以成萬象。」〔註17〕《太玄‧玄圖》云：

> 玄有二道，一以三起，一以三生。以三起者，方州部家也。以三生者，參分陽氣以爲三重，極爲九營，是爲同本離末，天地之經也。
>
> 〔註18〕

方、州、部、家以陰、陽、和三種變化而開始；「參分陽氣」揚雄以陽氣爲陰、陽、和變化之先，一首九贊之三個階段，三三而九，九則是一個過程的終點，故「極爲九營」即以九爲極限；「同本離末，天地之經」天地之常道本爲同、末則異，末之異以代表萬物創生有各種可能性，然各異之萬物仍本於同一天道。《太玄‧玄數》云：

> 極一爲二，極二爲三，極三爲推，推三爲贏贊。〔註19〕

因其「參分陽氣」可知揚雄以陽爲先，「極一爲二」一爲陽、二爲陰，「極二爲三」極二指陽與陰二者，三指和。後再極陰、陽、和三者而推廣擴大，以七百二十九與踦贏爲滿贊。《太玄‧玄數》云：

> 昆侖天地而產蓍，參珍睟精以撰數，散幽於三重而立家，旁擬兩儀則覿事。〔註20〕

渾行之天地，氣聚而生出蓍草，參錯其中之精純而造三之數，這樣幽深精微之作用散於一首九贊之三個階段中並完成八十一首，用以比擬天地、預測人事。《太玄‧玄瑩》云：

> 夫一一所以摹始而測深也，三三所以盡終而極窒也，二二所以參事而要中也，人道象焉。〔註21〕

在象策數中，「表贊九度：一一、一二、一三，二一、二二、二三，三一、三二、三三。」〔註22〕於模擬由始至深、推極崇高、參要其事，可以見其人道之象，策數之中也以三爲變化，象徵人事之運行。

　　不同於《易》的陰爻、陽爻之二分法，《太玄》採用—、——、———三分法，

〔註16〕《太玄集注》，頁1～2。
〔註17〕同註16。
〔註18〕同註16，頁212。
〔註19〕同註16，頁194。
〔註20〕《太玄集注》，頁193。
〔註21〕同註20，頁190。
〔註22〕同註20，頁190。

來對方、州、部、家四重進行不同的生成變化，以三的倍數進行四重的演變後，構成整體世界之雛型有八十一、七百二十九等不同的可能性，與《易》二倍數而成的六十四卦，能延伸出更多變異性，漢代龐雜體系下欲說盡有限事物以達無限天道的背後用意也在此顯現。

「三」是成物爲具形化之始，以「三」爲基礎排列《太玄》之贊，如初一至次三爲思，次四至次六爲福，次七至上九爲禍，雖言九贊但實則以三爲單位。「三」觀念的提出揚雄雖非第一人，但將「三」擴展發揮爲一個宇宙循環的基礎原素，實屬有獨見創發性。

揚雄將「三」的象數意義，付予其人文之意涵，表其天道、地道、人道。「夫玄也者，天道也，地道也，人道也，兼三道而天名之，君臣父子夫婦之道。」〔註23〕、「是以昔者羣聖人之作事也，上擬諸天，下擬諸地，中擬諸人。」〔註24〕、「天違地違人違，而天下之大事悖矣。」〔註25〕天、地、人三才是建構宇宙萬物的三個大支柱，「玄」爲《太玄》本體宇宙中心，然尙且需天道、地道、人道三者具體互動作用，才使「玄」道完備整全。《太玄·玄文》云：

> 夫天辟乎上，地辟乎下，君辟乎中。仰天而天不惓，俯地而地不息。
>
> 惓不天，息不地，惓息而能乎其事者，古今未諸。〔註26〕

於天道、地道、人道三者中，最重要的是人將法其天道、地道，在天地不已的運行中，人觀其日月的運行、陰陽的升降、四時的更替、七宿的轉換等，在生生不息的自然運轉中有其一股必然如此、應然如此之道德，人將以天地爲法，得知人所爲應然與必然之理，即所謂人道也。《太玄·玄告》云：

> 玄生神象二，神象二生規，規生三摹，三摹生九據。玄一摹而得乎天，故謂之九天，再摹而得乎地，故稱之九地，三摹而得乎人，故謂之九人。天之據而乃成，故謂之始中終。地三據而乃形，故謂之下中上。人三據而乃著，故謂之思福禍。下欲上欲，出入九虛。小索大索，周行九度。〔註27〕

「神象」鄭萬耕解釋爲：「易傳所謂兩儀，天變化莫測稱神，地有定形稱象，

〔註23〕同註20，頁212。
〔註24〕《太玄集注》，頁210。
〔註25〕同註24。
〔註26〕同註24，頁208。
〔註27〕同註24，頁215。

故以神象言。」〔註28〕「規」是《太玄》的三種符號。玄以三分，天地人也。天地人又依三分爲「始中終」、「下中上」、「思福禍」。揚雄企圖將宇宙萬事萬物以「三」作爲具體世界生成的一切開端，「三」的變化比「二」之變化爲多樣性，因此，是可說站在《易》學的基礎下，漢代的雜融萬事萬象下，揚雄以「三」開創他的新宇宙圖式。《太玄・玄告》云：

> 玄者，神之魁也。天以不見爲玄，地以不形爲玄，人以心腹爲玄。
> 天奧西北，鬱化精也。地奧黃泉，隱魄榮也。人奧思慮，含至精也。
> 天穹隆而周乎下，地旁薄而向乎上，人矕矕而處乎中。天渾而擇，
> 故其運不已。地隤而靜，故其生不遲。人馴乎天地，故其施行不窮。
> 〔註29〕

無形無狀的「玄」，在具體的天、地、人三者之間才能顯其作用。就作用而言，天之陰氣處西北而陽氣聚積在地中化育萬物之精；地之萬物形體都藏在黃泉之中，以後會慢慢發展；人因陽之精而有思慮。就位置而言，天周下、地向上、人處中。就生生不已而言，天運行不止息、地靜生不遲延，人因循乎天地、法其行爲，生生便成爲一個必然地自強不息之道。萬物萬象以「三」爲具體生發之端，萬物又包裹於天地人場域間，「三」是具象理論建構之始，「天、地、人」是眞實存在世間，以「三」架構天地萬物，對應天、地、人三才，說明天、地、人是一個生生不息的整體，唯有將天道、地道與人道相合之，才能稱之爲「玄」。

二、九之概念

上節論述「三」的生發創造之作用，三三而九，九是數字中最終極之數，揚雄欲將世界萬事物變化的可能性皆道盡，以「三」爲始，以「九」爲終，是一個整體且具有邏輯之構造與設計。王青於〈《太玄》研究〉〔註30〕中推測

〔註28〕（漢）揚雄撰；鄭萬耕校釋：《太玄校釋》（北京：北京師範大學出版社，1989年），頁378。

〔註29〕《太玄集注》，頁215～216。

〔註30〕王青：「三方、九州、二十七部、八十一家的宇宙結構對當時的地理學說有所吸取，戰國時的鄒衍提出過大九州的說法，中國稱爲赤縣神州，世界範圍內如同赤縣神州的地方共計九個，即大九州，每個州有小海環繞，各州之間的人民、禽獸不能互相交通，大九州之外有更大的海環繞。《淮南子》〈地形〉篇也曾提到過九州，可見鄒衍的地理學說對漢代有一定的影響。揚雄雖然沒有明確表示出他繼承鄒衍的思想，但是從他的地玄圖式可以看出鄒衍學說的痕跡。」〈《太玄》研究〉，《漢學研究》第19卷第1期（2001

揚雄三方、九州、二十七部、八十一家的宇宙結構，可能受其戰國時的鄒衍提出過大九州之影響，但無論是否受之於鄒衍，三三爲九之觀念與構造於《太玄》中顯見而知，《太玄》中最突出者乃爲《太玄・玄數》以「九天、九地、九人、九體、九屬、九竅、九序、九事、九年」將萬物以九來分類，以下將分爲「九天、九地、九人」、「九體、九屬、九竅」、「九序、九事、九年」三小組以闡述說明：

> 九天：一爲中天，二爲羨天，三爲從天，四爲更天，五爲睟天，六爲廓天，七爲減天，八爲沈天，九爲成天。〔註31〕
>
> 九地：一爲沙泥，二爲澤地，三爲沚厓，四爲下田，五爲中田，六爲上田，七爲下山，八爲中山，九爲上山。〔註32〕
>
> 九人：一爲下人，二爲平人，三爲進人，四爲下祿，五爲中祿，六爲上祿，七爲失志，八爲疾瘝，九爲極。〔註33〕

第一組「天地人」部份，許翰注云：「九天以行言，據始中終。九地以勢名，據下中上。九人以動觀，據思福禍。」〔註34〕以天地人三才爲一體，分別描述天的運行、地的勢名、人的動觀。

> 九體：一爲手足，二爲臂脛，三爲股肱，四爲要，五爲腹，六爲肩，七爲嘏胋，八爲面，九爲顙。〔註35〕
>
> 九屬：一爲玄孫，二爲曾孫，三爲仍孫，四爲子，五爲身，六爲父，七爲祖父，八爲曾祖父，九爲高祖父。〔註36〕
>
> 九竅：一六爲前、爲耳，二七爲目，三八爲鼻，四九爲口，五五爲後。〔註37〕

第二組「體屬竅」部份，「以九屬要九體九竅者，體竅所以立人屬也。」〔註38〕以九屬爲主，配以九體、九竅進而說明人屬之具體形狀。

年 6 月），頁 95。

〔註31〕同註 29，頁 202。

〔註32〕《太玄集注》，頁 202。

〔註33〕同註 32。

〔註34〕同註 32。

〔註35〕同註 32。

〔註36〕同註 32，頁 202～203。

〔註37〕同註 32，頁 203。

〔註38〕同註 32，頁 203。

九序：一爲孟孟，二爲孟仲，三爲孟季，四爲仲孟，五爲仲仲，六
爲仲季，七爲季孟，八爲季仲，九爲季季。〔註39〕

九事：一爲規模，二爲方沮，三爲自如，四爲外它，五爲中和，六
爲盛多，七爲消，八爲耗，九爲盡弊。〔註40〕

九年：一爲一十，二爲二十，三爲三十，四爲四十，五爲五十，六
爲六十，七爲七十，八爲八十，九爲九十。〔註41〕

第三組「序事年」部份，「以九事要九序九年者，序年所以作人事也。序推三，
年周十。」〔註42〕以九事爲主，配上九序、九年加以說明人事的變化。

九大類別下再細分爲九小部份，九九而八十一，此八十一之數又與《太
玄》中八十一首相應。此九種不同的類別，如「九序」中二爲孟仲、四爲仲
孟，「九年」中一爲一十、二爲二十等，有刻意構造九九八十一之數，看似無
太多哲理上意義，然《太玄》乃爲揚雄一人所作，爲將哲學體系架構得完整，
雕塑鏤刻較爲明顯。《太玄‧玄圖》云：

誠有內者存乎中，宣而出者存乎羨，雲行雨施存乎從，變節易度存
乎更，珍光淳全存乎睟，虛中弘外存乎廓，削退消部存乎減，降隊
幽藏存乎沈，考終性命存乎成。是故一至九者，陰陽消息之計邪！

〔註43〕

九種類別中，「九天」是將《太玄》中八十一首分爲九個部份，以每部份的第
一首爲「天」之名，有「中天」、「羨天」、「從天」、「更天」、「睟天」、「廓天」、
「減天」、「沈天」、「成天」等九「天」。

「中天」爲〈中〉、〈周〉、〈礥〉、〈閑〉、〈少〉、〈戾〉、〈上〉、〈干〉、〈狩〉
共九首，一年日數爲四十又二分之一日。

「羨天」爲〈羨〉、〈差〉、〈童〉、〈增〉、〈銳〉、〈達〉、〈交〉、〈耎〉、〈傒〉
共九首，日數從四十又二分之一至八十一日。

「從天」爲〈從〉、〈進〉、〈釋〉、〈格〉、〈夷〉、〈樂〉、〈爭〉、〈務〉、〈事〉
共九首，日數從八十一至一百二十一又二分之一日。

〔註39〕同註32，頁203。
〔註40〕同註32，頁203。
〔註41〕同註32，頁203。
〔註42〕《太玄集注》，頁203。
〔註43〕同註42，頁213。

「更天」爲〈更〉、〈斷〉、〈毅〉、〈裝〉、〈眾〉、〈密〉、〈親〉、〈斂〉、〈彊〉
共九首，日數從一百二十一又二分之一至一百六十二日。

「睟天」爲〈睟〉、〈盛〉、〈居〉、〈法〉、〈應〉、〈迎〉、〈遇〉、〈竈〉、〈大〉共
九首，日數從一百六十二至二百零二又二分之一日。

「廓天」爲〈廓〉、〈文〉、〈禮〉、〈逃〉、〈唐〉、〈常〉、〈度〉、〈永〉、〈昆〉
共九首，日數從二百零二又二分之一至二百四十三日。

「減天」爲〈減〉、〈唫〉、〈守〉、〈翕〉、〈聚〉、〈積〉、〈飾〉、〈疑〉、〈視〉
共九首，日數從二百四十三至二百八十三又二分之一日。

「沈天」爲〈沈〉、〈內〉、〈去〉、〈晦〉、〈瞢〉、〈窮〉、〈割〉、〈止〉、〈堅〉
共九首，日數從二百八十三又二分之一至三百二十四日。

「成天」爲〈成〉、〈闕〉、〈失〉、〈劇〉、〈馴〉、〈將〉、〈難〉、〈勤〉、〈養〉
共九首，日數從三百二十四至三百六十四又二分之一日。

此外，再加踦、嬴兩贊，乃合一年三百六十五又四分之一日。鄭萬耕〈試
論《太玄》對《易傳》辯證思維的發展〉中對九天變化加以解說，他言：

> 在中天，陽氣潛藏於內；在羨天，植物破土而出；在從天，雲雨滋
> 潤萬物；在更天，植物變化頻繁；在睟天，植物繁茂結實；在廓天，
> 植物變得外強中乾；在減天，植物逐漸衰退；在沈天，植物降落潛
> 藏；在成天，萬物完成結束。十分明顯，這也是用陰陽二氣的消長
> 運行和萬物的盛衰解釋「九天」的變化過程。〔註44〕

由「中天」到「成天」是爲一年之始末，「中天」由陽氣之潛藏，以萬物未形
無外爲天地之始，「羨天」、「從天」等以萬物生成微妙變化爲分界。九「天」
順著陰陽消息、四季更迭、日月轉換而循環不已，《太玄・玄圖》云：

> 旁通上下，萬物并也。九營周流，終始貞也。始於十一月，終於十
> 月。羅重九行，行四十日。〔註45〕

萬物相繫於上下左右，周流於九位，進而完成一年之終始循環，羅列之九
「天」，每一「天」約占四十又二分之一日，始於「中天」之〈中〉首，終於
「成天」之〈養〉首。《太玄・玄圖》云：

〔註44〕鄭萬耕：〈試論《太玄》對《易傳》辯證思維的發展〉，《哲學與文化》第 31
卷第 10 期（2004 年 10 月），頁 98。

〔註45〕《太玄集注》，頁 212～213。

> 始哉中羨從，百卉權輿，乃訊感天，雷椎厥寧，與〔註46〕物旁震，
> 寅贊柔微，拔根于元，東動青龍，光離於淵，摧上萬物，天地輿新。
> 中哉更睟廓，……終哉減沈成。〔註47〕

一年循環以「中天」、「羨天」、「從天」爲開始，此時百卉始生而告知感動陽氣，雷由地之深處而動，萬物隨其而動，正月建寅時萬物尚且柔弱微小，受元氣之根助而剛健，東方陽氣始動，萬物離淵見光，並推而向上，天地萬物有新生之象。

「九天」又以「三」分法，將其分爲始「中羨從」、中「更睟廓」、終「減沈成」三個部份，而始、中、終各有一百二十一又二分之一日，於二十四節氣中「中羨從」是從多至開始，其中有百卉、雷震、青龍等，是《太玄》中的「天玄」；「更睟廓」是從谷雨開始，有雷風、陽盛、陰萌等，是爲「地玄」；「減沈成」是從處暑開始，有還向、收精、黃純等，是爲「人玄」。

三、方、州、部、家

《太玄》八十一首中，每一首皆有首象如同《易》之卦象，其相異之處在於《易》卦象是由六條不同陽爻（—）、陰爻（--）所組合而成，然而《太玄》之首象則由四條不同陽、陰、和的符號組成，稱爲四重。

《易》之卦象是由下往上分爲初、二、三、四、五、上等六個不同爻位；《太玄》之首象是由上而下，分成方、州、部、家等四個不同之象，然其變化乃由家、部、州、方之順序發展。方、州、部、家各有個有—、--、---三種不同變化，三三而九，九九八十一，總計共有八十一種不同的首象變化出現，此八十一種即爲《太玄》中之八十一首並每首配上首名。

方、州、部、家之分配以三分法爲基準，其下以例說明：

    ≡ 中：一方一州一部一家

    ≣ 應：二方二州二部二家

    ≣ 養：三方三州三部三家

依上述所呈現之例，方、州、部、家以此類推，《太玄·玄瑩》云：

〔註46〕俞樾《諸子平議》：「丁謂本作『與』，是也。下文云『與物時行』，正與此句一律。涉上下文而誤。」頁395。

〔註47〕同註45，頁211～212。

方州部家，八十一所，畫下中上，以表四海，玄術瑩之。一辟、三公、九卿、二十七大夫、八十一元士，少則制眾，無則治有，玄術瑩之。〔註48〕

《太玄》有方、州、部、家四重，八十一首，九贊之位分下中上，用以表明四海人事變化皆在其中。揚雄將人間的政治制度「辟、公、卿、大夫、元士」搭配上《太玄》之「玄、方、州、部、家」，「辟」是唯一之君，為統公、卿等下輩之屬，對應《太玄》之最高主體「玄」，另外，「公」與「方」、「卿」與「州」、「大夫」與「部」、「元士」與「家」等，都是在說明《太玄》方、州、部、家構造與人間官制制度有所相應。此外，《易》卦名配合節氣以對（參考：附錄二：卦氣圖），更配以公、辟、侯、大夫、卿，《太玄》也模擬《易》配以節侯時日，因此可知，揚雄《太玄》首名四重方、州、部、家，乃前有所承。

除了對應著政治次序之外，尚有另一個問題是：方、州、部、家所代表的實質對象為何？司馬光云：「玄者天子之象也，方者方伯之象也，州者州牧之象也，部者一國之象也，家者一家之象也。」〔註49〕方、州、部、家都是圍繞著社會不同的位階，「玄」為天子，「方」為方伯，「州」為州牧，「部」為一國，「家」為一家之象徵，皆以人為出發點，所觀照的問題也都是人與人之間互動的吉凶禍福。《太玄・玄圖》云：

一玄都覆三方，方同九州，枝載庶部，分正羣家，事事其中。〔註50〕

以事理層次分析而言，玄為最高本體，一玄可涵攝三方、九州、二十七部、八十一家，方、州、部、家，萬事萬物的變化都對照人世間不同對象「方伯」、「州牧」、「一國」、「一家」有不同的影響，飛潛動植所有變化不離其中。《太玄・玄數》云：

贊贏入表，表贏入家，家贏入部，部贏入州，州贏入方，方贏則玄。

〔註51〕

揚雄不僅只是說明一玄可統攝萬物，更反論其理，以贊為始，七百二十九贊總歸於二百四十三表中，二百四十三表歸之於八十一家中，八十一家統為二十七部，二十七部歸統於九州，九州歸於三方，三方終歸於一玄。《太玄》中

〔註48〕《太玄集注》，頁189。
〔註49〕同註48，頁2。
〔註50〕同註48，頁211。
〔註51〕同註48，頁194。

玄與方州部家表贊爲一個相聯相繫之系統，方州部家更可對應人世間位階之對象，足以證其首與贊並非相爲互無關連，爲各自獨立之系統，並爲著法結果提供各對象有不同吉凶禍福的變化。

四、八十一首

《易經》有六十四個不同的卦象，揚雄模仿《易》的構造創造出八十一首不同的「卦」。此八十一首，以〈中〉首爲始，〈養〉首爲終，中首是爲二十四節氣之多至、十一月，八十一首再經由春分、夏至、秋分等依循著節候的運行，終於養首。

《太玄・玄捃》：「秉圭戴璧，臚湊羣辟，捃擬之八十一首。」〔註52〕鄭萬耕解釋爲：「模擬諸侯百官朝見君王之象，而作太玄八十一首。一玄統八十一首，象一君而率羣臣。」〔註53〕將人世間的君臣上下關係用以模擬成爲主體之玄以及象徵萬事萬物的八十一首不同的變化，並且這樣的變化因著春夏秋冬四季之循環不已的迭更，完整的將八十一首配合置放，「玄」與「君」，「首」與「臣」的相對應，《呂氏春秋》云：

> 天道圓，地道方，聖王法之，所以立上下。何以說天道之圓也？精氣一上一下，圓周復雜，無所稽留，故曰天道圓。何以說地道之方也？萬物殊類殊形，皆有分職，不能相爲，故曰地道方。主執圓，臣處方，方圓不易，其國乃昌。〔註54〕

《呂氏春秋》中的「天道」是「精氣一上一下，圓周復雜，無所稽留」，這樣的天道是人世間對應之「主」；「地道」是「萬物殊類殊形，皆有分職，不能相爲」，此地道對應爲「臣」。因此，秦漢之際肯定天道下萬物之殊已有所承，然八十一首是爲一個天地間循環之整體系統，以期達天地人是一之境。《太玄・玄圖》云：

> 陰質北斗，日月畛營，陰陽沈交，四時潛處，五行伏行，六合既混，七宿軫轉。馴幽曆微，六甲內馴，九九實有，律呂孔幽，曆數匿紀，圖象玄形，贊載成功。〔註55〕

〔註52〕《太玄集注》，頁209。
〔註53〕《太玄校釋》頁352。
〔註54〕《呂氏春秋》，卷3，頁22。
〔註55〕《太玄集注》，頁211。

《太玄》中包括了北斗、日月、陰陽、四時、五行、六合、七宿、六甲、律呂、曆數，而《太玄》一書是爲八十一首、七百二十九贊等組合而成，換言之，「九九實有」之八十一首也非憑空臆造，而八十一首皆爲存在之所有事物所作，「實有」觀念潛藏於漢代萬民心中，揚雄則極力用八十一首、七百二十九贊來描繪所有可能發生之事物，涵攝了人倫日用、政治倫理、禮儀制度等，冀以無限多有限事物之集合以達無限之道，肯定萬事萬物中之主體性，將每一個實有視爲建構無限天理之主體，因此，八十一首是爲實有事物之符號化、象徵化，本文更整理與《易經》六十四卦、陰家陽家、水火木金土之五行、每首下之玄首文、春夏秋冬之四時相對應，以細剖抽絲來完構揚雄深藏之言。

（一）八十一首配六十四卦

朱伯崑在〈漢代的象數之學〉中論述：「唐僧一行依據孟喜的說法，制一卦氣圖。〔註56〕」〔註57〕於是將六十四卦與節氣相互配對。

《太玄》首的名字和孟喜、京房卦氣說是一致的，朱伯崑《易學哲學史》說：

> 如卦氣說，起于中孚，終于頤卦。《太玄》則起于中首，終于養首。中即卦氣說的中孚，養即卦氣說的頤卦義。關于這一點，宋代學者認爲，《太玄》的八十一首出于《易緯‧稽覽圖》的卦氣起中孚說，將《太玄》同緯書視爲一類。……京房《易傳》，打破《周易》的卦序順序，按自己的陰陽消長說，制定了一個八宮圖式，這對揚雄自創《太玄》體系是有影響的。〔註58〕

《易緯‧稽覽圖》與京房《易傳》六十四卦起於中孚卦，重新排列卦名次序，揚雄順著此系統自創《太玄》八十一首，八十一首順著陰陽消長、一年三百六十五之天數依序排列之。

以《太玄》八十一首與《易》六十四卦相配成圖表，因八十一首爲數較六十四卦多，因此，八十一首中必定有卦名重復，上方以首爲主，下方以卦配對，一列以「九天」中之「天」爲其基數，「一天」有九首，一排中以九首爲一組，如下圖所示：

〔註56〕參考附錄二：卦氣圖。
〔註57〕《易學哲學史》，頁133。
〔註58〕同註57，頁175。

圖表二：首卦配對表

首	狢	干	上	戾	少	閑	礥	周	中
卦	臨	升	升	睽	謙	屯	屯	復	中孚
首	傒	奚	交	達	銳	增	童	差	羨
卦	需	需	泰	泰	漸	益	（蒙）	小過	小過
首	事	務	爭	樂	夷	格	釋	進	從
卦	蠱	蠱	訟	豫	豫	大壯	解	晉	隨
首	彊	斂	親	密	眾	裝	毅	斷	更
卦	乾	小畜	比	比	師	旅	夬	夬	革
首	大	竈	遇	迎	應	法	居	盛	睟
卦	豐	鼎	姤	咸	咸	升	家人	大有	乾
首	昆	永	度	常	唐	逃	禮	文	廓
卦	同人	同人	節	恒	遯	遯	履	渙	豐
首	視	疑	飾	積	聚	翕	守	唫	減
卦	觀	賁	賁	大畜	萃	巽	否	否	損
首	堅	止	割	窮	晉	晦	去	內	沈
卦	艮	艮	剝	困	明夷	明夷	無妄	歸妹	觀

首	養	勤	難	將	馴	劇	失	闞	成
卦	頤	蹇	蹇	未濟	坤	大過	大過	噬嗑	既濟

　　上述圖表二是依據《太玄集注》每首及下方注疏小字而作，與太玄曆〔註59〕的配對有些微的差距，以下列其「首」名以進行說明，其差距如下所列：

　　1.〈童〉：沒有與易卦配對

　　2.〈永〉——　　　　　　　（太玄）
　　　　〈永〉——〈節〉　　　（太玄曆）

　　3.〈疑〉——〈賁〉　　　　（太玄）
　　　　〈疑〉——〈觀〉　　　（太玄曆）

　　4.〈沈〉——〈觀〉　　　　（太玄）
　　　　〈沈〉——〈歸妹〉　　（太玄曆）

《太玄集注》：「右許翰傳『太玄曆』，出溫公手錄《經》後，不著誰作。本『疑』準『賁』，『沈』準『觀』，翰更定爲『觀』、爲『歸妹』云。」〔註60〕60《太玄集注》書中未提及〈童〉首及〈永〉首，而〈童〉首在「初一顓童不寤，會我蒙昏。測曰：顓童不寤，恐終晦也。」雖然有將〈童〉與〈蒙〉相會意同，但實則未將〈童〉首下有「準蒙」之字，而特將此列出，但於四部叢刊本〈童〉首下有「象蒙卦」〔註61〕之字，可見爲北京中華本之誤。

　　〈永〉首中「吳曰：『〈常〉首象〈恆〉卦，次七起立秋，初一當二百二十六日，行張十五度，於《易》朞日：〈恆〉卦九四。次〈度〉首象〈節〉卦，次二日行翼二度。次〈永〉首次七當二百三十八日，行翼九度，於《易》朞日：〈同人〉卦。』」〔註62〕（可參考附錄三：太玄擬卦日星節候圖），於是《太玄集注》書中採〈永〉對應〈同人〉，但太玄曆〈永〉對應〈節〉。筆者以爲〈永〉首中有「寒蟬鳴」相對之同人卦皆在其中，因此，〈永〉首當相對〈同人〉卦爲宜。

　　〈疑〉首中《太玄》主〈賁〉，太玄曆主〈觀〉，然「太玄擬卦日星節候

〔註59〕《太玄集注》，頁220～226。

〔註60〕《太玄集注》，頁226。

〔註61〕（漢）揚雄撰；（晉）范望解贊：《太玄經》（臺北：臺灣商務印書館影上海商務印書館縮印明萬玉堂翻宋本《四部叢刊》本，1975年），頁14。

〔註62〕同註60，頁110。

圖」未將相對觀卦之「蟄戶」列出，但由前文推斷，觀卦「蟄戶」當為〈疑〉首九贊之中，因此，〈疑〉首應相對〈觀〉卦較為適宜。

〈沈〉首中未至候氣，但前一首〈視〉首上九為「水始涸」歸妹內卦，且後一首〈內〉首次三為「鴻雁來賓」歸妹外卦，因此，處於中間之〈沈〉首當相配為〈歸妹〉卦為宜。

總而論之，《太玄》中的八十一首與《易》中六十四卦皆因按照節氣時日轉移而排列進而對應之，除〈童〉首未配對外，〈永〉、〈疑〉、〈沈〉三首與《易》卦相對有所出入者，皆因一個「卦」可能出現二個前後相連的「首」，因此可知，〈同人〉與〈節〉，〈賁〉與〈觀〉，〈觀〉與〈歸妹〉皆前後卦之別，然為後人認定某首配某卦因些微差異所導致配對之不同。

除此之外，將〈附錄二：卦氣圖〉與〈附錄三：太玄擬卦日星節候圖〉相對照，若以〈太玄擬卦日星節候圖〉每首中出現之節氣來對照〈卦氣圖〉中相同節氣所代表卦名，則可發現，除上述對應不同外，尚有許多對應問題，以下校正列出並依前後順序排列之：

1. 〈干〉：《太玄》本為〈升〉，應改為〈臨〉。
2. 〈狩〉：《太玄》本為〈臨〉，應改為〈小過〉。
3. 〈交〉：《太玄》本為〈泰〉，應改為〈需〉。
4. 〈事〉：《太玄》本為〈蠱〉，應改為〈革〉。
5. 〈毅〉：《太玄》本為〈夬〉，應改為〈旅〉。
6. 〈親〉：《太玄》本為〈比〉，應改為〈小畜〉。
7. 〈斂〉：《太玄》本為〈小畜〉，應改為〈乾〉。
8. 〈晬〉：《太玄》本為〈乾〉，應改為〈大有〉。
9. 〈迎〉：《太玄》本為〈咸〉，應改為〈姤〉。
10. 〈遇〉：《太玄》本為〈姤〉，應改為〈鼎〉。
11. 〈唐〉：《太玄》本為〈遯〉，應改為〈恆〉。
12. 〈守〉：《太玄》本為〈否〉，應改為〈巽〉。
13. 〈視〉：《太玄》本為〈觀〉，應改為〈歸妹〉。
14. 〈瞢〉：《太玄》本為〈明夷〉，應改為〈困〉。
15. 〈窮〉：《太玄》本為〈困〉，且其中少了節氣「草木黃落」，應改為〈剝〉。
16. 〈割〉：《太玄》本為〈剝〉，應改為〈艮〉。

17. 〈劇〉：《太玄》本爲〈大過〉，應改爲〈坤〉。
18. 〈馴〉：《太玄》本爲〈坤〉，應改爲〈未濟〉。

揚雄所擬之《太玄》首贊系統是依據天體運行、四季變化而造，《易》彗日同爲循守著天理運轉而配置。然其不同，實爲《太玄》八十一首中的每一首皆有九贊，每首佔四日半，而天體星辰隨之轉移。然八十一首常位於前後節氣交接之處及卦氣圖中爲了六十卦配對七十二侯，而六十卦中取十二侯卦分爲內卦與外卦以合七十二侯，於此內卦與外卦皆歸屬於侯卦之卦名，本文將一併歸屬於侯卦之本卦。然此文將此列出以便後人了解其相異之處。

（二）八十一首配陰家、陽家

以陽家爲始，接續陰家，如此陽家、陰家之整齊邏輯地循環在八十一首中，但直至〈遇〉首本應爲陽家，但《太玄》書配爲陰家，其眞正用意爲何實爲難解，是其問題一。另則〈遇〉首雖爲陰家，然上一首〈迎〉首的最後一贊爲「夜」，但「遇」首第一贊爲「晝」，是其問題二，晝夜相互更輪，一晝一夜本無差池，然陰首本應以夜爲第一贊，在「遇」首卻有歧出的排列方式。

八十一首總計有陽家四十，陰家四十一，以陽家爲首，陰家爲二，依陽家、陰家順序整齊爲列，唯有「遇」首一家本應爲陽家卻更轉爲陰家。是其八十一首配對陽家、陰家中唯一的特出者。

（三）八十一首配五行

八十一首配上水、火、木、金、土五行，則發現揚雄以「一天」九首爲五行循環之基礎，下表以「天」爲一列，由右往左、上至下依序排列八十一首，如下表所示：

圖表三：首與五行配對表

首	莿	干	上	戾	少	閑	礥	周	中
五行	金	木	火	水	土	金	木	火	水
首	傒	奕	交	達	銳	增	童	差	羨
五行	金	木	火	水	土	金	木	火	水
首	事	務	爭	樂	夷	格	釋	進	從

五行	金	木	火	水	土	金	木	火	水
首	彊	斂	親	密	眾	裝	毅	斷	更
五行	金	木	火	水	土	金	木	火	水
首	大	竈	遇	迎	應	法	居	盛	晬
五行	金	木	火	水	土	金	木	火	水
首	昆	永	度	常	唐	逃	禮	文	廓
五行	金	木	火	水	土	金	木	火	水
首	視	疑	飾	積	聚	翕	守	唫	減
五行	金	木	火	水	土	金	木	火	水
首	堅	止	割	窮	曹	晦	去	內	沈
五行	金	木	火	水	土	金	木	火	水
首	養	勤	難	將	馴	劇	失	毆	成
五行	金	木	火	水	土	金	木	火	水

　　八十一首中配上五行之水火木金土，而八十一首中以「九天」之「天」為單位，八十一首的五行次序以「土」為基準，排列出「水、火、木、金、土、水、火、木、金」為一個循環，問永寧〔註63〕說此循環非平面式的架構

〔註63〕問永寧在〈從《太玄》看揚雄的人性論思想〉中更提出另一個不同的立體宇宙模型，他說：「前面我們說過，在《太玄》的宇宙模式中，宇宙是有限的，天地繞著通過南北二極與地中的軸旋轉。這個軸與地面的交點即經線與緯線的交匯點，這一點是土居中央的本意。土于五常配信，信即伸，二字古通用，信又為誠，誠有內者，必形于外。土，《漢書·五行志》：『土，中央生萬物者也。』《說文》：『土，地之土生萬物者也，二象地之下，地之中者也。』土有

而是一個有直線、弧線的立體宇宙模式。這樣一個循環以「土」爲中心，「水、火、木、金」皆排列在「土」的側邊，揚雄從原本單純的五行「水、火、木、金、土」的循環體制中，開創建構另一個不同於平面而是立體運行的天體循環理論。本文依「水、火、木、金、土、水、火、木、金」以數字標明順序於下圖，如圖表五：

圖表四：五行配對圖

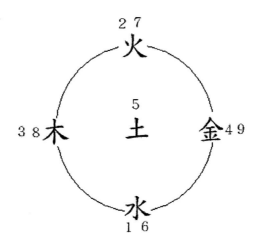

依順序排列，水爲一、六；火爲二、七；木爲三、八；金爲四、九；土爲五。水、火、木、金、土中以方位順序標示數字，則瞭然揚雄是以五行、方位、生數成數相配對，又《太玄·玄數》：「五五爲土，爲中央。」〔註64〕中土爲

吐意與信有伸意同，均有上升于天的意味。《太玄·中》『陽氣潛萌于黃宮，信無不在乎中』，正以陽氣屬地，從中伸展吐生萬物。地中陽氣上通于天，《太玄·周》次六『信周其誠，上享于天』，正是陽氣上通天窮。《太玄·中》初一『還于天心』則指氣從天中還于地中。故土在《太玄》的宇宙架構中，實際上和其它四行不同，它不是平面的直線，而是一豎向的斜線，由水火、木金四行組成的平面，加上土行這一支柱，就將《太玄》所本的宇宙模式支撐起來了。只有這樣一個框架，這個罩子還要幾根架子支撐，否則就圓不起來，於是還要從天頂到四方支撐四個弧形的支架，這樣從經線與緯線的兩端四個點上，與天中央的連線有了四條，這四條線，仍然配水、火、木、金四行，而土行由天中直通地中，是一根線，它配土，于數爲五、五。而其它四行，由於有直線與弧線之分，分別配上了一六，二七，三八，四九這幾個數，這樣搭配，正表示了一種立體的宇宙模型，而不只是平面的架構。」《周易研究》2002 年第 4 期（總第 54 期）（2004 年 4 月），頁 28～29。

〔註64〕《太玄集注》，頁 199。

五五，在揚雄以九為循環的系統下，將其中一個「五」省而去之。因此，五行以九首為一個循環，其中少一個「土」，而「五五為土」，或許揚雄認為「土」只需出現一次即可代表五五之土所欲表達之意，將「水、火、木、金、土、水、火、木、金」為八十一首中五行循環周期。

（四）八十一首配玄首文

八十一首之首名下皆有列「玄首文」以說明每首象徵意涵，因此將八十一首的玄首文歸納列成圖表以觀八十一首之首意。下表左邊由上至下，列出第一首至第四十首之玄首文；右邊由上至下，列出第四十一首至第八十一首之玄首文。如下表所示：

圖表五：首與首文配對表

首名	首文	對應首名	首文
中	陽氣潛萌於黃宮，信無不在乎中。	應	陽氣極于上，陰信萌乎下，上下相應。
周	陽氣周神而反乎始，物繼其彙。	迎	陰氣成形乎下，物咸遡而迎之。
礥	陽氣微動，動而礥礥，物生之難。	遇	陰氣始來，陽氣始往，往來相逢。
閑	陽氣閑於陰，礥然物咸見閑。	竈	陰雖沃而灑之，陽猶熱而龢之。
少	陽氣濳然施於淵，物謙然能自鍼。	大	陰虛在內，陽蓬其外，物與盤蓋。
戾	陽氣孚微，物各乖離，而觸其類。	廓	陰氣癒而愈之，陽猶恢而廓之。
上	陽氣育物于下，咸射地而登乎上。	文	陰斂其質，陽散其文，文質班班，萬物粲然。
干	陽扶物如鑽乎堅，鉿然有穿。	禮	陰在下而陽在上，上下正體，物與有禮。
狩	陽氣彊內而弱外，物咸扶狩而進乎大。	逃	陰氣章彊，陽氣潛退，萬物將亡。
羨	陽氣贊幽，推包羨爽，未得正行。	唐	陰氣茲來，陽氣茲往，物且盪盪。
差	陽氣蠢闢於東，帝由臺雍，物差其容。	常	陰以知臣，陽以知辟，君臣之道，萬世不易。
童	陽氣始窺，物僮然咸未有知。	度	陰氣日躁，陽氣日舍，躁躁舍舍，各得其度。
增	陽氣蓄息，物則增益，日宣而殖。	永	陰以武取，陽以文與，道可長久。

銳	陽氣岑以銳，物之生也，咸專一而不二。	昆	陰將離之，陽尚昆之，昆道尚同。
達	陽氣枝枚條出，物莫不達。	減	陰氣息，陽氣消，陰盛陽衰，萬物以微。
交	陽交於陰，陰交於陽，物登明堂，矞矞皇皇。	唫	陰不之化，陽不之施，萬物各唫。
耎	陽氣能剛能柔，能作能休，見難而縮。	守	陰守戶，陽守門，物莫相干。
傒	陽氣有傒，可以進而進，物咸得其願。	翕	陰來逆變，陽往順化，物退降集。
從	陽躍于淵、于澤、于田、于嶽，物企其足。	聚	陰氣收聚，陽不禁禦，物相崇聚。
進	陽引而進，物出溱溱，開明而前。	積	陰將大閉，陽尚小開，山川藪澤，萬物攸歸。
釋	陽氣和震，圜煦釋物，咸稅其枯，而解其甲。	飾	陰白陽黑，分行厥職，出入有飾。
格	陽氣內壯，能格乎羣陰，攘而卻之。	疑	陰陽相磑，物咸彫離，若是若非。
夷	陽氣傷颽，陰無救瘽，物則平易。	視	陰成魄，陽成妣，物之形貌咸可視。
樂	陽始出奧，舒疊得以和淖，物咸喜樂。	沈	陰懷于陽，陽懷于陰，志在玄宮。
爭	陽氣氾施，不偏不頗，物與爭訟，各遵其儀。	內	陰去其內而在乎外，陽去其外而在乎內，萬物之既。
務	陽氣勉務，物咸若其心而摠其事。	去	陽去其陰，陰去其陽，物咸倜倡。
事	陽氣大昜昭職，物則信信各致其力。	晦	陰登于陽，陽降于陰，物咸喪明。
更	陽氣既飛，變勢易形，物改其靈。	瞢	陰征南，陽征北，物失明貞，莫不瞢瞢。
斷	陽氣彊內而剛外，動能有斷決。	窮	陰氣塞宇，陽亡其所，萬物窮遽。
毅	陽氣方良，毅然敢行，物信其志。	割	陰氣割物，陽形縣殺，七日幾絕。
裝	陽氣雖大用事，微陰據下，裝而欲去。	止	陰大止物於上，陽亦止物於下，下上俱止。
眾	陽氣信高懷齊，萬物宣明，嫭大眾多。	堅	陰形胼冒，陽喪其緒，物競堅彊。

密	陽氣親天，萬物丸蘭，咸密無間。	成	陰氣方清，陽藏於靈，物濟成形。
親	陽方仁愛，全眞敦篤，物咸親睦。	闞	陰陽交跌，相闞成一，其禍泣萬物。
斂	陽氣大滿於外，微陰小斂於內。	失	陰大作賊，陽不能得，物陷不測。
彊	陽氣純剛乾乾，萬物莫不彊梁。	劇	陰窮大泣於陽，無介俉，離之劇。
晬	陽氣絢晬清明，物咸重光，保厥昭陽。	馴	陰氣大順，渾沌無端，莫見其根。
盛	陽氣隆盛充塞，物實然盡滿厥意。	將	陰氣濟物乎上，陽信將復始之乎下。
居	陽方蹜膚赫赫，爲物城郭，萬物咸度。	難	陰氣方難，水凝地坼，陽弱於淵。
法	陽氣高縣厥法，物仰其墨，莫不被則。	勤	太陰凍冱戁創於外，微陽邸冥窲力於內。
		養	陰弸于野，陽蓲萬物，赤之于下。

「中則陽始，應則陰生」〔註65〕明顯是以〈中〉首爲陽之始，以〈應〉首爲陰之先。前四十首，認爲陽氣是具發動生成之意，〈法〉首之玄首文「陽氣高縣厥法，物仰其墨，莫不被則」可以具體顯示出以陽爲主宰，萬物中皆爲陽氣所覆，因此以陽氣爲主，後四十一首是以陰陽相互作用爲主。朱伯崑〈漢代的象數之學〉中說：

> 八十一首排列的順序是，從中首開始，到最後一首養首爲止。第一首表示陽氣將要發生，到三十六首彊首，陽氣最盛；到四十一首應首，陽氣衰退，陰氣開始發動；到四十九首逃首，陰氣極盛；到七十八首將首，陽氣又將恢復。他以八十一首的排列，表示一年四季乃陰陽消息的過程。〔註66〕

前四十首，代表氣化之常的各種方向與速度；後四十一首，以陰陽互動作用，爲氣化之變。因以前四十首爲主宰，倘若無前四十首之產生也就沒有後四十一首的陰陽交互對應關係，「氣化之常」廣涉了「氣化之變」，「氣化之變」是爲常態之減慢、減半等不同的態樣，因此，「氣化之常」與「氣化之變」相合在一起才是一個整體的太玄。雖然後四十一首是氣化之變，但氣化之變是含

〔註65〕《太玄集注》，頁178。
〔註66〕《易學哲學史》，頁175。

攝於氣化之常中，氣化之常變、有無、善惡都在玄首文中交代的很清楚，是另一種的內外合一之學。

（五）八十一首配四時

元胡一桂引「太玄方州部家八十一首圖」可知《太玄》八十一首可配合一年之數，一年之數由下圖之下方中間〈中〉首開始向左移動，環繞一圈終於〈養〉首，如下圖所示：

圖表六：太玄方州部家八十一首圖〔註67〕

以〈中〉首、冬至、十一月爲其始，《太玄》書中八十一首順其三百六十度之圓，象徵春夏秋冬四季與三百六十五又四分之一日之生生運行不已。由〈太玄方州部家八十一首圖〉元胡一桂由圖中描繪出《太玄》以「玄」爲最高本體，「天、地、人」爲爲本體發生作用之主體，天下萬物又依循三分法分爲「方、州、部、家」等，來闡述萬物有各種可能性，並將其可能性具體呈現出來，表現的方式則是經三分法來完構一套與天文曆法相應的《玄》書，八十一首並列於一年之中，然我們還知道一首代表著九贊，八十一首是爲七百二十九贊組合而成。然組合之型式與細節待另節細述。

觀元胡一桂〈太玄方州部家八十一首圖〉有二處疑議處。每首下方配上

〔註67〕（元）胡一桂著：《周易啓蒙翼傳》（臺北：臺灣商務印書館，1988 年），頁365～367。

陰陽，然胡一桂是以一「天」等於九首爲單位，〈中〉首爲先，順序爲「陽、陰、陽、陰、陽、陰、陽、陰、陽」，但到〈羨〉、〈從〉、〈更〉、〈晬〉、〈廓〉、〈減〉、〈沈〉、〈成〉又重複上列之排列方式，此編排方式實則與《太玄集注》書中陰家、陽家不符，爲其疑議之一。

〈中〉首爲始，〈養〉首爲末，但爲了配合一年三百六十五又四分之一日的天體運行，七百二十九贊中又多增加〈踦〉、〈嬴〉兩贊。然此兩贊的位置應於〈中〉首與〈養〉首之中，才完整符合一年運行之軌，爲其疑議之二。或許元胡一桂有觀察之，但因圖載入以首爲單位，因此，將〈踦〉、〈嬴〉兩贊不置入之，也是另一種解說，然此處特別提出爲此強調揚雄新作之細密處。

五、七百二十九贊和踦、嬴二贊

（一）贊之運算

一年運行三百六十五又四分之一日，揚雄企圖將八十一首、七百二十九贊以配合天日運行，然一贊爲半日，七百二十九贊爲三百六十四又二分之一日，加上〈踦〉、〈嬴〉兩贊而爲三百六十五又四分之一日。〈踦〉贊爲「三百六十五日四分之一，玄七百二十九贊當三百六十四日半，其不足者，半日爲踦贊。」﹝註68﹞〈嬴〉贊「三百六十五日之外有餘者四分日之一爲嬴贊。」﹝註69﹞以下更以數學式子推算之：

$$3 \times 3 \times 3 \times 3 = 81 （首）$$

$$81 （首） \times 9 （贊） = 729 （贊）$$

$$1 （贊） = \frac{1}{2} （日）$$

$$729 （贊） \times \frac{1}{2} （日） = 364 \frac{1}{2} （日）$$

$$364 \frac{1}{2} + \frac{1}{2} （踦贊） = 365 （日）$$

$$365 + \frac{1}{4} （嬴贊） = 365 \frac{1}{4} （日）$$

「噴以牙者童其角，擇以翼者兩其足，無角無翼，材以道德，揆擬之九

﹝註68﹞《太玄集注》，頁176。
﹝註69﹞《太玄集注》，頁176。

日平分。」〔註70〕《玄捝》以「噍以牙者」之食肉動物,「撋以翼者」之禽類動物,有單之角與兩其足的動物以及無角無翼的人類,以奇偶相配合說明二首才合爲一個整數「九日」。

七百二十九贊以每贊半日,經「一晝一夜,自復而有餘。」〔註71〕《太玄‧玄圖》云:

> 晝夜相丞,夫妻繫也。終始相生,父子繼也。日月合離,君臣義也。孟季有序,長幼際也。兩兩相闉,朋友會也。一晝一夜,然後作一日。〔註72〕

揚雄以晝夜相連的關係說明夫妻相繫之道;有終則有始,如子之承繼其父;以孟季之先後說明長幼有序等等。以兩兩相接相承之觀念,揚雄架構《太玄》每兩贊合爲一天的形式,另外再加上〈踦〉、〈嬴〉兩贊,總爲一年之天數。其晝夜的關係於《春秋繁露‧陽尊陰卑》中已然可見:「故數日者,據晝而不據夜,數歲者,據陽而不據陰。」〔註73〕其中有重陽輕陰、以晝爲主、夜爲輔之思維,使揚雄產生「重晝輕夜」的思想。

> 日月相斛,星辰不相觸,音律差列,奇耦異氣,父子殊面,兄弟不孿,帝王莫同,捝擬之歲。〔註74〕

《太玄》於模擬天道運行之年歲,參考日月相交替、星宿相轉移、音樂律呂變化、奇耦不同始生萬物,於人倫方面又觀察父子、兄弟、帝王之殊異,更可肯定天體依四時變化不已,歲月節氣之制定以此爲仿倣對象。此於七百二十九贊中,每贊由初一至上九中之內容天文曆法、飛潛動植、人倫日用皆充塞其間,此是爲揚雄所欲建構一個有限複雜的世界,將之以集合爲無限之天道、玄道。

(二)贊之關係

一首中有九贊,九贊又付予不同的涵意,從初一、次二至上九各個不同的贊位有著不同的象徵意。劉保貞在〈論《太玄》對《周易》的模仿與改造〉〔註

〔註70〕同註69,頁209。
〔註71〕同註69,頁217。
〔註72〕同註69,頁213。
〔註73〕《春秋繁露》,卷11,頁61。
〔註74〕《太玄集注》,頁209。
〔註75〕劉保貞〈論《太玄》對《周易》的模仿與改造〉:「《太玄》贊辭雖模仿《周易》卦爻辭而作,但卻比卦爻辭更有條理、更有規律可循。《周易》卦爻辭

75〕文中說《太玄》的贊辭是用生動形象的比喻來直接說明事理並且反映出天人思想，另外又言贊辭中匯聚揚雄所領會的諸子百家精華，反映出揚雄對當時社會人生的獨特看法《太玄·玄圖》云：

> 故思心乎一，反復乎二，成意乎三，條暢乎四，著明乎五，極大乎六，敗損乎七，剝落乎八，殄絕乎九。生神莫先乎一，中和莫盛乎五，倨勵莫困乎九。夫一也者，思之微者也，四也者，福之資者也，七也者，禍之階者也，三也者，思之崇者也，六也者，福之隆者也，九也者，禍之窮者也，二五八，三者之中也，福則往而禍則丞也。九虛設闓，君子小人所爲宮也。自一至三者，貪賤而心勞，四至六者，富貴而尊高，七至九者，離咎而犯菑。五以下作息，五以上作消。數多者見貴而實索，數少者見賤而實饒。〔註76〕

本文將以上文字作爲下表，以明視九贊之間的關係，如下表所示：

圖表七：九贊關係表

初一	思之微	思心	生神	貪賤而心勞	息 見賤而實饒
次二	思之中	反復			
次三	思之崇	成意			
次四	福之資	條暢	中和	富貴而尊高	
次五	福之中	著明			

> 雖然有部份卦的卦爻辭有一個中心內容，即能圍繞某一「象」展開說明，卦名和卦爻辭之間有某種內在的聯繫，……但大部分卦的卦爻辭則顯得雜亂無章，東一榔頭西一斧子，一卦之中的爻辭與爻辭之間、爻辭與卦名之間，看不出有什麼意義上的聯繫（這也是目前卦爻辭不好解的一個主要因），……《太玄》則「例以陽家一、三、五、七、九爲晝，措辭吉：二、四、六、八爲夜，措辭凶；陰家二、四、六、八爲晝，措辭吉，一、三、五、七、九爲夜，措辭凶；自始至終，一定不移。」（葉子奇《太玄本旨》序）……揚雄這樣的安排贊辭，很顯然是他天人思想的反映。……《太玄》的贊辭不是這樣，它用生動形象的比喻來直接說明事理，如在《堅》次六中，揚雄以蜂房之蒂喻天子之德，以蜂房喻全國的民眾，非常生動形象。通觀全書，我們可以發現，《太玄》贊辭中匯聚著揚雄所領會的諸子百家的精華，反映的是揚雄對當時社會人生的獨特看法。」，《周易研究》2001年第1期（總第47期）（2001年1月），頁53～54。

〔註76〕《太玄集注》，頁213。

次六	福之隆	極大			消 見貴而實索
次七	禍之階	敗損	倨劇	離咎而犯菑	
次八	禍之中	剝落			
上九	禍之窮	殄絕			

　　於圖表七中，可類分爲三大區塊。第一個部分：初一、次二、次三爲「思」，於人倫日用的對應方面爲其開創始發的狀態，因此而稱爲「貪賤而心勞」。

　　第二部分：次四、次五、次六爲「福」，在人與人的對應關係上是一種順暢極大的態勢，此之稱爲「富貴而尊高」。

　　第三部分：次七、次八、上九爲「禍」，在日用的對應互動上爲敗毀隕沒的情態，又稱之爲「離咎而犯菑」。

　　九贊分爲三個部分之外，又以次五爲析分之界，初一、次二、次三、次四爲「息」、爲「見賤而實饒」；次六、次七、次八、上九爲「消」、爲「見貴而實索」。

　　　　一與六共宗，二與七共朋，三與八成友，四與九同道，五與五相守。

　　　　玄有一規一矩，一繩一準，以從橫天地之道，馴陰陽之數。擬諸其

　　　　神明，闡諸其幽昏，則八方平正之道可得而察也。〔註77〕

「三八爲規，四九爲矩，二七爲繩，一六爲準，界辨而隅分，則八方平正之道可得而察。」〔註78〕揚雄對九贊之間的對應關係，有思福禍三分區位、息消二分上下、前後相配對應，初一至上九之九贊關係雖爲九個單位組合而成，九贊各付予獨立相對之意涵，然其中贊與贊之間的相對關係複雜變化且有規可循。整部《太玄》之編排有八十一首、七百二十九贊等匯集而成，於如此龐雜的贊辭中，揚雄因循初一、次二……至上九整齊劃一的排列順序，有序地分配著一年的天數，但又在每一首、每九贊的循環中不斷的提醒著「思福禍」和物極必反的的觀念，就是在建構一套漢代複雜龐大的天人對應體系，欲想詳盡描繪所有動植飛潛的互動情狀，極有限爲無限之可能。

六、罔、直、蒙、酋、冥

（一）捉擬之罔、直、蒙、酋、冥

〔註77〕《太玄集注》，頁214。
〔註78〕同註77。

　　挽爲比擬、模仿之意，揚雄在《太玄‧玄挽》中有「挽擬之罔直蒙酋冥」，〔註79〕說出「罔直蒙酋冥」所要比擬象徵之意爲何。

> 天地神胞，法易久而不已，當往者終，當來者始，挽擬之罔直蒙酋冥。〔註80〕

> 罔直蒙酋，贊羣冥也。……罔直蒙酋，乃窮乎神域。〔註81〕

罔、直、蒙、酋、冥，是由天地間孕育萬物不止息，生生無窮，變幻莫測，前行往進直至終點，回復來行而至始點，終點始點爲一，如同天地萬物生長收藏、無形轉化爲有形、有形歸回於無形，窮盡事物不斷變化並將其神妙變化過程明白地彰顯出來。

（二）四方之意

　　《易緯乾鑿度》中提出「九宮說」，它說：

> 易一陰一陽，合而爲十五之謂道。……故太一取其數以行九宮，四正四維皆合于十五。〔註82〕

鄭玄注此句云：「天數大分以陽出，以陰入。陽起于子，陰起于午。是以太一下九宮，從坎宮始。」〔註83〕朱伯崑《易學哲學史》云：「按鄭玄注，九宮之數與八卦所居的方位，以圖所示。」〔註84〕如下圖所示：

圖表八：九宮圖

巽四	離九	坤二
震三	中五	兌七
艮八	坎一	乾六

朱伯崑更說坎、離、震、兌位於北、南、東、西四個正位上，稱爲四正；乾、坤、巽、艮位於西北、西南、東南、東北四隅上，稱爲四維。「皆合于十五」

〔註79〕同註77，頁209～210。

〔註80〕《太玄集注》，頁209～210。

〔註81〕同註80，頁207。

〔註82〕（漢）鄭玄注：《易緯乾鑿度》（臺北：藝文印書館，1967年《百部叢書集成》據明萬曆胡震亨等板刊本影印），卷上，頁6。

〔註83〕《易緯乾鑿度》，卷下，頁4。

〔註84〕《易學哲學史》，頁193。

是說縱、橫、斜之數相加，皆爲十五。

鄭玄在注解《禮記・月令》中有言：

> 數者五行，佐天地生物成物之次也。易曰：天一地二，天三地四，
> 天五地六，天七地八，天九地十。而五行自水始，火次之，木次之，
> 金次之，土爲後，木生數三，成數八。但言八舉其成數。〔註85〕

鄭玄相配後天一地六，水爲以一爲生數，以六爲成數；火以二爲生數，以七
爲成數；木以三爲生數，以八爲成數；金以四爲生數，以九爲成數；土以五
爲生數，以十爲成數。天地萬物是由生數與成數所組成，而揚雄延續此生數
與成數的系統來代表方位與季節，《太玄・玄掜》云：

> 垂裯爲衣，襲幅爲裳，衣裳之制，以示天下，掜擬之三八。比扎爲
> 甲，冠矜爲戟，被甲何戟，以威不恪，掜擬之四九。尊尊爲君，卑
> 卑爲臣，君臣之制，上下以際，掜擬之二七。鬼神耗荒，想之無方，
> 無冬無夏，祭之無度，故聖人著之以祀典，掜擬之一六。時天時，
> 力地力，維酒維食，爰作稼穡，掜擬之五五。〔註86〕

鄭萬耕解釋爲：「三八爲木，木枝葉可覆被物，象衣裳可覆蔽人體。」〔註87〕、
「四九爲金，可制甲兵，故相比擬。」〔註88〕、「二七爲火爲體，禮莫大於尊
卑上下之分。」〔註89〕、「一六爲水爲北方，北方太陰，幽冥之地。又爲鬼爲
祠爲廟，有祭祀之象，固相比擬。」〔註90〕、「五五爲土，種穀養人，非土莫
屬，故相比擬。」〔註91〕揚雄將四方及中土以數而象之，分別代表著木、金、
火、水、土以及五行所延伸象徵之意。

於《太玄・玄數》中，更將四方擴大含括了萬事萬物間的各種不同可能
之變化，如下：

> 三八爲木，爲東方，爲春，日甲乙，辰寅卯，聲角，色青，味酸，
> 臭羶，形紈信，生火，勝土，時生，藏脾，侟志，性仁，情喜，事

〔註85〕（漢）鄭元注；（唐）孔穎達等正義：《禮記》（臺北：藝文印書館《十三經注
　　　　疏本》，2001 年），卷 14，頁 282。
〔註86〕《太玄集注》，頁 209。
〔註87〕《太玄校釋》，頁 350。
〔註88〕同註 87
〔註89〕同註 87
〔註90〕同註 87，頁 351。
〔註91〕同註 87，頁 351。

貌，用恭，撝肅，徵旱，帝太昊，神勾芒，星從其位，類爲鱗，爲鼉，
爲鼓，爲恢聲，爲新，爲躁，爲戶，爲牖，爲嗣，爲承，爲葉，爲
緒，爲赦，爲解，爲多子，爲出，爲予，爲竹，爲草，爲果，爲實，
爲魚，爲疏器，爲田，爲規，爲木工，爲矛，爲青怪，爲軌，爲狂。
〔註92〕

四九爲金，爲西方，爲秋，日庚辛，辰申酉，聲商，色白，味辛，
臭腥，形革，生水，勝木，時殺，藏肝，俯魄，性誼，情怒，事言，
用從，撝義，徵雨，帝少昊，神蓐收，星從其位，類爲毛，爲醫，
爲巫祝，爲猛，爲舊，爲鳴，爲門，爲山，爲限，爲邊，爲城，爲
骨，爲石，爲環佩，爲首飾，爲重寶，爲大哆，爲釦器，爲舂，爲
椎，爲力，爲縣，爲燧，爲兵，爲械，爲齒，爲角，爲蟄，爲毒。
爲狗，爲入，爲取，爲罕，爲寇，爲賊，爲理，爲矩，爲金工，爲
鈇，爲白怪，爲瘖，爲僭。〔註93〕

二七爲火，爲南方，爲夏，日丙丁，辰巳午，聲徵，色赤，味苦，
臭焦，形上，生土，勝金，時養，藏肺，俯魂，性禮，情樂，事視，
用明，撝哲，徵熱，帝炎帝，神祝融，星從其位，類爲羽，爲竈，
爲絲，爲網，爲索，爲珠，爲文，爲駁，爲印，爲綬，爲書，爲輕，
爲高，爲臺，爲酒，爲吐，爲射，爲戈，爲甲，爲叢，爲司馬，爲
禮，爲繩，爲火工，爲刀，爲赤怪，爲盲，爲舒。〔註94〕

一六爲水，爲北方，爲冬，日壬癸，辰子亥，聲羽，色黑，味鹹，
臭朽，形下，生木，勝火，時藏，藏腎，俯精，性智，情悲，事聽，
用聰，撝謀，徵寒，帝顓頊，神玄冥，星從其位，類爲介，爲鬼，
爲祠，爲廟，爲井，爲穴，爲竇，爲鏡，爲玉，爲履，爲遠行，爲
勞，爲血，爲膏，爲貪，爲含，爲蟄，爲火獵，爲閉，爲盜，爲司
空，爲法，爲準，爲水工，爲盾，爲黑怪，爲聾，爲急。〔註95〕

五五爲土，爲中央，爲四維，日戊己，辰辰未戌丑，聲宮，色黃，
味甘，臭芳，形殖，生金，勝水，時該，藏心，俯神，性信，情恐

〔註92〕《太玄集注》，頁195～196。
〔註93〕同註92，頁196～197。
〔註94〕《太玄集注》，頁197～198。
〔註95〕同註94，頁198～199。

懼，事思，用睿，攝聖，徵風，帝黃帝，神后土，星從其位，類為裸，為封，為缾，為宮，為宅，為中雷，為內事，為織，為衣，為裘，為繭，為絮，為牀，為薦，為馴，為懷，為腹器，為脂，為漆，為膠，為囊，為包，為輿，為轂，為稼，為嗇，為食，為宾，為棺，為櫝，為衢，為會，為都，為度，為量，為土〔註96〕工，為弓矢，為黃怪，為愚，為牛。〔註97〕

筆者將上文整理成下列之圖表：

圖表九：玄數五行配對表

生數成數	三八	二七	四九	一六	五五
五行	木	火	金	水	土
五方	東	南	西	北	中
五時	春	夏	秋	冬	四維
十日	甲乙	丙丁	庚辛	壬癸	戊己
辰	寅卯	巳午	申酉	子亥	辰未戌丑
五音	角	徵	商	羽	宮
五色	青	赤	白	黑	黃
五味	酸	苦	辛	鹹	甘
五臭	羶	焦	腥	朽	苦
形	詘信	上	革	下	殖
生	火	土	水	木	金
勝	土	金	木	火	水
時	生	養	殺	藏	該
五臟	脾	肺	肝	腎	心
伓	志	魂	魄	精	神
性	仁	禮	誼	智	信
情	喜	樂	怒	悲	恐懼
事	貌	視	言	聽	思
用	恭	明	從	聰	睿
攝	肅	哲	乂	謀	聖

〔註96〕北京中華本為「木」，但本應為「土」，故此校正之。
〔註97〕同註94，頁199～200。

徵	旱	熱	雨	寒	風
五帝	太昊	炎帝	少昊	顓頊	黃帝
五神	勾芒	祝融	蓐收	玄冥	后土
五虫	鱗（魚）	羽	毛（狗、猛）	介	裸
五工	木工	火工	金工	水工	土工
五兵	矛	刀	鈹	盾	弓矢
反常之物	青怪	赤怪	白怪	黑怪	黃怪
反常之人	虺	盲	瘖	聾	愚
反常之國	狂	舒	僭	急	牟
五官	田	司馬	理	司空	都
五器	規	禮、繩	矩	法、準	度、量

上述圖表與《太玄‧玄數》引文有些部份無以配對處，以下將分別陳列出。

三八、木、東之「靈、鼓、恢聲、新、躁、嗣、承、葉、緒、赦、解、出、多子、予、疏器、戶、牖、竹、草、果、實」。

二七、火、南之「竈、絲、網、索、珠、文、駮、印、綬、書、輕、高、臺、酒、吐、射、戈、甲、叢」。

四九、金、西之「醫、巫祝、舊、鳴、門、山、限、城、骨、石、舂、椎、力、縣、燧、釦器、環佩、首飾、重寶、大哆、兵、械、齒、角、螫、毒、入、取、罕、寇、賊」。

一六、水、北之「鬼、祠、廟、井、穴、寶、鏡、玉、履、遠行、勞、血、膏、貪、含、蟄、火獵、閉、盜」。

五五、土、中之「封、餅、宮、宅、中霤、內事、織、衣、裘、繭、絮、牀、薦、馴、懷、腹器、脂、漆、膠、囊、包、輿、穀、稼、嗇、食、宎、棺、櫝、衢、會」。

由上述引文與配對圖表中可知揚雄欲將有限萬物說之極盡，天地宇宙萬物皆能收歸於《太玄》「罔、直、蒙、酋、冥」與四方中土一切運行作用之中。更言「罔、直、蒙、酋、冥」不僅為方位或各節氣之代表，更為宇宙萬物、時間空間之總合。

（三）罔、直、蒙、酋、冥配四方

上文已說明揚雄將四方配上生數成數、五行、五時等，揚雄更自創「罔、直、蒙、酋、冥」配上四方之系統，《太玄‧玄文》云：

　　罔、直、蒙、酋、冥。罔，北方也，冬也，未有形也。直，東方也，
春也，質而未有文也。蒙，南方也，夏也，物之修長也，皆可得而
載也。酋，西方也，秋也，物皆成象而就也。有形則復於無形，故
曰冥。故萬物罔乎北，直乎東，蒙乎南，酋乎西，冥乎北。〔註98〕

將「罔、直、蒙、酋、冥」配上北東南西之四個方位也，更加上季節的轉換，
筆者依此文畫成以下之圖以明之：

圖表十：罔直蒙酋冥之方位季節圖

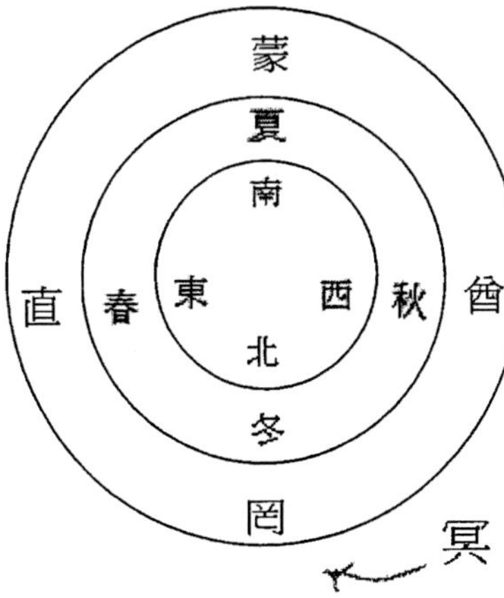

由罔爲冬，二十四節氣之冬至，冬至爲「陽生于子」，不同後之「陽形于丑」，
可見在罔之時爲「未有形」；直爲春，先質而後文，如〈飾〉首次二「無質飾，
先文後失服。測曰：無資先文，失貞也。」〔註99〕此時言於「質」之時；蒙
爲夏，萬物生長之繁密；酋爲秋，言萬物成熟，結果之纍纍；冥爲「有形則
復於無形」，已從萬物成熟漸漸走向衰亡、隕落之際，由有形漸化爲無形的過
程。於下文更可顯見其「罔、直、蒙、酋、冥」與方位與季節之關係。

　　故罔者有之舍也，直者文之素也，蒙者亡之主也，酋者生之府也，

　　冥者明之藏也。〔註100〕

罔是開始有「有」，直爲文質中之「質素」，蒙指夏天萬物極盛而開始轉向衰

〔註98〕《太玄集注》，頁205。

〔註99〕《太玄集注》，頁128。

〔註100〕同註99，頁205。

亡，酋終爲成熟結籽，可爲來年陽氣滋長之始，冥爲有形轉爲無形的階段過程。《太玄・玄文》云：

> 罔舍其氣，直觸其類，蒙極其修，酋考其就，冥反其奧。〔註101〕

由上述三個引文綜合可知，「罔」爲「未有形」、「有之舍」、「舍其氣」；「直」爲「質有未有文」、「文之素」、「觸其類」；「蒙」爲「物之修長也，皆可得而載也」、「亡之主」、「極其修」；「酋」文「物皆成象而就」、「生之府」、「考其就」；「冥」文「有形則復於無形」、「明之藏」、「反其奧」。前三段皆在描述「罔、直、蒙、酋、冥」之間的聯繫關係，並且更爲重視有形中的各類萬物之價值。《太玄・玄文》云：

> 罔蒙相極，直酋相敕，出冥入冥，新故更代。陰陽迭循，清濁相廢。
> 將來者進，成功者退。已用則賤，當時則貴。天文地質，不易厥位。
> 〔註102〕

揚雄不斷地闡述新故、陰陽、清濁、將來與成功、進退、已用與當時、貴賤、天地、文質之相對關係，如同罔蒙之南與北、冬與夏，直酋之東與西、春與秋相對是一致的，但以宇宙整體而言，天地萬物並非靜止不動，而是一個循環往復的過程，萬物之價值便展現於其中。《太玄・玄文》云：

> 罔直蒙酋冥，言出乎罔，行出乎罔，禍福出乎罔，罔之時玄矣哉！行
> 則有蹤，言則有聲，福則有膞，禍則有形之謂直。有直則可蒙也，有
> 蒙則可酋也，可酋則反乎冥矣。是故罔之時則可制也。八十一家，由
> 罔者也。天炫炫出於無昣，橫橫出於無垠，故罔之時玄矣哉！〔註103〕

「罔」乃出之始端，爲其言、行、禍、福各種行爲與作用的有形之源頭。「直」是爲言行禍福之具體實有的外在顯現之作用。「蒙」與「酋」是在此種有形順序中，次序地排列著，最後從有形進而反回於無形之境。

　　萬物之發端具有極大宰制、控制之力，《太玄》八十一首中以〈中〉首、十一月、冬至爲其始端，就如同經由「冥」無形之狀、天炫炫煌煌之際，轉而始出。總言論之，「罔」其具有生發始出、可制萬物的能力，於《太玄》中之首與贊是爲宇宙萬物生發作用的起點，《太玄》之五德及〈中〉首皆由罔、十一月、冬至始算，故有其運作之理。

〔註101〕同註99，頁205。
〔註102〕同註99，頁205。
〔註103〕《太玄集注》，頁205～206。

（四）罔、直、蒙、酋、冥與元、亨、利、貞

罔、直、蒙、酋爲春夏秋冬四季有形的轉變，冥爲有形化爲無形之階段，揚雄以「罔、直、蒙、酋、冥」爲《太玄》之五德。《太玄・玄文》云：

> 是故天道虛以藏之，動以發之，崇以臨之，刻以制之，終以幽之，淵乎其不可測也，耀乎其不可高也。故君子藏淵足以禮神，發動足以振眾，高明足以覆照，制刻足以竦懍，幽冥足以隱塞。君子能此五者，故曰罔、直、蒙、酋、冥。〔註104〕

「罔」爲「藏淵足以禮神」；「直」爲「發動足以振眾」；「蒙」爲「高明足以覆照」；「酋」爲「制刻足以竦懍」；「冥」爲「幽冥足以隱塞」。又司馬光〈說玄〉中說：

> 《易》有元亨利貞，《玄》有罔直蒙酋冥。……五者《太玄》之德。罔，北方也，於《易》爲貞。直，東方也，於《易》爲元。蒙，南方也，於《易》爲亨。酋，西方也，於《易》爲利。冥者未有形也。故〈玄文〉曰：「罔蒙相極，直酋相勅，出冥入冥，新故更代。」《玄》首起冬至，故分貞以爲罔冥。罔者冬至以後，冥者大雪以前也。〔註105〕

以《易》中的元亨利貞和《太玄》之罔直蒙酋冥相配。「罔」爲「貞」；「直」爲「元」；「蒙」爲「亨」；「酋」爲「利」；「冥」爲「貞」。

司馬光言：「罔者冬至以後，冥者大雪以前也。」如以字面上解，罔爲二十四節氣中以冬至爲始，而冥是節氣中大雪以前，其問題爲大雪至冬至之期間爲何階段，是爲斷列的時空，適乎不合其理！因此，將「冥者大雪以前」推論解釋爲「冥者大雪以前開始」就可以知「冥」是處於「酋」與「罔」之間，陰盛而物盡衰亡沉潛、陽始而萬物待發之態勢下，無形與有形間的轉化爲之「冥」。

罔、直、蒙、酋爲有形與有形之間的轉化、順序、分類等，是一個有形的系統，可見的空間；冥爲有形至無形的狀態，是無形但存有的情狀，與《莊子・知北遊》：「人之生，氣之聚也；聚則爲生，散則爲死。」〔註106〕又張載《正蒙・太和篇》：「太虛不能無氣，氣不能不聚而爲萬物，萬物不能不散而

〔註104〕同註103。
〔註105〕《太玄集注》，頁4。
〔註106〕《南華眞經》，卷7，頁154。

爲太虛。」〔註107〕皆言有形與無形之間轉化的過程。罔、直、蒙、酋、冥不僅討論其時間上之序列，更是時間空間爲一體的宇宙運轉過程。然更加重視於「罔」爲萬物之始發，及「冥」爲無至有的階段，並且配合上人事之「元亨利貞」，以求天人宇宙爲一的態度爲其顯見。

以上述言及「罔、直、蒙、酋、冥」與萬物生長、有無相生、人事變化等，整理爲（圖表十一：罔直蒙酋冥之關係），如下圖：

圖表十一：罔直蒙酋冥之關係表

	罔	直	蒙	酋	冥
方位	北	東	南	西	
季節	冬	春	東	秋	
萬物生長有形無形之變他	未有形	質而未有文	物之修長也，皆可得而載也	物皆成象而就也	有形則復於無形
	有之舍	文之素	亡之王	生之府	明之藏
	舍其氣	觸其類	極其修	考其就	反其奧
	言出乎罔，行出乎罔，禍福出乎罔，罔之時玄矣	行則有蹤，言則有聲，福則有膊，禍則有形之謂直	有直則可蒙也	有蒙則可酋也	可酋則反乎冥也
君子五德	藏淵足可禮神	發動足以振眾	高明足以覆照	制刻足以辣憿	幽冥足以隱塞

後代學者有對「罔、直、蒙、酋、冥」之「冥」提出不同見解，如問永寧〈從《太玄》看揚雄的人性論思想〉〔註108〕中言「冥」統罔、直、蒙、酋，對於萬物而言是先天的；又於〈讀玄釋中—試論《太玄》所本的宇宙說〉〔註109〕

〔註107〕（宋）張載撰；（明）王夫之注：《張子正蒙注》（臺北：世界書局，1962年），上冊，頁5。

〔註108〕問永寧〈從《太玄》看揚雄的人性論思想〉：「在《太玄》的體系中，罔、直、蒙、酋、冥五德配五方。《太玄告》『南北定位，東西通氣』，罔蒙即南北，直酋即東西，直配東方，於時爲春，於物爲初生之時，萬物質而未文，人之質亦如此，其材性晦明相雜，善惡相混。但還有比這更根本的東西，即冥、即玄。冥是根本，是統罔、直、蒙、酋而言的，對於春生夏長之物講，它是先天的，罔是氣，貫於先天後天之間，直是質，已是後天之初。」《周易研究》2002年第4期（總第54期）（2004年4月），頁27。

〔註109〕問永寧〈讀玄釋中——試論《太玄》所本的宇宙說〉：「冥和其他四德并不是平行的關係，它和神明相關，是新故相代的關鍵，擬諸五行，冥似乎應該配土而非水，爲什麼揚雄又讓準水的冥有了土的地位？冥亦兼水、土二行。《禮

中認爲冥和其他四德并不是平行的關係，它和神明相關，是新故相代的關鍵。另外，鄭萬耕在〈試論《太玄》對《易傳》辯證思維的發展〉〔註110〕中認爲此體系構成了一個時間與空間相互配合的世界模式，具有鮮明的世界觀，此外還突破了以仁、義、禮、智四種德行解釋「元亨利貞」的觀念，將其提升到了形上學的高度。

　　總而論之，揚雄自創一個循環體系稱爲「罔、直、蒙、酋、冥」，不僅涵攝了具體有形世界的變化過程，還闡明有形歸於無形的階段，萬事萬物皆依陰陽二氣的循環而轉動，然而有始必有終，有終必有始，將此階段用「冥」以象徵說明有形、無形轉化的過程，讓《太玄》天體運行體系臻於完備。

七、筮法吉凶

（一）筮道與策數

　　揚雄《太玄》是一筮法體系，如何求首名與贊名之法，其文存於《太玄·玄數》中，然下列先論述筮道與策數來由，《太玄·玄數》云：

> 凡筮有道：不精不筮，不疑不筮，不軌不筮，不以其占不若不筮。
>
> 神靈之曜曾越卓。〔註111〕

記·鄉飲酒義》云：『冬之爲言中也，中者藏也。』似亦以中兼水土。《春秋繁露·陰陽終始》說：『天之道，終而復始，故北方者，天之所終始也，陰陽之所別合也。』這也與揚氏以冥兼水、土暗合。與董仲舒同出公羊學的春秋緯中，亦有以北方兼水、土二行者，《春秋說題辭》說：『丑在北方水位，故兼主水土。』爲什麼水、土二行可以互通，北、中二方有何聯繫？陰陽五行說是漢代思想的核心，揚雄學問淵通，他以《中》兼水土，決不是《太玄》體系上的失誤，而是他精心安排的結果，其基礎就是他的宇宙思想。」，《周易研究》2001 年第 3 期（總第 49 期）（2001 年 3 月），頁 68。

〔註110〕鄭萬耕〈試論《太玄》對《易傳》辯證思維的發展〉：「在這個循環往復、永無休止的變化過程中，既有時間的推移，又有空間的轉換，而且還有新故更代、推陳致新的質的變化。……事物變化的過程，就是對立面相互轉化，新事物代替舊事物的過程，是一個新陳代謝的過程，因此，處於上升階段的事物是最有生命力的，最可寶貴的，即使它表面上處於弱小狀態。此種學說，充分體現了過程論思維的基本特徵，並且構成了一個時間與空間相互配合的世界模式，具有鮮明的世界觀意義。這在易學史上，第一次突破了以仁、義、禮、智四種德行解釋『元亨利貞』的觀念，將其提升到了形上學的高度，對後來的易學家，如南北朝時期的周弘正、莊氏，唐代的孔穎達，宋代的程頤、朱熹等，都產生了深刻的影響。」，《哲學與文化》第 31 卷第 10 期（2004 年 10 月），頁 100～101。

〔註111〕《太玄集注》，頁 193。

揚雄認爲筮法之道需有精誠之心、存其疑惑、行爲合於正道，換言之，如不以其道則不如不筮占。「神靈之曜曾越卓」，陳本禮曰：「曜曾，高明也，卓越超邁也，此歎美玄數之神靈高明而超邁也。」〔註112〕敘說《太玄》之筮道高明且超邁。《太玄·玄數》又云：

> 三十有六而策視焉。天以三分，終於六成，故十有八策。天不施，地不成，因而倍之。地則虛三，以扮天之十八也。〔註113〕

《太玄》著法以三十六策爲運算之總策數，然此三十六策從何所來，《黃宗羲全集·易學象數論》中「太玄著法」一文中有云：

> 三分者，參天之數；六成者，一、二、三之積數；十有八者，三六之乘數。……天施地成，故地數亦十有八，合之爲三十六。……陽饒陰乏，地則虛三，故撰用三十三。〔註114〕

「三分者，參天之數」天以三爲其成物之數，然葉子奇曰：「物無孤立之理。一不能以終一，故一與一爲二，二與一爲三。自茲以往，乃歷所不能盡。故揚子謂：『極一爲二，極二爲三，極三爲推』。故《玄》以三爲天之本數。」；〔註115〕「六成」以合一、二、三之總數爲六；「十有八」爲三與六之乘數，爲十八；「天施地成」天之數爲十八，天施而地成，地之數亦爲十八，總天地之數爲三十六；「地則虛三」，以天爲陽，以地爲陰，「陽饒陰乏」，因此地則虛之，三爲萬物生成之本，地則虛三，天地總策三十六，虛三則爲三十三；因此《太玄》著法策數以三十三爲撰用之數。

（二）六　算

以三十三策爲《太玄》筮法之用，其用之步驟順序可分爲六個步驟，稱爲「六算」，《太玄·玄數》云：

> 別一挂于左手之小指，中分其餘，以三搜之，并餘於芳。一芳之後，而數其餘：七爲一，八爲二，九爲三。六算而策道窮也。〔註116〕

以上「六算」可分爲「別一挂于左手之小指」、「中分其餘」、「以三搜之」、「并

〔註112〕（清）陳本禮撰：《太玄闡秘》（臺北：藝文印書館據清光緒中貴池劉氏刊本影印《聚學軒叢書》本，1970年），卷8，頁1。

〔註113〕《太玄集注》，頁193。

〔註114〕（清）黃宗羲撰：《黃宗羲全集·易學象數論》（杭州：浙江古籍出版社，2005年），卷4，頁127。

〔註115〕《太玄本旨》，卷8，頁2。

〔註116〕同註113，頁193～194。

餘於芀」、「一芀之後」、「而數其餘」等六個先後次序、不同階段的玄首之一位的運算方法。

　　問永寧於〈試論《太玄》的筮法〉〔註117〕說明范望〔註118〕、蘇洵〔註119〕、許翰〔註120〕、黃宗羲〔註121〕等四家對揚雄此段文字進行不同的解說，另外，更提出范望與蘇洵之失爲「這兩種筮法的區別在再芀之時挂一與否，由於方法有別，所得七、八、九之數的概率頗不同，由范望的方法出現七的可能最大，由蘇洵的方式則出現九的頻率更高。」；〔註122〕經問永寧研究認爲司馬光

〔註117〕問永寧撰：〈試論《太玄》的筮法〉，《陝西教育理論版）》2006 年 8 期（2006 年 8 月），頁 222。

〔註118〕（漢）揚雄撰：（晉）范望注：《太玄經・玄數》范望注曰：「芀猶成也，今之數十取出一，各以爲芀，蓋以識之也。中分其餘，亦左手之二指間，以三搜之，以象三光，其所搜者并之於左手兩指間，故謂之芀，蓋以識搜者之數也。凡一挂再芀以成一方之位，通率四位四挂以象四時，八揲以象八風，歸餘於芀以象閏也。」（臺北：臺灣商務印書館景印文淵閣四庫全書本），卷 8，頁 803～82。

〔註119〕（宋）蘇洵《嘉祐集》曰：「太玄之算極於三，以三而計之，掛其一，再扐其五，而數其餘之二十七，是亦三十三之數，不可以有加也。今其說曰三六，又曰二九，又曰倍天之數，又曰地虛三以扐天三，皆求易之過也。」（臺北：臺灣商務印書館，1977 年），頁 64。

〔註120〕（宋）許翰《太玄集注・玄數》注曰：「天以三分，則一二三，綜而爲六。以六因三，爲十有八。天施而地成之，是以倍爲三十六。此神靈曜曾越卓之數也。地則虛三以受天，故策用三十有三。玄筮挂一者，至精也。中分而三搜之者，至變也。餘一二三則并於芀者，歸奇也。一芀而復數其餘，辛觀或七或八或九，則畫一二三焉。天以六成，故六算而策道窮，則數極而象定也。」，頁 194。

〔註121〕（清）黃宗羲《黃宗羲全集・易學象數論》對太玄著法曰：「著之數三十有六」、「以下明著三十六之故。三分者，參天之數；六成者，一、二、三之積數；十有八者，三六之乘數。」、「天施地成，故地數亦十有八，合之爲三十六。」、「陽饒陰乏，地則虛三，故揲用三十三。」、「三十三策之中，取一以挂，挂而後分也。」、「分爲二刻。三搜左刻，置其餘，或一，或二，或三；次三搜右刻，置其餘如前數。其餘數不二即五，挂策在外。」、「左二則右必三，左三則右必二，左一則右亦一。以上初揲。在《易》爲再扐，在《玄》爲一芀之半。次除前餘數。復合其見存之策，或三十，或二十七。不挂，不搜，如前法。其餘數不三即六。」、「左一則右必二，左二則右必一，怎三則右亦三。以上爲再揲。再揲之餘，併之於芀，是爲一芀。芀即所挂之一也。」、「再揲止一挂，故曰一芀。餘數既並置之不用，而數其所得之正策：七其三爲一，畫—；八爲三爲二，畫——；九其三爲三，畫———。以成一方之位。如是每再揲而成位。自家而方，四位通計八揲，然後首名定也。」（杭州：浙江古籍出版社，2005 年），卷 4，頁 126～128。

〔註122〕〈試論《太玄》的筮法〉，頁 222。

《太玄集注》中所收錄許翰《太玄‧玄數》注其說法仍無法運算出來，此外，葉子奇《太玄本旨》所注〔註123〕《太玄‧玄數》筮法，最後結果也只能得出十或九，終無法得其七或八之數。

揚雄《太玄》筮法，筆者將採問永寧所引黃宗羲的筮法，問氏言「就對文字的解釋而言，黃氏的解釋更合《太玄》本意」，下文〈試論《太玄》的筮法〉中文字，於下文分點論述：

1. 先在三十三策中取出一支，表示挂一。

2. 分其餘三十二策爲兩部份，先以三搜左手之策，其餘數爲一、二或三，然後搜右手之策，其餘數與左手同，而且左二則右三，左三則右二，左一則右亦一，此爲初揲。「在易爲再扐，在玄爲一芳之半」，除去係數，將所剩策合數，則爲三十或二十七。

3. 將此三十或二十七策「不挂，搜如前法」，即中分三十或二十七，以三除之，則餘數非三即六（即左一則右二，右一則左二，右三則左亦三）此爲再揲。

4. 再揲之餘，并之於芳，是爲一芳。

5. 一芳之後而數其餘，前所并之策并置不用，餘芳只能爲 21、24、27，以三除之，則爲七、八、九三數，七爲—，八爲－－，九爲－－－。由是確定一方之位。

6. 由再揲而成位，四位共需八揲，然後首名確定。

因此，經過四次八揲之「六算」後，則可求得家、部、州、方之四位畫數，乃可求得一首，一首之名乃定之。

（三）贊位意義

依《太玄》筮法求得一首之名後，然各個不同贊位付予不同象徵意涵。《太玄‧玄數》云：

> 逢有下中上。下，思也。中，福也。上，禍也。思福禍各有下中上，

〔註123〕（明）葉子奇《太玄本旨》云：「止用三十三策也，揲時別以一策挂于左手小指間，以準大衍之數五十，其用四十有九之義，然後以其餘三十二策而以三揲之，并其欲盡三及二一之餘數而芳於左手二指間，一芳之後，將三搜之，策又都以三數之，不復中分，數欲盡時，至十巳下，得七爲一畫，餘八爲二畫，得九爲三畫。」（臺北：臺灣商務印書館，1971 年《四庫全書珍本》），卷 8，頁 2。

以晝夜別其休咎焉。〔註124〕

將初一、次二、次三、次四、次五、次六、次七、次八、上九等九贊，以下中上分之。下爲思，爲初一、次二、次三；中爲福，爲次四、次五、次六；上爲禍，爲次七、次八、上九。

爲思、爲下之初一、次二、次三；爲福、爲中之次四、次五、次六；爲禍、爲上之次七、次八、上九，其中可再分爲下中上三個部份。然不論爲九贊中那一贊，或下中上那一部份，一切都將依晝、夜之別而付予吉凶之意。依上述描述，筆者以下圖表明之：

圖表十二：贊位之意表

贊名	下中上	
初一		下
次二	下（思）	中
次三		上
次四		下
次五	中（福）	中
次六		上
次七		下
次八	上（禍）	中
次九		上

《太玄・玄數》又云：

> 極一爲二，極二爲三，極三爲推，推三爲嬴，贊嬴入表，表嬴入家，家嬴入部，部嬴入州，州嬴入方，方嬴則玄。〔註125〕

此句鄭萬耕解釋爲「一分爲二，一與二配而爲三。《玄》以三起數，推衍三而成一首九贊，八十一首七百二十九贊之位。」〔註126〕又《太玄》九贊中分爲三表，一表三贊，「一五七爲一表，三四八爲一表，二六九爲一表」。〔註127〕

〔註124〕《太玄集注》，頁194。
〔註125〕《太玄集注》，頁194。
〔註126〕《太玄校釋》，頁303。
〔註127〕同註126。

（四）筮法吉凶

依循不同筮法時間，旦筮、夕筮、日中夜中，占得之首所欲觀之贊皆不同，《太玄・玄數》云：

> 一從二從三從，是謂大休。一從二從三從，始中休，終咎。一從二違三違，始休，中終咎。一違二從三從，始咎，中終休。一違二違三從，始中咎，終休。一違二違三違，是謂大咎。占有四：或星、或時、或數、或辭。旦則用經，夕則用緯，觀始中，決從終。〔註128〕

又葉子奇《太玄本旨》補充說明，他說：

> 凡筮分經緯、晝夜、表贊，以占吉凶。經者，謂一二五六七也，旦筮用焉。緯者，三四八九也，夕筮用焉。日中、夜中，雜用二〔註129〕經一緯。表者，一五七爲一表，屬經；三四八爲一表，屬緯；二六九爲一表，雜用經緯。〔註130〕

可知經爲初一、次二、次五、次六、次七；緯爲次三、次四、次八、上九。首週陽家則初一、次三、次五、次七、上九爲晝、爲吉，次二、次四、次六、次八爲夜、爲凶，遇陰家則初一、次三、次五、次七、上九爲夜、爲凶，次二、次四、次六、次八爲晝、爲吉。

筆者將上述所論述《太玄》筮法吉凶，依照以筮法時間、陰家陽家、贊位、晝夜、贊之從違休咎等筮卜方法，列下表以明之：

圖表十三：筮法吉凶表

筮法時間	陰家陽家	贊位	晝夜	贊之從違、休咎
旦筮	陽家	初一	晝	一從二從三從 始休中休終休
		次五	晝	
		次七	晝	
	陰家	初一	夜	一違二違三違

		次五	夜	始咎中咎終咎
		次七	夜	
夕筮	陽家	次三	晝	一從二違三違 始休中咎終咎
		次四	夜	
		次八	夜	
	陰家	次三	夜	一違二從三從 始咎中休終休
		次四	晝	
		次八	晝	
日中 夜中	陽家	次二	夜	一違二違三從 始咎中咎終休
		次六	夜	
		上九	晝	
	陰家	次二	晝	一從二從三違 始休中休終咎
		次六	晝	
		上九	夜	

「旦則用經，夕則用緯，觀始中，決從終。」於筮法過程中除了「旦筮」、「夜筮」說明吉凶休咎取絕於「始中終」中之「終」，但卻未說明「旦中夜中」是否也歸於此系統運算中，其爲筮法有疑之一。另則「日中夜中」只能推測爲正午十二時與夜晚十二時，「旦筮」、「夕筮」皆未說明時間之起訖間距，此爲卜筮有疑之二。

　　揚雄《太玄》所擬之卜筮體系，雖有部份缺漏遺失，但足見以「或星、或時、或數、或辭」等天地運行之道加諸其中，使其《太玄》玄數系統能涵攝天地萬物之理。

第二節　《太玄》之「玄」意

　　《太玄》書中常以「玄」之字來代表《太玄》此部書，然而「玄」字最早出現於《老子》第一章：「兩者同出，異名同謂，玄之又玄，眾妙之門。」〔註131〕其他各章還有「玄牝」、「玄覽」、「玄德」、「玄同」、「玄通」等說法。

〔註131〕河上公章句《老子道德經》本作：「此兩者同出而異名，同謂之玄，玄之又玄，

　　《老子》中是「玄」字最早出現的現存文獻，且揚雄又受其師嚴遵〔註132〕《老子指歸》之浸濡，進而引發揚雄對「玄」字之闡論，《太玄》全篇以「玄」之理爲主軸，說明天地人三才之宇宙氣化整體、人應如何順從此理、萬物間之相摩相盪、互相肯認完成的一個漢代龐大思想體系。因此，本節將以「玄」字之全篇輯例，以期對《太玄》中依「玄」字建立的思想體系有所了解。

　　鄭萬耕在《揚雄及其太玄》中指出《太玄》之「玄」與《周易》之「易」一樣，具有許多不同含義，他說：

> 其一是指《太玄》書，如《太玄瑩》所說：「玄術瑩之。」其二是指
> 《太玄》這部書的哲學體系，也即上述那個世界圖式。其三是指事
> 物變化的規律或法則，如《太玄圖》所說：「夫玄也者，天道也，地
> 道也……」其四是指事物的變化神妙莫測，如《太玄告》所說：「《玄》
> 者，神之魁（藏）也。天以不見爲玄……」其五，就自然觀或宇宙
> 形成論的意義來說，它又是指世界的最高本原，天地萬物的根本。

〔註133〕

鄭萬耕將《太玄》書中出現之「玄」字歸納成五種不同意涵，而王國忠的〈揚雄《太玄》的象數結構與形上思想〉〔註134〕、魏啓鵬的〈《太玄》‧黃老‧蜀

眾妙之門。」，卷上，頁 4。然依據陳先生錫勇校正之文如上所列，《老子校
正》，頁 168。

〔註132〕《漢書‧王貢兩龔鮑傳》：「蜀有嚴君平……卜筮于成都市……才日閱數人，
得百錢足自養，則閉肆下帘而授《老子》，博覽無不通，依老子、莊周之旨，
著書十餘萬言。」，卷 72，頁 1363。

〔註133〕鄭萬耕撰：《揚雄及其太玄》（臺北：藍燈文化事業股份有限公司，1992 年），
頁 122。

〔註134〕王國忠〈揚雄《太玄》的象數結構與形上思想〉：「玄是天地、人、萬物所由
而出的眾妙之門，神明之數跟陰陽二氣都出於玄；玄無有形體、形跡，然
而不是虛無，而是完全的滿全；玄並非物質，而是高於萬事萬物又內在於其
中的規律、秩序跟原理，因此萬物不可能違背它；玄無所不在，是兼天地人
三才之道的統治之天，它統合一切萬有，並且主宰、溝通陰陽二氣，以損益
得中的方式來開顯、光照天下的萬事萬物；玄又落實、展現爲人間的道德仁
義和聖王功業，並且功成不居、自隱其名；玄是絕對實體，但卻持中而行，
隨著君子或小人的意願與抉擇因此成爲近玄或遠玄的關鍵；玄是最高的根
源：『君子在玄則正』，一切的價值跟德行仍然要回到玄，才能得到完全的充
與光輝。最後，玄是天地萬物人的宗祖與君王，如此，合乎邏輯的結論自然
是『忠於玄、孝於玄』，人們因此效法天道、上合天心而在人倫日用中落實人
間的忠孝之道，這是玄的『大訓』。」，《中華易學》第 20 卷第 1、2、3 期（1999
年 1 月），頁 122。

學〕〔註135〕皆對《太玄》玄意做更細密的分析，然本文依鄭氏所列出的五個不同含意，依照一至五之順序來闡論說明，另外，尚有「玄」字非歸屬上面五者之意，則列於其他以論述。

一、《太玄》之書

《太玄》中常以「玄」字指《太玄》之書，在《太玄・玄攡》云：

> 玄之贊辭，或以氣，或以類，或以事之觓羍。謹問其姓而審其家，觀其所遭遇，劀之於事，詳之於數，逢神而天之，觸地而田之，則玄之情也得矣。〔註136〕

「玄之贊辭」與「玄之情也得矣」中之「玄」皆指《太玄》之書，此句乃言《太玄》書中九贊之贊辭，或以陰陽之氣而相生相剋、或以相同事物而相應相感、或以人之行事來委曲終始。更可由各首陰陽之性、贊之遭遇、辭之敘述、數之奇偶，遇陽則尊、遇陰則卑，則為《太玄》書中吉凶禍福之情。在《太玄・玄告》中也有「故玄之辭也，沈以窮乎下」〔註137〕所指為《太玄》中之贊辭。《太玄・玄告》又云：

> 故玄鴻綸天元，婁而拤之於將來者乎！〔註138〕

上句則說《太玄》之書囊括了所有過去、現在、未來之曆法的變化。用以說明《太玄》此書是集合時間、空間中具體萬事萬物的各種變化可能，更可知揚雄作《太玄》之本旨用意所在。《太玄・玄告》云：

> 玄一德而作五生，一刑而作五克。……玄日書斗書，而月不書，常滿以御虛也。〔註139〕

〔註135〕魏啟鵬《〈太玄〉・黃老・蜀學》：「聯繫比較嚴遵的宇宙生成論和本體論，有助於更貼切地理解揚雄的《太玄》範疇，以下僅五方面試加考索：（一）……『玄』生成天地萬物過程的一段重要文字，探其要旨，實與嚴君平宇宙演化論相合。……（二）揚雄再三描述『玄』作為本體的幽深冥宦，神秘難測：……（三）揚雄描述『玄』是……的極巨大或極細弱的不同狀態。（四）揚雄強調，『玄』總括了天下萬事萬物的聯繫……（五）揚雄描述『玄』有度量衡似的作用，可以概括天下之道、陰陽之數，模擬和闡釋神明、陰陽的奧妙。……」，《四川大學學報（哲學社會科學版）》第1996年第2期（1996年），頁38～39。
〔註136〕《太玄集注》，頁208。
〔註137〕同註136，頁217。
〔註138〕同註136，頁217。
〔註139〕《太玄集注》，頁216。

《太玄》書以五行相生爲德；以五行相剋爲刑。《太玄》書因日行有常、斗柄所指有常法用以說明一年節氣之變化，但月有嬴有虧而無常法，故不用之。皆說明《太玄》以何爲德刑之別，以何爲作書依據。

二、《太玄》之世界圖式

第二部份「玄」意是指《太玄》書中所架構蘊涵的世界圖式，但往往《太玄》書和《太玄》書中之世界圖式合并其意以用，如《太玄・玄攡》云：

> 故玄聘取天下之合而連之者也。綴之以其類，占之以其觚，曉天下
> 之瞶瞶，瑩天下之晦晦者，其唯玄乎！〔註140〕

《太玄》書是用以求取天下相反且相合之事以連接在一起，如同陰陽、生死等，並將萬物綴連、以筮法占斷，就可以曉知明白天下之理。第一個「玄」字指《太玄》之書，第二個「玄」字則有多種不同意義，有指《太玄》書、《太玄》書中所蘊涵體系、自然法則。《太玄・玄數》云：

> 精則經疑之事其質乎，令曰：「假太玄，假太玄，孚貞，爰質所疑于
> 神于靈。」休則逢陽，星、時、數、辭從，咎則逢陰，星、時、數、
> 辭違。〔註141〕

玄道精微不易使人明白，因此常假借《太玄》之書及書中筮法來得知所疑慮之事。此玄是指《太玄》書中的筮法內容，從占出的結果中可知遇陽則休、遇陰則咎。《太玄・玄數》云：

> 推玄算：家，一置一，二置二，三置三。部，一勿增，二增三，三
> 增六。州，一勿增，二增九，三增十八。方，一勿增，二增二十七，
> 三增五十四。……求表之贊：置玄姓，去太始策數，減一而九之，
> 增贊去玄數半，則得贊去冬至日數矣。〔註142〕

「玄算」、「玄姓」、「玄數」中之玄指《太玄》之首、贊之意，推算八十一首、首之名、由首推出的贊數。此處之玄是指《太玄》書中以首、贊所架構而成的運行不已之世界圖式。在《太玄・玄圖》：「一玄都覆三方」〔註143〕、「圖象玄

〔註140〕同註139，頁185。
〔註141〕同註139，頁193。
〔註142〕《太玄集注》，頁203。
〔註143〕同註142，頁211。

形」〔註144〕、「玄有六九之數」〔註145〕、「玄其十有八用乎」〔註146〕其中「玄」字皆指《太玄》書中所指稱的世界圖式，也是揚雄所創造的一套哲學體系。

三、事物變化之規律

《太玄》中以「玄」代表萬事萬物生成變化之規律、法則，《太玄・玄圖》云：

> 夫玄也者，天道也，地道也，人道也，兼三道而天名之，君臣父子夫婦之道。〔註147〕

說明在人道中需先實際完成君臣、父子、夫婦之道，進而由人道而天道、地道，重視具體實踐的功夫，而當達成人道應盡之理時，亦同時聚合了天道、地道與人道，最終的結果爲上下、有無是一的氣化整體的世界。《太玄・玄圖》云：

> 玄有二道，一以三起，一以三生。以三起者，方州部家也。以三生者，參分陽氣以爲三重，極爲九營，是爲同本離末，天地之經也。〔註148〕

一玄可分爲二道，一則以三起，一玄爲三方，一方爲三州、三方爲九州，一州爲三部、九州爲二十七部，一部爲三家、二十七部爲八十一家。另一則以三生，一玄以━、━━、━━━三種符號組成方、州、部、家之八十一首，八十一首中又分成天、地、人三玄；三玄中之一玄又分爲三「天」，三玄共「九天」等，都是起於玄道「三」數而起，一切事物變化依三數延伸發展。《太玄・玄攡》云：

> 玄者，以衡量者也。〔註149〕

以玄爲事物行爲動作之標準、法則，因此，「玄」能衡量萬事萬物，以知其長短優劣，又《太玄・玄圖》云：

> 玄有一規一榘。一繩一準，以從橫天地之道，馴陰陽之數。〔註150〕

《太玄・玄數》〔註151〕中以三八爲規；四九爲矩；二七爲繩；一六爲準。玄

〔註144〕同註142，頁211。
〔註145〕同註142，頁214。
〔註146〕同註142，頁214。
〔註147〕同註142，頁212。
〔註148〕《太玄集注》，頁212。
〔註149〕同註148，頁187。
〔註150〕同註148，頁214。
〔註151〕同註148，頁195～199。

以象徵規、矩、繩、準的春夏秋冬四季，模擬天地神明之道、順馴陰陽之二氣，在此模仿順從中可知「玄」有生生不息的道德義，此道德可以成為萬物之規準。《太玄・盛・次二》云：

> 次二　作不恃，克大有。測曰：作不恃，稱玄德也。〔註152〕

王涯注此句曰：「居盛之時，得位當晝，明乎自然之道，是有作為之功，而不恃其功。如此則能至於大有矣。」〔註153〕玄德為玄道也，說明雖處於盛隆物滿的狀態但仍不恃恃其功就是玄道具體處世之準則與標準。又《太玄・玄攡》云：

> 君子日彊其所不足，而拂其所有餘，則玄之道幾矣。〔註154〕

君子持中庸之道而為之，每日加強自身之不足處且去除己身之多餘處，如此一來則近於玄道之中和，中和、中庸乃是玄道運行的規律。《太玄・玄攡》云：

> 故玄者用之至也。見而知之者，智也。視而愛之者，仁也。斷而決
> 之者，勇也。兼制而博用者，公也。能以偶物者，通也。無所繫輆
> 者，聖也。時與不時者，命也。虛形萬物所道之謂道也，因循無革，
> 天下之理得之謂德也，理生昆羣兼愛之謂仁也，列敵度宜之謂義也，
> 秉道德仁義而施之之謂業也。〔註155〕

玄之道非留滯於形上本體，而是在人倫日用中實踐其道，更進一步的說明，此玄道乃是強調過與不及皆不適宜，真正的玄道乃是「彊不足」、「拂有餘」的中庸、中和之道。然則，當玄道發揮其作用之際，表現在日常人倫生活中，就是貼近實用，是一個實有的世界，這個世界中，有「智」、「仁」、「勇」、「公」、「通」、「聖」、「命」、「道」、「德」、「義」、「業」、「陽」、「陰」之實質的內容，是其質量的世界。「秉道德仁義而施之之謂業也」是愈發的強調道德仁義、真實的實踐之作用義，名為「業」，非心學派只存有不活動的最高道德本體，這樣一個實有具體的世界，就是揚雄欲加傳達的世界觀。王國忠〈揚雄《太玄》的象數結構與形上思想〉：「『玄』是萬事萬物的秩序、規律跟原理，它無所不在。」〔註156〕肯定「玄」為世界萬物之制序及規律。

〔註152〕同註148，頁78。
〔註153〕同註148，頁78。
〔註154〕《太玄集注》，頁186。
〔註155〕同註154。
〔註156〕王國忠〈揚雄《太玄》的象數結構與形上思想〉：「『玄』大而足以包含元氣，因此不是物質之氣。事實上在揚雄看來，『玄』是萬事萬物的秩序、規律跟原理，它無所不在。」，《中華易學》第20卷第1、2、3期（1999年1月），頁120。

四、神妙莫測之變化

《太玄》書中以「玄」為神妙不可測之意，於《太玄・玄告》云：

> 玄者，神之魁也。天以不見為玄，地以不形為玄，人以心腹為玄。
> 〔註157〕

第一個「玄」字指《太玄》書或潛藏著事物變化神妙之能力，「天以不見為玄」天之高遠是不可掌握；「地以不形為玄」地之廣博無法用形體描述；「人以心腹為玄」人之心思不能忖度，此三「玄」皆在陳述神妙莫測之意。《太玄・玄文》云：

> 罔直蒙酋冥，言出乎罔，行出乎罔，禍福出乎罔，罔之時玄矣哉！
> 〔註158〕

罔、直、蒙、酋、冥於前文已有論述，〔註159〕罔是無形轉化為有形的開始，而有形言語、行為、吉凶禍福自無形心思而來，因此，具體事物皆由天地循環中的「罔」開始運行作用，總而論之，無形轉化為有形、心思引發言行動作之時，則是神妙莫測的。

五、宇宙之氣化本體

揚雄將「玄」字用以說明世界最高本體、天地萬物的根本，〈玄首序〉中云：

> 馴乎玄，渾行無窮正象天。陰陽㡰參，一陽乘一統，萬物資形。
> 〔註160〕

「玄」具有生生無窮之義，藉由生生之義會產生必然如此之道德義。司馬光云：「揚子嘆玄道之順，渾淪而行，終則復始，如天之運動無窮也。」〔註161〕當時間相繼流變、始終相接，空間亦隨其流轉而動，換言之，「玄」是在時間、空間的轉換過程中，如天一樣不停地生生運轉，再藉由陰陽兩氣相參相配，萬物各成其形，此「玄」不只停留在形上部份，為其一個最高的本體，而是形上在形下中展現，形下表現形上之道。因此，陳鼓應在〈漢代道家易學鈎

〔註157〕《太玄集注》，頁215。
〔註158〕同註157，頁205。
〔註159〕請參考第四章第一節「六、罔、直、蒙、酋、冥」之內文。
〔註160〕同註157，頁1。
〔註161〕同註157，頁1。

沈〉更說「玄」是在不斷運動中陰陽二氣渾沌未分的統一體,其實也就是漢朝流行的「元氣」觀念。〔註162〕《太玄‧玄攡》云:

> 瑩天功、明萬物之謂陽也,幽無形、深不測之謂陰也。陽知陽而不
> 知陰,陰知陰而不知陽,知陰知陽、知止知行、知晦知明者,其唯
> 玄乎!〔註163〕

陽氣能夠顯明天功、開展萬物;陰氣是幽闇無形、深潛不測,陽氣與陰氣各知自身而互不相知,唯有宇宙本體之「玄」是知陽且知陰、知一年變化運行、知陰陽晦明之特性,因此,玄是主陰主陽的陰陽二氣未分的渾沌之體。《太玄‧玄瑩》云:

> 天地開闢,宇宙拓坦。天元昆步,日月紀數。周運曆統,羣倫品庶。
> 或合或離,或贏或踦。或曰假哉天地,啗函啓化,周衰於玄。〔註164〕

玄涵攝了天地宇宙之空間、時間之天元與日月以「羣倫品庶」,說明萬物各體的獨立性,為萬物各具其主體性的肯定,在肯定萬物之際,進一步說明各種變化之可能,或合或離,或贏或踦,而玄這一個實有之本體,是容括所有事物之各種變化的總合。《太玄‧玄攡》云:

> 玄者,幽攡萬類而不見形者也。資陶虛無而生乎規,攔神明而定摹,
> 通同古今以開類,攡措陰陽而發氣。一判一合,天地備矣。天日回
> 行,剛柔接矣。還復其所,終始定矣。一生一死,性命瑩矣。〔註165〕

鄭萬耕《太玄校釋》云:「葉注:凡此五句,始一句統而言之,道之深密而張萬類,包括兼該無所不體,而不見其形也。下四句分而言之,道之生天地、

〔註162〕參考陳鼓應〈漢代道家易學鉤沈〉:「揚雄以『陰陽參』,『渾行無窮』(〈玄首都序〉)形容『玄』的特性,似乎是指『玄』是在不斷運動中陰陽二氣渾沌未分的統一體,其實也就是漢朝流行的『元氣』觀念。《太玄》中雖然並無出現『元氣』一詞,但揚雄在〈羨靈〉中曾提出『自今推古,至於元氣始化』的說法,另外在〈解嘲〉也提『大者含元氣,纖者入無倫』,認為天地間一切事物的創生,都是始於渾沌無形的元氣分化,藉著『攡措陰陽而發氣』所展開的一系列氣的發散與凝聚的自然演化過程,元氣分化為陰陽,陰陽一分一合,互相作用,形成天地與物類的生死盛衰。萬物以元氣作為共通的基本構成元素並得以綴連貫通成一體,所謂『同本離末,天地之經也;旁通上下,萬物並也。』(〈玄圖〉),這明顯是吸收稷下道家、《淮南子》、《老子指歸》的宇宙生成論與構成說。」《臺大文史哲學報》第57期(2002年12月),頁60~61。
〔註163〕《太玄集注》,頁186。
〔註164〕同註163,頁188。
〔註165〕同註163,頁184~185。

貫神明、通古今、立陰陽，所以生規、定摹、開類、發氣也。統言明其大德之敦化，所以爲萬殊之本。分言明其小德之川流，所以爲全體之分也。」〔註166〕又曰：「曰資陶，曰攔通同，曰攡措，此玄之所以爲造化之功。曰生，曰定，曰開，曰發，此玄之所以爲造化之效。曰虛無，神明，古今，陰陽，此其在物之實體。曰規，摹，類，氣，此其在物之實用也。」〔註167〕「玄者，幽攡萬類而不見形者也」又「攡措陰陽而發氣」，由此可知，玄是一個具有開展發布陰陽之氣的最高的主體。

由玄的氣化本體，分解並描述其作用，從「虛無」、「神明」的境界而「生規」、「定摹」，「通同古今以開類」，更是貫通古今時間上的流轉爲一個整體宇宙觀，在此融合過去、現在、未來的時間流程中，更加肯定「開類」的重要性，是進一步證明萬物各具其主體性，不僅說明「玄」這個主體，是貫穿古今時間，並且也隨著時間流動，「通萬類之功」空間勢必融合於其中。「一判一合，天地備矣」陰氣、陽氣的發展舒張的作用，萬物才得以生我，天地中的事物才因而完備、完型。《太玄・玄攡》云：

> 夫玄晦其位而冥其畛，深其阜而眇其根，攘其功而幽其所以然也。故玄卓然示人遠矣，曠然廓人大矣，淵然引人深矣，渺然絕人眇矣。嘿然該之者玄也，擇而散之者人也。……仰而視之在乎上，俯而窺之在乎下，企而望之在乎前，棄而忘之在乎後，欲違則不能，默而得其所者，玄也。〔註168〕

玄無方所、無界限，深藏其博厚、遮蔽其根柢，其功推卻不受，玄潛藏於天地間且默默地支配著宇宙萬物一切運行，由此可證明玄是無所不在、無處不存的一個氣化本體，然此本體不僅存於形上位階，而是一個總括萬事萬物，此萬物中也包括了「人」，人是玄之「擇而散之者」，是玄本體實有的存在事實。透過人的實有表現，方能體會玄的作用，此句是一種由人而天的印證事實之存在。在許翰注解中云：

> 天地闔闢，萬物並興，而玄不動。若彫若刻，生生化化，而玄無爲。析應迪哲，詔姦隕愿，百度鼇舉，而玄莫違。始終相糾，古今相盪，統元無盡，而玄不逝。豈非所謂「萬物皆備於我」，「道心惟微」者

〔註166〕《太玄校釋》，頁266。
〔註167〕同註166。
〔註168〕《太玄集注》，頁185～186。

哉！不二者，玄之常也。凡二者，神之變也。〔註169〕

由「玄不動」、「玄無爲」、「玄莫違」、「玄不逝」、「玄之常」等中，揚雄已然將「玄」提高到本體的位置，但對於「玄」本體爲有意識或爲無意識之作，王青〈《太玄》研究〉說：「揚雄對於『玄』的論述，已經較爲接近於本體論了。但這種本體化的傾向並非是揚雄有意識的創造，也不是理論發展的必然性造成的，而是理論的繁瑣化傾向造成的一種無意識的偶然的結果。」〔註170〕清楚地說明，揚雄順著自然之道，欲極力描述整體宇宙架構下所呈現的理，本於此原因，揚雄及眾多漢代思想家都有後人所謂的「繁瑣化」之問題，更因秉著無意識創造，而構成了上述眾多「玄」之字意迥異，此狀況一則視爲本體無意識創造的印證，另則爲「玄」字繁瑣化之一貫性。鄔昆如更在〈漢代宇宙論之興起與發展及其在哲學上的意義〉〔註171〕中肯定「玄」就是宇宙的根本，和道家之「道」同爲一體。

揚雄認爲「玄」之內容爲「元氣」，《太玄》中雖未論及，然於《解嘲》有云：「大者含元氣，纖者入無倫。」〔註172〕王充《論衡‧對作》云：

> 《易》之「乾坤」，《春秋》之「元」，揚氏之「玄」，卜氣號不均也。
> 〔註173〕

王充認爲《易》的「乾坤」、《春秋》的「元」、揚雄《太玄》的「玄」，皆爲氣所於各處之不同名稱。鄭萬耕〔註174〕更言揚雄「元氣」是世界的開始，在天地未分之前的最原始階段，是一個渾沌無形的元氣。

〔註169〕《太玄集注》，頁216。

〔註170〕王青：〈《太玄》研究〉，《漢學研究》第卷第1期（2001年6月），頁100。

〔註171〕鄔昆如〈漢代宇宙論之興起與發展及其在哲學上的意義〉云：「玄就是宇宙的根本，它與道原是一體，亦是無形無像；玄發佈陰陽二氣，二氣相互聚散，而形成了天地萬物。同時，玄亦是天地萬物變化的法則，順著衝突與調和兩個面向運作。這種思想源自道家的宇宙論。」臺北：國立政治大學中文系所主編《漢代文學與思想學術研討會論文集》（1991年），頁97。

〔註172〕《漢書補注》，卷87下，頁1534。

〔註173〕《論衡》，卷29，頁277。

〔註174〕鄭萬耕《揚雄及其太玄》有言：「揚雄講的，作爲世界始基的『玄』，是一種物質性的實體，實際上是漢代流行的『元氣說』的一種。揚雄《覈靈賦》說：『自今推古，至于元氣始化。』又說：『太易之始，太初之先，馮馮沈沈，奮搏無端。』……可見，揚氏認爲，『元氣始化』是世界的開始；在天地尚未分化的最原始階段，只是渾沌無形的元氣。元氣是最原初的物質。」，頁132～133。

六、其　它

（一）陰之極

以玄爲陰之極、陰之盛者，於《太玄・踦贊一》云：

> 凍登赤天，晏入玄泉。測曰：凍登赤天，陰作首也。〔註175〕

司馬光注此句曰：「赤，陽之盛也。玄，陰之極也。」〔註176〕凍之至寒轉而爲陽，晏之至熱轉而爲陰，而踦贊之時爲陰氣至極，陽氣微生，因此，陰爲首。此「玄」依司馬光的說法作爲陰之極。此外，與「陰之極」較爲接近之說爲「幽隱」，「玄」字於《太玄》中另有「幽隱」之意，如下文所敘。

（二）幽　隱

由前文所述「玄」爲陰之極，陰之特性爲幽隱不明，因此，又將玄解釋爲幽隱，《太玄・玄文》云：

> 君子在玄則正，在福則沖，在禍則反。小人在玄則邪，在福則驕，
> 在禍則窮。〔註177〕

以君子與小人相比較，君子處幽隱不得志之際仍正當其言行；當享有富貴榮華時仍謙沖自虛；當禍害及身時則反身修養，然小人言行動作恰與君子反之。此「玄」乃言幽隱、不得志、處下位之意。此外，「玄」字又有與「陰之極」、「幽隱」全然相反之意，以玄爲「陽之極」意。

（三）陽之極

揚雄於論述陰氣、陽氣的關係中，有以陽氣爲主的思想，於《太玄・玄攡》云：

> 冬至及夜半以後者，近玄之象也。進而未極，往而未至，虛而未滿，
> 故謂之近玄。夏至及日中以後者，遠玄之象也。進極而退，往窮而
> 還，已滿而損，故謂之遠玄。〔註178〕

冬至、夜半過後，陽氣開始萌發是處於「進而爲極」、「往而未至」、「虛而未滿」的階段，換言之，欲進、往、滿的對象爲陽氣之極、陽氣之盛，近玄則爲接近陽氣極盛的狀態，以玄爲陽氣極盛之意。「玄」字有陰、陽之意外，尚

〔註175〕《太玄集注》，頁176。
〔註176〕同註175。
〔註177〕同註175，頁207。
〔註178〕《太玄集注》，頁188。

有合內外、有作用義的「心」之意。

（四）心

揚雄有以「玄」爲心者，《太玄‧中‧次二》云：

> 神戰于玄，其陳陰陽。測曰：神戰于玄，善惡并也。〔註179〕

前者之玄爲幽隱之意，中首於一年中十一月、冬至之時，陰氣陽氣相爭相鬥；「神者，心之用也。『人以心腹爲玄』。陰主惡，陽主善。」〔註180〕後者之玄指人心，人心生發作用爲神，在人心神用發動之時，加上時空轉動移易則人心中始展現出善與惡之言行。又如《太玄‧玄文》所云：「神戰于玄，邪正兩行。」〔註181〕以玄爲心，善發而爲言行稱作正，惡發而爲舉止稱作邪，此玄正指人心之意。王國忠於〈揚雄《太玄》的象數結構與形上思想〉〔註182〕中說人們在「玄」中表現出邪正兩行的掙扎，此「玄」就直指心之意。「玄」字尚有在氣化宇宙中與地相對的「天」之意。

（五）天

「天玄地黃」揚雄以玄代表象徵「天」之意，《太玄‧迎‧次六》云：

> 玄黃相迎，其意感感。測曰：玄黃相迎，以類應也。〔註183〕

陰氣、陽氣合而生成天地萬物，以玄爲天、以黃爲地，玄之天與黃之地相感相應，萬物皆有二五之氣得以相應。

全書中「玄」意，除有前文之意，尚有「陰之極」、「幽隱」、「陽之極」、「心」、「天」等，或許有人會非難《太玄》書之紊亂龐雜，但換角度言，揚雄不僅欲描述整個氣化宇宙之任何可能，對於同樣的文字，如同「玄」字，也期以不同意義、不同角度來付予實際意涵，這不也是揚雄在氣論世界中，另一種以無限多之有限集合爲無限天道之可能，是一貫性的世界宇宙觀，以「玄」爲主的氣化本體觀，又不受其侷限，開展各種意涵之可能也。

〔註179〕同註178，頁5。
〔註180〕同註178，頁5。
〔註181〕同註178，頁207。
〔註182〕王國忠〈揚雄《太玄》的象數結構與形上思想〉：「儘管玄是天地萬物的最高根源，是絕對實體，是完全的滿全，是統治之天，但一下降到人的層次，它卻顯現出持中而行的中立特性，隨著君子或小人在精神上的自由抉擇，人們在『玄』中表現出邪正兩行的掙扎。」《中華易學》第20卷第1、2、3期（1999年1月），頁121。
〔註183〕《太玄集注》，頁88。

玄下貫在每一個形下的物質中，依其理路而言，不難發現「玄」爲世界宇宙之第一義，萬物是爲第二義，玄與萬物因而有其隔閡。然「玄」在形下中可以顯示出持中、中立的特性，換言之，萬物本質中有「玄」的特性，此特性是不待外求的，是存在萬物本質中的，只是在凝結爲萬物之後，有其限溺與制約等外在環境影響而產生過與不及、邪與正、善與惡的相對關係，以此解釋「玄」爲本體但又眞實存在於萬事萬物之中，使形上之玄與形下之萬物非二分，而是一個宇宙氣化之整體與個體之間的關係。李軍在〈揚雄與玄學〉〔註184〕中敘述揚雄將《太玄》中的「玄」意由宇宙論提升到了本體論的境界，也爲後代魏晉玄學開啓思想架構之先端。

第三節　陰陽關係

一、瑩天功、明萬物之謂陽，幽無形、深不測之謂陰

本文於第三章第一節「時代背景」中之「二、陰陽五行」內文，對早於揚雄之前的「陰陽」二字之意已有闡述。揚雄在《太玄》中明白論說何者爲「陽」，何者爲「陰」，《太玄·玄攡》云：

> 瑩天功、明萬物之謂陽也，幽無形、深不測之謂陰也。〔註185〕

陽氣瑩明能生發萬物，陰氣隱幽能藏育萬物。「虛實盪，故萬物纏。」〔註186〕實如陽氣，虛如陰氣，陰陽之氣彼此相磨相盪，故萬物乃生。萬物生成之本源，皆本於陰陽二氣的實質作用，相互激盪而成。《太玄·中·次三》云：

> 次三　龍出于中，首尾信，可以爲庸。測曰：龍出于中，見其造也。

〔註184〕李軍〈揚雄與玄學〉：「在宇宙本體論上，揚雄借取老氏『道』論，提出了『玄』的哲學範疇，作爲宇宙萬物的本根，從而在一定程度上超越了漢儒傳統的陰陽五行說和象數學宇宙觀，將兩漢形上之學的中心從宇宙論引向本體論，此對正始玄學『無』本體論的確立起到了重要的過渡作用。……揚雄論玄，曰：『馴乎玄，渾行無窮正象天。』在解釋他的太玄圖式時，揚雄運用了大量天文、曆法術語知識，通過『觀象于天，……天麗且彌』的思考和摹比，揚雄抽象出『玄』範疇，作爲解釋宇宙萬物生化的根本。這個『玄』本體，正是從老子的『道』本體過渡到玄學『無』本體的重要理論環節。」，《中華文化論壇》1997年第1期（1997年），頁64～65。

〔註185〕《太玄集注》，頁186。

〔註186〕同註185，頁187。

依鄭萬耕注所言，〔註 187〕揚雄獨特創造「龍」爲陽氣之意。八十一首中第一
首爲〈中〉首，以「陽家」爲開始，並相應於易卦中的「中孚」，強調陽氣在
〈中〉的重要與創發的力道。《太玄・玄告》云：

> 陽動吐而陰靜翕，陽道常饒，陰道常乏，陰陽之道也。〔註 188〕

宋衷對此句注曰：「陽動而吐，陰靜而翕，陽之道也常饒，陰之道也常乏。」
陽氣具有發動生成萬物，稱之爲富饒；陰氣具有主靜藏斂萬物，稱之爲匱乏。
陽氣、陰氣以動靜兩態相對而言兩者間的關係。《太玄・玄瑩》云：

> 奇以數陽，耦以數陰，奇耦推演，以計天下，玄術瑩之。〔註 189〕

一、三、五、七、九爲奇爲陽，二、四、六、八、十爲耦爲陰，天下有奇有
耦而萬物乃備全。《易・繫辭上》：「天數五」〔註 190〕注：「五奇也」〔註 191〕
疏：「正義曰謂一三五七九也。」〔註 192〕；「地數五」注：「五耦也。」〔註 193〕
疏：「正義曰謂二四六八十也。」〔註 194〕由《易》至《太玄》，奇耦皆爲組成
世界萬物的基本元素，可見揚雄受《易傳》影響，於行文用喻中可見一斑。《太
玄・玄文》云：

> 陰陽迭循，清濁相廢。〔註 195〕

陽輕而清，陰重而濁，陰陽二氣發用不論是對萬物相生相廢，彼此之間的作
用是循環不已，往復迴轉的。陽清輕而配天，陰濁重而配地，此一系統相配
關係是密切而不分。《太玄・玄捝》云：

> 一明一幽，跌剛跌柔，知陰者逆，知陽者流，捝擬之晝夜。〔註 196〕

〔註 187〕鄭萬耕《太玄校釋》：「龍，指陽氣。《易・文言》：『潛龍勿用，陽氣潛藏。』……
　　　　據〈太玄數〉：『三八爲木爲東方爲春。』東方宿爲蒼龍，故稱龍。〈太玄圖〉
　　　　解釋『中首』，有『東動青龍，光離於淵，摧上萬物，天地輿新』之說。又喻
　　　　聖賢作事順其法則，不失其時，則可以大有功用。〈太玄文〉云：『君子修德
　　　　以俟時，不失時而起，不後時而縮。動止微章，不失其法者，其唯君子乎。
　　　　故首尾可以爲庸也。』」（北京：北京師範大學出版社，1989 年），頁 8。
〔註 188〕同註 185，頁 216。
〔註 189〕《太玄集注》，頁 189。
〔註 190〕《周易》，頁 153。
〔註 191〕同註 190。
〔註 192〕同註 190。
〔註 193〕同註 190。
〔註 194〕同註 190。
〔註 195〕同註 189，頁 205。
〔註 196〕同註 189，頁 209。

說明晝、夜是由比擬「明幽」、「剛柔」、「陽陰」,「知」爲主之意,主陰者爲夜、行事難;主陽者爲晝、行事易,陰、陽與晝、夜乃相互配對。晝主陽,夜主陰,交互流動而爲一日,然在九贊之中,遇陽遇陰,逢晝逢夜,是其吉凶禍福的最大判別標準。《太玄・玄攡》云:

> 晝以好之,夜以醜之。一晝一夜,陰陽分索。夜道極陰,晝道極陽。
>
> 牝牡羣貞,以攡吉凶。而君臣父子夫婦之道辨矣。〔註197〕

晝爲好、爲陽;夜爲醜、爲陰;陰爲牝、陽爲牡,陰陽相配得以舒張吉凶禍福,更以陰陽來辨別君臣、父子、夫婦之道,而陰陽吉凶休咎由揚雄所付予之道德義則於下文「七、休則逢陽,咎則逢陰」中細述之。

二、一至九者,陰陽消息之計

陽氣、陰氣在天下萬物間以潛移漸進的方式轉化,陽多一而陰少一,陽多二而陰少二之「漸」的工夫作用下有盛有衰,且以「漸進」的方式轉化陰陽多寡比例,《太玄・玄圖》云:

> 陰質北斗,日月吟營,陰陽沈交,四時潛處,五行伏行,六合既混,
>
> 七宿軫轉,馴幽曆微,六甲內馴,九九實有,律呂孔幽,曆數匡紀,
>
> 圖象玄形,贊載成功。〔註198〕

《太玄》是在描繪一個世界運行的順序,然而《太玄》以北斗所指來定時,日月循著不同軌道運行,陰陽兩氣作用相交,四季交互變化,五行潛伏運行,天地四方、星宿曆法、時日干支等皆在運轉推移著,《太玄》中八十一首、七百二十九中皆涵攝了天文曆法等知識。

陰陽五行是於事事物物中沉潛隱約地作用著,這樣的作用在《太玄》八十一首之玄首文以及七百二十九贊中從初一、次二……直至上九,當陰消時,陽則息,陽消時,陰則息,在一種漸進式的時間、空間相互交錯下,陰陽二氣在萬事萬物潛行地改變著。《太玄・玄圖》云:

> 是故一至九者,陰陽消息之計邪!反而陳之,子則陽生於十一月,
>
> 陰終十月可見也。午則陰生於五月,陽終於四月可見也。生陽莫如
>
> 子,生陰莫如午。西北則子美盡矣,東南則午美極矣。〔註199〕

〔註197〕《太玄集注》,頁185。

〔註198〕同註197,頁211。

〔註199〕《太玄集注》,頁213。

陰陽之氣的漸進消息的關係，是一套有次序的消息盈虛的關係，鄭萬耕《揚雄及其太玄》：「在一年的循環之中，陽生于子（中首，十一月，冬至，正北方），極盛于巳（四月，東南）。極盛而衰，所以稱『終』，實際上，至亥（十月，西北）才完全不發生作用，所謂『西北則子美盡矣』。全在陽氣開始衰微時，它有對立物——陰氣就開始發揮作用。陰生于午（應首，五月，夏至，正南方），極盛于亥（十月，西北）。盛極而衰，故稱『終』，實際上，至巳（四月，東南）才完全不發生作用，即所謂『東南則午美極矣』。陰氣開始衰微時，其對立物——陽氣就開始發揮作用，陽又『生於子』。西北是陰氣極盛的方位，東南是陽氣極盛的方位，所以說，『陰酋西北，陽尚東南』。」〔註200〕可參考本文所作之圖表，如下：

<h2 style="text-align:center">圖表十四：陰陽消息圖</h2>

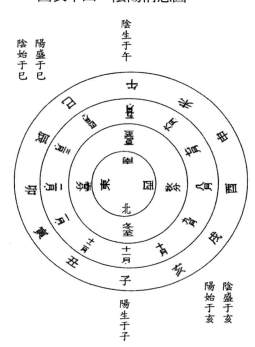

〈圖表十四〉中陽氣與陰氣順著春夏秋冬、子丑寅卯等消弱與生息的相互協調的關係，使陰陽二氣有始、生、盛進而潛伏不發生作用的世界循環過程，其全部過程中都以漸進為向前運轉的實有世界模式。

―――――――――――――――

〔註200〕《揚雄及其太玄》，頁67～68。

三、陰不極則陽不生

陰陽關係中以「極端」為其轉化關鍵，《太玄・玄文》云：

> 陰不極則陽不生，亂不極則德不形。〔註201〕

陰氣行之極端而陽氣始為生發，又用以象徵人事政治關係，混亂之世倘若不行之極致則德治之世不會出現於社會制序中。《太玄・玄攡》云：

> 陽不極，則陰不萌。陰不極，則陽不牙。極寒生熱，極熱生寒。
> 〔註202〕

陽陰關係的轉化，「極端」為其特色之一。極陰而陽，極陽而陰；極寒生熱，極熱生寒，陰與寒、陽與熱已然成為一組相對的關係。如同《老子》的大、逝、遠、返及《易傳》中否極泰來皆為中國人民觀春夏秋冬四時轉變，有晝極夜來，寒極熱來，陰極陽來的經驗知識所累積而成的哲學思想。《太玄・應・次六》云：

> 次六 熾承于天，冰萌于地。測曰：承天萌地，陽始退也。〔註203〕

「熾」為陽之盛，「冰」為陰之盛。「承天萌地」，陽極陰生之意，而〈應〉首已達陽之極端而陽將退、陰始生的階段。《太玄・應・次八》云：

> 次八 極陽徵陰，不移日而應。測曰：極陽徵陰，應其發也。〔註204〕

此「極端」之意，引申為「治極召亂，盛極召衰，福極召禍，不移日而應也。」〔註205〕社會之治亂、陰陽之盛衰、人事之福禍都是不召而至，應時而發，揚雄認為此循環之理是自然不爭的道理。

四、陽不陰無與分其施

《易・說卦》：「立天之道曰陰與陽，立地之道曰柔與剛，立人之道曰仁與義。」〔註206〕陰陽、柔剛、仁義兩兩相對的詞語中，不難發現是俱存俱滅的關係。天道理氣中有陰與陽，在地文質性中有剛與柔，在人情時空上有仁與義，換言之，在論道陰氣與陽氣的關係中，有一個是必不能忽略的部份，

〔註201〕《太玄集注》，頁206。
〔註202〕同註201，頁187。
〔註203〕同註201，頁86。
〔註204〕《太玄集注》，頁86。
〔註205〕同註204，頁86。
〔註206〕《周易》，頁183。

那就是陰陽不離的事實。《太玄・玄瑩》云：

> 立天之經曰陰與陽，形地之緯曰從與橫，表人之行曰晦與明。陰陽
> 曰合其判，從橫曰緯其經，晦明曰別其材。陰陽，該極也。經緯，
> 所遇也。晦明，質性也。陽不陰無與分其施，經不緯無以成其誼，
> 明不晦無以別其德。陰陽所以抽噴也，從橫所以瑩理也，明晦所以
> 昭事也。〔註207〕

天之陰陽分合而以生萬物；地之經緯縱橫而以成文章；人之賢愚分別而以明
其才，陰陽統攝了所有天地間事物，但陽氣若無陰氣相合則不能施化生成萬
物；經無緯則不能成其物誼；明無晦則不能分其質性。因此，陰陽乃出自萬
物之情而來；縱橫則可明天地之理；明晦乃可昭知天下事。

「陽不陰無與合其施」，事物組合而成的基本元素為陰氣與陽氣，當唯有
單獨一氣則這樣的氣是無法有施氣、發氣而生成萬物，換言之，萬事萬物則
無生發的可能性了。《太玄・玄告》云：

> 天地相對，日月相劇，山川相流，輕重相浮，陰陽相續，尊卑不相
> 黷。〔註208〕

揚雄認為天地、日月、山川、輕重、陰陽、尊卑等皆為兩兩相對、相互依存
者，如陰氣與陽氣皆需俱存並且經由氣之消息盛衰，始能生成萬物、運行天
地。《太玄・玄圖》云：

> 天陳〔註209〕其道，地枇其緒，陰陽雜廁，有男有女，天道成規，地
> 道成榘，規動周營，榘靜安物，周營故能神明，安物故能聚類，聚
> 類故能富，神明故至貴。〔註210〕

天奠其道，地施其業，陰陽相交相雜，世間的萬物、男男女女因此有相生的
可能性。天圓而成規，規圓動而運轉周年，天體運轉則神妙光明而天貴；地
方而成矩，方矩靜而安置萬物，地方安物則萬物聚合而地富。

陰氣、陽氣對萬物相接相續，是靠著一物中陰氣、陽氣多寡的不同，以

〔註207〕同註204，頁191。
〔註208〕《太玄集注》，頁216。
〔註209〕《太玄集注》本為「天旬其道」。俞樾《諸子平議》：「樾謹按詩〈信南山篇〉：
　　　　『維禹旬之。』周官稍人注引『維禹敶之。』是旬與敶通，古田陳同聲，旬
　　　　通作敶，亦猶齊陳氏之為田也。《說文》攴部：「敶，列也。」今經典皆以陳
　　　　為之。天旬其道者，天陳其道也。」（臺北：世界書局，1991年），頁395。
〔註210〕同註208，頁212。

相雜相錯的互動方式來創發萬物。《太玄·玄攟》云：

> 陰陽相錯，男女不相射，人人物物，各由厥彙，攟擬之虛贏。〔註211〕

《太玄》書中之「虛贏」乃模擬陰氣與陽氣相錯而生萬物、男女不相傷害而相親化生，人人物物則各歸其類。《太玄》中又以陽實陰虛，虛實不離、陰陽不分才能生化構成整體宇宙世界。《太玄·玄攡》云：

> 玄者，幽攡萬類而不見形者也。……攡措陰陽而發氣。一判一合，
> 天地備矣。〔註212〕

玄爲最高宇宙本體且在幽冥中開展出萬類萬物，而不見其形，而玄是藉由陰陽將氣開展出來，由陰陽二氣的相分相合，天地萬物乃完備。可見陰陽是實體中的兩個不可或缺的本質，陰陽分開非爲孤陰孤陽，而可視爲陰盛而陽始，陽盛而陰始的階段，是處於潛萌未發，但仍是陰陽二氣相互作用著。

五、陰以武取，陽以文與

陰陽二氣彼此間有不離的關係，更有相互依存、相互感通的性質，《太玄·永·玄首文》云：

> 陰以武取，陽以文與，道可長久。〔註213〕

宋衷注此句曰：「陰者刑氣，故以武言之。陽者德氣，故以文言之。武以濟文，文以濟武，陰陽取與之道也。故其道可以長久。」〔註214〕陰陽之氣間的武取文與乃是形容二氣的互動、感應作用，前面已論述其孤陰不生、孤陽不生，可證萬物中皆有陰陽二氣，萬物不同源自於陰陽相生比例之異，陰氣和陽氣之間非只存於天下萬物中，加上「武取」、「文與」之間相互的感應互動，萬物才更接近整全天道。《太玄·疑·玄首文》云：

> 陰陽相磑，物咸彫離，若是若非。〔註215〕

宋衷注此句曰：「物相切相劘稱磑。是時陰陽相劘，分數均，晝夜等。」〔註216〕陰陽二氣的互動關係又稱之爲相劘，唯有從物與物之間的感應互動，缺者才有機會補足其短處，長者也才能因相互認識、相互感通來肯認自我良善的部份，

〔註211〕同註208，頁209。
〔註212〕《太玄集注》，頁184。
〔註213〕同註212，頁110。
〔註214〕同註212，頁110。
〔註215〕同註212，頁130。
〔註216〕同註212，頁130。

兩兩相感應、互動、互助、肯認、完成，都唯有相互感應後，才有相互完成的可能。《太玄‧迎‧次四》云：

> 次四　裳有衣襦，男子目珠，婦人睫鈎，貞。測曰：裳有衣襦，陰感陽也。〔註217〕

上衣下裳，外男內女，各有各的分際，在某種層面而言，是相對的關係，但在另些方面，不也是相輔而成的關鍵，物與物之間是需要透過相劘相盪，彼此才會成為一個主體，揚雄以衣裳、男女的比喻來說明天地間整全的整體觀。

六、一陰一陽，然後生萬物

陰氣、陽氣二者相感相動後，甫能生成萬事萬物，《太玄‧玄圖》云：

> 一陰一陽，然後生萬物。〔註218〕

又《太玄‧玄攡》云：

> 玄者，幽攡萬類而不見形者也。……攡措陰陽而發氣。一判一合，天地備矣。天日回行，剛柔接矣。還復其所，終始定矣。一生一死，性命瑩矣。〔註219〕

玄為世界萬物之本體，潛存於萬物間而不見其形體，玄會舒張開展陰陽二氣，依循著陰陽發氣之功，使陰陽開始生成萬物，陰氣陽氣交替更巡，交相作用是指分離交合的互動。天日、剛柔、還復、終始、生死、性命皆在循環流動，「是故日動而東，天動而西，天日錯行，陰陽更巡。死生相劉，萬物乃纏。」〔註220〕萬物經二氣作用而生，然氣盡而滅，但萬物不只有亡滅，還繼續不停生化、生成萬物，陰陽也就在這樣的生滅關係中流動不已。《太玄‧文‧玄首文》云：

> 陰斂其質，陽散其文，文質班班，萬物粲然。〔註221〕

「首者，明天地以陰陽之氣，發斂萬物，而示人法則者也。」〔註222〕陰氣「幽無形、深不測」〔註223〕有內斂潛藏的意思。陽氣「瑩天功、明萬物」〔註224〕

〔註217〕《太玄集注》，頁88。
〔註218〕同註217，頁213～214。
〔註219〕同註217，頁184～185。
〔註220〕同註217，頁184。
〔註221〕《太玄集注》，頁97。
〔註222〕同註221，頁4。
〔註223〕同註221，頁186。

有外散發用的意涵。這樣的陰陽關係一外一內，一發一斂，揚雄將此比爲文質關係，萬物皆具備內外文質，以至於文質備全，有如萬物各有其序而粲然。《太玄・玄首序》云：

> 馴乎玄，渾行無窮正象天。陰陽妣參，以一陽乘一統，萬物資形。
> 〔註225〕

「光謂：一生二，二生三，配而三之，以成萬象。」〔註226〕「三」是指陰氣陽氣開始凝結成爲萬物，「陽氣孚微，物各乖離，而觸其類」〔註227〕由無形轉變爲形的那一刻：「孚」，如同「機」、「三」的涵意。「卵之始化謂之孚，艸之萌甲亦曰孚，然則孚者物之始化也。陽氣始化，其氣尚微，萬物之形粗可分別，則各以類生而相乖離矣，戾之象也。」〔註228〕「一生二」的「一」與「二」都屬之於無形作用的部份，「三」是二氣凝結的開端，也就是「孚」之意，陰陽二氣一凝結，就是由無形轉化爲有形之端，因陰氣陽氣的比例多寡各異，進而生出不同的萬物來。

七、休則逢陽，咎則逢陰

揚雄的陰陽關係有漸進、極端、不離，彼此之間還會相劘相盪，最後化生萬物。而揚雄於《太玄》中將休咎、吉凶、善惡等人文好壞意涵加諸於陰氣、陽氣中。《太玄・玄數》云：

> 休則逢陽，星、時、數、辭從，咎則逢陰，星、時、數、辭違。
> 〔註229〕

陽休陰咎的觀念置於星宿、四時、數之奇耦、七百二十九贊之贊辭，因此，在整部《太玄》中皆隱含這樣的關係。《太玄・礥・次二》云：

> 次二　黃不純，屈于根。測曰：黃不純，失中適也。〔註230〕

「黃」指陽氣。「陽氣不純，則萬物失其性，屈于根而不能生。」〔註231〕次二

〔註224〕同註221，頁186。
〔註225〕同註221，頁1～2。
〔註226〕同註221，頁1～2。
〔註227〕同註221，頁15。
〔註228〕同註221，頁15。
〔註229〕《太玄集注》，頁193。
〔註230〕同註229，頁10。
〔註231〕同註229，頁10。

處夜，陽氣不純是指陽不在正位，萬物皆以陽爲主，一旦陽氣不在正位，就不利於萬物的萌發。《太玄・進・次四》云：

次四　日飛懸陰，萬物融融。測曰：日飛懸陰，君道隆也。〔註232〕

在〈進〉首次四的例子中可知日飛登天陽氣多而遠離陰，則萬物一切融樂。《太玄・玄圖》云：

玄有二道，一以三起，一以三生。以三起者，方州部家也。以三生者，參分陽氣以爲三重，極爲九營，是爲同本離末，天地之經也。

〔註233〕

三生之道是以陽氣爲主，以陽氣分成「—」、「--」、「---」之三種，進而形成同本離末的情狀，陰陽之氣雖說是二氣作用而發生萬物，但實際上陽氣仍有主導的力量，以陽氣爲先的作用是可得而知。《太玄・玄文》云：

小人之心離，將形乎外，陳陰陽以戰其吉凶者也。陽以戰乎吉，陰以戰乎凶。〔註234〕

小人之心有善有惡，但表現出來外觀之有吉、凶之別，陽則吉，陰則凶。陰陽關係於人倫日用、行事風範中是吉凶相對的好壞關係。《太玄・中・次二》云：

次二　神戰于玄，其陳陰陽。測曰：神戰于玄，善惡并也。〔註235〕

「人之性也，善惡混。」〔註236〕又「神」指心的作用，心中有善有惡，而這樣的善惡又可以說是陰與陽。且「陰主惡，陽主善」，〔註237〕簡言之，就是陽善陰惡的二個延伸而出的相對關係。

問永寧於〈從《太玄》看揚雄的人性論思想〉〔註238〕中提出太玄的體系

〔註232〕同註229，頁44。
〔註233〕同註229，頁212。
〔註234〕《太玄集注》，頁206。
〔註235〕同註234，頁5。
〔註236〕《法言義疏》，頁85。
〔註237〕同註234，頁5。
〔註238〕問永寧〈從《太玄》看揚雄的人性論思想〉：「《太玄瑩》『太陽乘陰，萬物該兼』，正是以陽制陰。《太玄圖》『以三生者，參分陽氣以爲三重』，太玄的體系根于陽氣的分化。《太玄攡》『夜道極陰，晝道極陽……人之所好而不足者善也，人之所丑而有餘者惡也』，《太玄數》『休則逢陽……咎則逢陰』，《太玄告》『陽動吐，陰靜翕，陽道常饒，陰道常乏』，《太玄首》『陰陽比參，以一陽乘一統』。在《太玄》中，這樣的文字還可以找到很多。這些證據確鑿無疑地證明，揚雄有重陽抑陰的價值取向。《法言》作于《太玄》之後，說他不受任陽抑陰的影響，顯然根據不足。當然，這種影響未必來自董仲舒，漢人的

根於陽氣的分化且揚雄有重陽抑陰的價值取向。整部《太玄》中陰氣陽氣的
關係可分爲明幽、發斂之物理關係；有轉化極端性、生成漸進性、運行不離
性之運作關係；更有相感互動、合而化育萬物之相生相成關係。付予人事日
用、倫常對應即加上休咎、吉凶、善惡等人文意的概念，可見揚雄仍有「重
陽輕陰」、「陽主陰輔」的陰陽關係，潛伏漫行於八十一首、七百二十九贊及
天地人三才的循環往復天道中。

第四節　萬物感通

一、孚者物之始化

「機」是無形轉化成有形的那一時刻。漢代著作中有出現許多「機」字
作爲無形與具體有形之間的連結，然揚雄則以「孚」字取代「機」說明無形
轉化爲有形之時刻，下文先舉漢代「機」字之用，如《淮南子・兵略》中云：

> 發必中銓，言必合數，動必順時，解必中膝；〔註239〕通動靜之機，
> 明開塞之節，審舉措之利害，若合符節；疾如礦弩，勢如發矢，一
> 龍一蛇，〔註240〕動無常體，莫見其所中，莫知其所窮，攻則不可守，
> 守則不可攻。〔註241〕

又《淮南子・要略》云：

> 《精神》者，所以原本人之所由生，而曉寤其形骸九竅，取象與天，
> 合同其血氣，與雷霆風雨，比類其喜怒，與畫宵寒暑，〔註242〕審死

陰陽學說，每含倫理道德氣息，重陽輕陰是大多數人的共識，揚子亦不例
外。」，《周易研究》2002年第4期（總第54期）（2004年4月），頁24。

〔註239〕「解必中膝」景宋本作「解必中揍」。馬宗霍云：據此則本文「揍」當作「膝」，
故許君以「理」訓之。今正文注文皆因「揍」、「膝」形近，傳寫致誤。詳說
參見（清）馬宗霍：《淮南舊注參正》（濟南：齊魯書社，1984年3月），頁
330。今從馬說校改。

〔註240〕「一龍一蛇」景宋本作「一龍一地」。地字無義，疑形近而誤，他本皆作「一
龍一蛇」，今從校改。

〔註241〕《淮南子》，卷15，頁115。

〔註242〕「與畫宵寒暑」景宋本作「與畫宵寒暑並明」。王念孫云：「並明」二字，後
人所加也。「與雷霆風雨」、「與畫宵寒暑」，亦相對爲文，今加「並明」二字，
則句法又參差矣。詳說參見（清）王念孫：《讀書雜志下》（臺北：世界書局，
1988年11月，據同治庚午十一月金陵書局重刊本影印），〈淮南內篇第廿一〉，

生之分，別同異之跡，節動靜之機，以反其性命之宗。所以使人愛
養其精神，撫靜其魂魄，不以物易己，而堅守虛無之宅者也。〔註243〕

於《淮南子》中「通動靜之機」、「節動靜之機」，皆指在無形轉化爲有形之際，
爲動或爲靜的那一刻，所稱爲「機」。尚有「神機陰閉，剖劂無迹，人巧之妙
也，而治世不以爲民業。」〔註244〕、「上得天道，下得地利，中得人心，乃行
之以機，發之以勢，是以無破軍敗兵。」〔註245〕、「曉自然以爲智，知存亡之
樞機，禍福之門戶，舉而用之，陷溺於難者，不可勝計也。」〔註246〕、「動靜
者，利害之樞機也。」〔註247〕等，以「機」爲無至有的關鍵之轉刻也。

另則，《春秋繁露》中也有提至「機」。《春秋繁露·立元神》云：

君人者，國之元，發言動作，萬物之樞機。樞機之發，榮辱之端也。
失之豪釐，駟不及追。〔註248〕

又《春秋繁露·五行相生》云：

南方者火，本朝也。〔註249〕司馬尚智，進賢聖之士，上知天文，其
形兆未見，其萌芽未生，昭然獨見存亡之機，得失之要，治亂之源，
豫禁未然之前，執矩而長，至忠厚仁，輔翼其君，周公是也。〔註250〕

指出國君的言行動作是全國萬事萬物的發端，「樞機之發，榮辱之端」從國君
由無形思維想法以至表現出有形政令來，和「昭然獨見存亡之機」中兩例之
「機」仍屬無轉化爲有的發端點。

揚雄將無形至有形的那一刻，以「孚」字來替代「機」。如《太玄·戾·
玄首文》云：

陽氣孚微，物各乖離，而觸其類。〔註251〕

頁 962。今從王說校改。

〔註243〕同註241，卷21，頁160。
〔註244〕同註241，卷11，頁79。
〔註245〕《淮南子》，卷15，頁114。
〔註246〕同註245，卷18，頁133。
〔註247〕同註245，卷18，頁133。
〔註248〕《春秋繁露》，卷6，頁32。
〔註249〕殷本作「南方者火也，本朝」而蘇輿《春秋繁露義證）注云：「『也』字，疑
　　　　當在『本朝』下。」（北京：中華書書，2002年），頁363。故此處疑作爲「南
　　　　方者火，本朝也」。
〔註250〕同註248，卷13，頁73。
〔註251〕《太玄集注》，頁15。

司馬光解釋爲：「卵之始化謂之孚，艸之萌甲亦日孚，然則孚者物之始化也。」
〔註252〕揚雄以「孚」爲萬物始生始化的開始，漢代前人用「機」之字來代表，
爲其表示從無形轉化爲有形之始，更是於《太玄》「玄有二道，一以三起，一
以三生」〔註253〕中的「三」。

　　「機」、「孚」、「三」之意皆爲無形轉化成有形的那一刻，是極力表現說
明無形與有形中之連結，且更可察覺揚雄獨創新意之個人風格。

二、物則信信各致其力

　　陰陽二氣相互感通以生成各類萬物，然各殊各異之萬事萬物皆各具其主
體性，《太玄・戾・玄首文》注云：

> 陽氣始化，其氣尚微，萬物之形粗可分別，則各以類生而相乖離矣，
>
> 戾之象也。〔註254〕

在二氣五行的運轉過程中，雖陽氣之「其氣尚微」，然從開始就已經是萬物各
殊，萬類各有不同之方向、速度及變化，此處更爲肯定「相乖離」之萬物所
能創生的各種可能性，更可說明漢代大一統帝國下，士人將描述所有萬事萬
物以期對整體宇宙的掌握。《太玄・樂・次六》云：

> 次六　大樂無間，民神禽鳥之般。測曰：大樂無間，無不懷也。
>
> 〔註255〕

王涯注此句曰：「無者，天地之間，萬物咸樂，人神鳥獸各遂其性而般遊也。」
〔註256〕揚雄以「民神禽鳥」等對萬物各殊一一列舉其細項，由長養於中土之
人、化施萬物之無形的神、行足於大地之禽、飛翔於天際之鳥等，都循其自
我方向而行的「各遂其性」，如此將實然萬物具體描述，可以想見揚雄對其萬
物之主體性存有肯認的價值感。《太玄・爭・玄首文》云：

> 陽氣氾施，不偏不頗，勿與爭訟，各遵其儀。〔註257〕

「陽氣氾施平均，物皆爭進，求遂其宜也。」〔註258〕各殊之萬物皆爲二氣五

〔註252〕同註251。
〔註253〕《太玄集注》，頁212。
〔註254〕同註253，頁15。
〔註255〕同註253，頁52。
〔註256〕同註253，頁52。
〔註257〕《太玄集注》，頁53。
〔註258〕同註257。

行所生，彼此之間有其相感相動之力，因此會產生「物皆爭進」，於爭進過程中陽氣並不斷地生生作用，於萬物生生的作用中可以體認出必然如此之理，必然如此又生其應然如此之義，物之相爭而進，其進之理路成為必然如此、應然如此之道，這裡的「道」就如為此段所言之「儀」與「宜」也。《太玄·事·玄首文》云：

> 陽氣大晶昭職，物則信信各致其力。〔註259〕

「言陽氣勸晶萬物，皐膏翹莢，各明其職，物則信信自竭其力，各從其事也。」〔註260〕各殊萬物能夠「各致其力」、「自竭其力」、「各從其事」能證實其相異的萬物間都有其主體性，將其萬物各具其主體性明白的描述，正如易傳所言「各正性命」是相同之理也。

三、氣應相感

萬物間之飛潛動植皆由二氣五行所生，因氣化本質相同而萬物間以氣相感相通，以二五之氣相互認識、學習、肯定，進而完成、成全你我之氣化整體價值，《太玄·迎·次六》云：

> 次六　玄黃相迎，其意感感。測曰：玄黃相迎，以類應也。〔註261〕

「范曰：『天玄地黃，天地相迎則風雨時調，君臣相迎，則政教以度。』光謂，六為極大、感之盛也。自天地至於萬物，君臣上下夫婦朋友，無不以類相應也。」〔註262〕玄之天與黃之地相互感通後，外顯可見為風雨時調；下位之君與下位之臣若也相迎相通，則整體政治教化皆有其法度。然則不僅論及天地、君臣之間的關係，司馬光更清楚說出萬事萬物皆包含於其中，唯其萬物間相感而相應之。《太玄·守·玄首文》司馬光注云：

> 言心有所感則物以其類應之。〔註263〕

宇宙萬物間的相感相應，是由「心」所發動，當心一有所感，發動外在行為，萬物是由陰陽二氣及五行所構，唯其所有萬物之二氣五行有所迥異而有各殊之體，然內在二氣五行同，萬物因此有同類相應的可能。《太玄·迎·次三》云：

> 次三　精微往來，妖先靈覺。測曰：精微往來，妖咎徵也。〔註264〕

〔註259〕同註257，頁57。
〔註260〕同註257，頁57。
〔註261〕同註257，頁88。
〔註262〕《太玄集注》，頁88。
〔註263〕同註262，頁119。

「三爲思終而當夜，天人之際，精祲相感，人失其道，妖靈先覺也。」〔註265〕
精誠微感相互往來之際，其中應有優之精與劣之祲，當人失其正道捨精取祲則所有怪異現象將不召而至。

　　因而可知，物類相感之中，有氣化之常與氣化之變兩者不同相感，氣化之常以常道相感相應，氣化之變則因常道減慢、減半等因素而呈現出過與不及的樣態。然氣化之變仍爲萬物中一種現象，因此，當不用正道而行時，物與物之相感相應爲氣化之變的相感與相應。《太玄·迎·次二》云：

　　　　次二　蛟潛於淵，陵卵化之，人或陰言，百姓和之。測曰：蛟潛之
　　　　化，中精誠也。〔註266〕

然此例非揚雄首創，於《淮南子·泰族》中就已經有相似之文：

　　　　夫蛟龍伏寢於淵，而卵剖於陵；騰蛇雄鳴於上風，雌鳴於下風，而
　　　　化成形，精之至也。故聖人養心莫善於誠，至誠而能動化矣。〔註267〕

范望曰：「蛟潛於水，產卵高陵，下伏於淵，氣應相感，然後剖化。」〔註268〕
揚雄以蛟龍爲例來說明，因氣應相感所導致蛟龍產卵高陵卻於下淵剖化的原因，然摒除其譎怪之邏輯，此處乃強調同類相感的強度與可能性。《太玄·玄文》云：

　　　　風而識虎，雲而知龍，賢人作而萬類同。〔註269〕

雲從龍，風從虎，萬物各從其類。爲何賢人作，而萬類與之相感相同？因賢人從天地宇宙間生生不息中體會感受到必然應然之道，秉持此必然之道而有所作爲，萬民與賢人同爲二氣五行所生，能相感相應氣化之常道進而效法之。

四、往來熏熏，與神交行

　　陰氣、陽氣相交相雜生化萬類，萬物由二氣五行所生，二氣五行組成萬物，各殊萬物間雖每每相異，但因萬物中存在相同本質「二氣五行」，彼此間有相感相動之二五本質，萬事萬物始相磨相盪以成全其氣化整體，《太玄·交·玄首文》云：

〔註264〕同註262。
〔註265〕同註262。
〔註266〕同註262，頁87。
〔註267〕《淮南子》，卷13，頁73。
〔註268〕《太玄集注》，頁87。
〔註269〕同註268，頁206。

　　陽交於陰，陰交於陽，物登明堂，喬喬皇皇。〔註270〕

揚雄在「交」之玄首文中，說明陽氣與陰氣相交之結果，萬物破地而出於明堂，使萬物能得到美盛之貌。更在「交」首下各玄測文，由初一至上九等九贊，可以察辨出萬物相互交感的各種不同情狀。以下分別論述「交」首中的各贊之玄測文。《太玄·交·初一》云：

　　初一　冥交于神齊，不以其貞。測曰：冥交不貞，懷非含蹙也。
〔註271〕

范望注此句曰：「冥，暗昧也。交於鬼神，雖在冥暗，不以精誠，神弗福也。」〔註272〕首先先指出相交的前提之要為「貞」、為「精誠」。若不以其精誠之心以交鬼神，往往會不得其福。《太玄·交·次二》云：

　　次二　冥交有孚，明如。測曰：冥交之孚，信接神明也。〔註273〕

承前所述，雖處於昏冥之際，仍以誠信所交則得與神明相接相感。《太玄·交·次三》云：

　　次三　交於木石。測曰：交于木石，不能嚮人也。〔註274〕

「交」雖有相感相通之互動義，但「交於愚人如交木石，不能相益也。」〔註275〕然鄭萬耕解釋「不能嚮人，意指不能學禮義」，〔註276〕因此，「木石」乃指不能學禮義者。萬物間之交感有其條理規則，此條理規則或言之為禮義。《太玄·交·次四》云：

　　次四　往來熏熏，得亡之門。測曰：往來熏熏，與神交行也。〔註277〕

相感相交於天地間，得經萬物之往來、反覆、互動的頻繁過程中，如此與神相交、與物相感的目的才得以達之。《太玄·交·次五》云：

　　次五　交于鸚猩，不獲其榮。測曰：交于鸚猩，鳥獸同方也。〔註278〕

「鸚鵡能言，不離飛鳥；猩猩能言，不離禽獸。五居盛位而當夜，交物不以

〔註270〕同註268，頁37。
〔註271〕《太玄集注》，頁37。
〔註272〕同註271。
〔註273〕同註271。
〔註274〕同註271。
〔註275〕同註271。
〔註276〕《太玄校釋》，頁54。
〔註277〕同註271。
〔註278〕《太玄集注》，頁37。

禮者也。交不以禮，而求榮耀，安可得哉？」〔註279〕前述「交於愚人如交木石」所指爲人與人之間應以禮爲相交之道；此處更擴而言之，鸞與猩之飛鳥與禽獸要同方、同道，應先「交之以禮」才得以榮耀、爲吉處順。或言之，飛鳥與禽獸之禮爲何？此處之禮，廣而言之，更可爲萬物生生不息的過程中，所存有之必然如此、應然如此之道德義，此處之萬物當然包括鸞與猩、鳥與禽。《太玄・交・次六》云：

> 次六　大圈閎閎，小圈交之，我有靈肴，與爾肴之。測曰：小大之
> 交，待……賢煥光也。〔註280〕

「交」除了人與人之間、飛鳥與禽獸間之不同類別的相感相交之外，更細述所謂「大小之交」。司馬光曰：「大圈以喻富有之君子，小圈以喻無祿之士。」〔註281〕更言：「君子有祿，樂與賢者共之」〔註282〕大、小則論其地位、貧富之相殊者而言。王涯曰：「待賢之道，煥然有光，交道之盛也。」〔註283〕不論富有君子與無祿之士，兩者間之相交仍不離道而交，可見其道爲萬物間相交必然如此之理也。《太玄・交・次七》云：

> 次七　交于鳥鼠，費其資黍。測曰：交于鳥鼠，徒費也。〔註284〕

「七爲敗損而當夜，交非其人，徒費而已。」〔註285〕以「交于鳥鼠」比喻爲「交非其人」，然「交非其人」以上述之理路，乃言其非「以禮交之」。《太玄・交・次八》云：

> 次八　戈矛往來，以其貞，不悔。測曰：戈矛往來，征不可廢也。
> 〔註286〕

「然當日之晝，君子交兵，所以沮亂禁暴，不得已而用之，不違於正，故無悔也。」〔註287〕論其戈與矛之間的往來，眞正則言其兩相交兵征戰。揚雄更言君子交兵都要有其正道而爲之。《太玄・交・上九》云：

> 上九　交于戰伐，不貞，覆于城，猛則嗷。測曰：交于戰伐，奚可

〔註279〕同註278，頁37～38。
〔註280〕同註278，頁38。
〔註281〕同註278，頁38。
〔註282〕同註278，頁38。
〔註283〕同註278，頁38。
〔註284〕同註278，頁38。
〔註285〕同註278，頁38。
〔註286〕同註278，頁38。
〔註287〕《太玄集注》，頁38。

遂也。〔註 288〕

司馬光注此句曰：「九為禍窮而當夜，小人交戰，爭戰不以其正，覆國喪家者也。以桀攻桀，德不相殊，則以猛噉弱而已，無有優劣也。」〔註 289〕然其交兵征戰不以正道定會覆喪家國、以猛力來并吞弱者罷了。

　　上述將「交」首全首之首文與測文細論揚雄首先認為精誠為其交的首要條件，再則觀之兩者間能否以禮而交為其關鍵，萬物之類相交有人與人之間、飛鳥與禽獸、富之君子與無祿之士，更論其戈矛征戰間之往來也是另一種相交的過程，不論各異之萬物與萬事之間相交，都以禮義、正道為依規。

　　然倘或物與物之間不相感相交，能否成其大呢？揚雄對此問題也有所論述。《太玄・閑・上九》云：

　　　　上九　閑門以終，虛。測曰：閑門以虛，終不可實也。〔註 290〕

「光謂：閑門自終，不與物交，慎則慎矣，而終無所得，求之功業，不亦遠乎？易曰：『括囊，無咎無譽。』」〔註 291〕不與物相交是虛的、不可實也。萬物雖各具其主體性，然每一個萬事萬物之間都是二氣五行所生，有其過與不及之處，因二氣五行一凝聚為實有具體之物時，即刻成為有限之物，有限之物倘或還「閑門自終」則終不與物相交，不與物交則不能將物之過與不及處，由氣化之變轉換為氣化之常道。最後會如易傳所言：「無咎無譽」並且也未能以有限之萬物盡畢生之力以達無限之天道的可能。

五、為人之常法

　　萬物間循其二氣五行之道而行，為氣化之常；不依順二五之氣而行，則為氣化之變，《太玄・中・次三》司馬光注云：

　　　　君子行己，自始至終，出處語默，不失其宜，信乎可以為人之常法也。〔註 292〕

君子自始至終不停息地行己，如天地剛健不息之道，生生不已中存其應然之道德，因此，君子不失其正道且自強不息，在此不息中有生生之道德義，此道德乃為人與萬物之常道、常法。以此道相感則萬物彼此則會去己身氣化之

〔註 288〕同註 287。
〔註 289〕同註 287。
〔註 290〕同註 287，頁 13。
〔註 291〕同註 287，頁 13。
〔註 292〕《太玄集注》，頁 5。

變，歸順氣化常道之中。《太玄・玄攡》云：

> 常變錯，故百事析。〔註293〕

宇宙間萬事萬物種類繁多，天地非只存氣化之常，若僅言氣化之常則會偏狹於一隅，唯有將氣化之常與變相錯觀之，才可明辨微察萬事萬物之理。《太玄・法・次八》云：

> 次八　正彼有辜，格我無邪。測曰：正彼有辜，敺〔註294〕而至也。
>
> 〔註295〕

以氣化常道之法正其有罪，反則證明我之無罪、我之善，如王涯曰：「能用其法正其有罪，以至於人無邪心也。」〔註296〕彼此在相互了解、互動、感通中，而得知你我長短優劣、善惡正邪，因萬物間相劘相盪而能使惡邪趨於善正、劣短趨於優長。學習仿效君子之常道，再經由萬物間相交相磨，使之成爲整全氣化之你我。

第五節　自然之天

古代對天的構造有三種不同的說法：蓋天說、宣夜說、渾天說。《後漢書・張衡傳》注引《漢名臣奏》記蔡邕曰：

> 言天體者有三家：一曰周髀，二曰宣夜，三曰渾天。宣夜之學絕，
> 無師法。周髀術數具存，考驗無狀，多所違失，故史官不同。唯渾
> 天者，近得其精，今史官所用候台、銅儀，則其法也。〔註297〕

蓋天說來自於《周髀算經》，又稱周髀說。宣夜說已佚不可考。關於蓋天說，大致可分爲三類型。《隋書・天文志》云：

> 言天似蓋笠，地法覆盤，天地各中高外下。北極之下，爲天地之中，
> 其地最高，而滂沱四隤，三光隱映，以爲晝夜。〔註298〕

天如覆蓋之斗笠，地如覆蓋之盤盆，以天地皆中高外低，天地都是半圓體狀者。然《隋書・天文志》又舉周髀家言說：

〔註293〕同註292，頁187。
〔註294〕《太玄集注注》本作「歐」，明萬玉堂翻宋本作「敺」，「敺」，驅也。從上文
　　　　當改爲「敺」。
〔註295〕同註292，頁84。
〔註296〕同註292，頁84。
〔註297〕《四史・後漢書・張衡傳》，卷59，頁677。
〔註298〕《隋書・天文志》，卷19，頁270。

> 天圓如張蓋，地方如棋局。天旁轉如推磨而左行，日月右行，天左
> 轉，故日月實東行，而天牽之以西沒。譬之於蟻行磨石之上，磨左
> 旋而蟻右去，磨疾而蟻遲，故不得不隨磨以左回焉，天形南高而北
> 下，日出高故見，日入下故不見。〔註299〕

天爲圓蓋，地爲方棋；天以左轉而向西而沒，日月右行；天之圓形有高下，以南爲高、以北爲下，又以日出南而高，日沒北而下，此爲蓋天之二說。第三種爲王充《論衡·說日篇》云：

> 天不在地中，日亦不隨天隱，天平正，與地無異。……平正，四方
> 中央高下皆同。〔註300〕

天地皆爲平正，四方、中央、高下全爲相同。有人又稱之爲「平天說」。

《太玄·玄攡》：「日之南也，右行而左還，斗之南也，左行而右還。」〔註301〕、「是故日動而東，天動而西，天日錯行，陰陽更巡。」〔註302〕《太玄·玄瑩》：「天圓地方，極殖中央。」〔註303〕和第二類之「天圓地方」比較接近。

渾天說有二類，一類是天地俱圓說，一類是天圓地平說。《晉書·天文志》葛洪《渾天儀注》中云

> 天如雞子，地如雞中黃，孤居於天內，天大而地小，天表裏有水，
> 天地各乘氣而立，載水而行，周天三百六十五度四分度之一，又中
> 分之，則半覆地上，半繞地下，故二十八宿半見半隱，天轉如車轂
> 之運也。〔註304〕

天地皆爲圓體，以雞子與雞中黃來比喻天與地，天包著地，天大地小，天表中有水，天地皆依循著氣而立、載承著水而浮，一年三百六十五又四分之一度，一半在上、一半在下，因此二十八星宿隨其運轉時而在地上而顯，時而沈於地中而隱，天體循環周圓反復無其始端，因此，稱之爲「渾天」，將此歸之於第一種。第二種渾天說《後漢書·天文上》劉昭補引《靈憲》說：

〔註299〕同註298。

〔註300〕《論衡》，卷11，頁110～111。

〔註301〕《太玄集注》，頁188。

〔註302〕同註301，頁185。

〔註303〕同註301，頁189。

〔註304〕唐太宗文皇帝御撰：《晉書·天文志》（臺北：藝文印書館據清乾隆武英殿刊
本景印），卷11，頁125。

> 天成於外，地定於內，天體於陽，故圓以動；地體於陰，故平以靜。
> 動以行施，靜以合化，煙鬱構精，時育庶類，斯謂太元，⋯⋯自地
> 至天，半于八極，則地之深亦如之。通而度之，則是渾已。〔註305〕

以天為外、地為內；天體屬陽、地體屬陰；天圓而動、地平而靜；天地間距離
廣大且深遠。據問永寧〈讀玄釋中—試論《太玄》所本的宇宙說〉〔註306〕中說
《靈憲》對《淮南子》的引文，有不少地方與《太玄》相關，總而論之，揚雄
先是認同蓋天說，後又與桓譚討論，進而主張渾天說，然於《太玄》文中，蓋
天說及渾天說都有存其痕跡，因此，揚雄先取蓋天、後言渾天說較合於事實。
以此觀念來體察揚雄《太玄》中所陳述之「自然之天」則較為清楚明瞭。

一、立天之經曰陰與陽

陰氣、陽氣相感相交以生成天地萬物，《太玄・玄攡》云：

> 玄者，幽攡萬類而不見形者也。資陶虛無而生乎規，攡神明而定摹，
> 通同古今以開類，攡措陰陽而發氣。一判一合，天地備矣。天日回
> 行，剛柔接矣。還復其所，終始定矣。一生一死，性命瑩矣。〔註307〕

「一判一合」中的「判」是指陰陽分離，「合」是陰陽交合。因陰氣與陽氣
的分合相互作用，天地乃得創生，而天地因陰陽之氣的作用而生，二氣判合
中，完整備全其天地。天地中天與日之迴轉運行於其中，晝夜剛柔接濟不已，
天體乃運行還復，萬物性命之生死也隨其陰陽判合而周流循環。《太玄・玄
瑩》云：

> 立天之經曰陰與陽，形地之緯曰從與橫，表人之行曰晦與明。〔註308〕

〔註305〕（宋）范曄著；（唐）李賢注：《四史・後漢書》（臺北：臺灣開明書局，1969
年），卷20，頁49。
〔註306〕問永寧〈讀玄釋中——試論《太玄》所本的宇宙說〉曰：「《靈憲》對《淮南子》
的引文，有不少地方與《太玄》相關，如，上引『天體于陽，故圓以動；地體
于陰，故平以靜，動以行施，靜以合化，煙郁構精，時育庶類，斯謂太元』，
與《玄告》『陽動吐而陰靜翕，陽道常饒，陰道常乏，陰陽之道也』相一致。『則
天心于是見矣』本《太玄・周》初一『還于天心』。『蒼龍連卷于左，白虎猛據
于右，朱雀奮翼于前，靈龜圈首于後，黃神軒轅于中』則與《玄攡》『察龍虎
之文，觀鳥龜之理，運諸泰政，繫之泰始，極焉以通璇璣之統，正玉衡之平。』
相類同。眾多的一致性，使我們相信這種渾天說就是《太玄》所本的另一種宇
宙模式。」，《周易研究》2001年第3期（總第49期）（2001年3月），頁72。
〔註307〕《太玄集注》，頁184～185。
〔註308〕同註307，頁191。

氣異而有天道，此氣爲其陰陽二主體的交互作用；事物之別而有地之理，此
事有其縱與橫；質差而有人之賢愚，此質乃指晦與明。陰陽二氣兼該完備後，
才立顯其天。天的本質構成，全然由陰氣與陽氣相互感通作用始得天地之大。

二、天無畛無垠

　　揚雄描繪一個自然循環的天體，天高遠博淵，無涯無盡地懸覆於上，《太
玄·玄文》云：

> 天炫炫出於無畛，熿熿出於無垠，故罔之時玄矣哉！是故天道虛以
> 藏之，動以發之，崇以臨之，刻以制之，終以幽之，淵乎其不可測
> 也，耀乎其不可高也。〔註309〕

天是無畛無垠的一個自然天，此自然天有其循環之理，此理非理學家與心學
家之理，而是依其天地間運行的實有之理，四時有春暖寒凍之情，上下宇宙
之方，天道馴順著春夏秋冬四季之運行，揚雄建構了「罔、直、蒙、酋、冥」
之天體運行系統。「虛以藏之」罔也，「動以發之」直也，「崇以臨之」蒙也，
「刻以制之」酋也，「終以幽之」冥也。於空間而論是淵而不可測，耀而不可
高的一個隨順時間、空間流動不已的自然天。《太玄·應·次三》云：

> 次三　一從一橫，天網。測曰：一從一橫，經緯陳也。〔註310〕

天地廣大，一經一緯縱橫交錯，此自然天之運行以成歲功。《太玄·玄攡》
云：

> 夫天地設，故貴賤序。……其上也縣天，下也淪淵，纖也入藏，廣
> 也包軫。……譬若天，蒼蒼然在於東面南面西面北面，仰而無不在
> 焉，及其俛則不見也。天豈去人哉？人自去也！〔註311〕

漢代是個複雜的實然世界，天的存在，於大小而論，是一個沒有疆界的天，
實有自然的天，對天的描述中「東面南面西面北面」是仰即能觀的實然存在
者。《太玄·玄瑩》云：

> 天地開闢，宇宙拓坦。天元眒步，日月紀數。周運曆統，羣倫品庶。
> 或合或離，或贏或踦。故曰假哉天地，啗函啓化，罔裒於玄。〔註312〕

〔註309〕《太玄集注》，頁 206。
〔註310〕同註309，頁 85。
〔註311〕同註309，頁 187～188。
〔註312〕《太玄集注》，頁 188。

「假哉天地」涵攝了天地宇宙四方之空間概念，天元日月之時間觀念，在時空交互周流運轉之際，天地間「羣倫品庶」之萬物彼此肯認、對應「或合或離」的互動，互動過程中，不論是如「跨」之不足，抑或「嬴」之有餘，皆是說明天的無限廣大與無垠的包含性。

三、渾行無窮

漢代天體有三說，一曰蓋天，二曰宣夜，三曰渾天。揚雄先以蓋天、後以渾天爲用，《太玄・玄攡》云：

> 是故日動而東，天動而西，天日錯行，陰陽更巡。死生相樛，萬物乃纏。〔註313〕

又言「天日回行，剛柔接矣。」〔註314〕具體說明天、日運行之實然情狀，天日乃交錯，迴旋之運行模式，正因天日循環，陰陽二氣作用，死生交迭，萬物於是在這樣一個具體氣化整體中相互感通互動。《太玄・玄首序》云：

> 馴乎玄，渾行無窮正象天。〔註315〕

揚雄由感嘆玄道「渾行無窮正象天」，進一步說明天體以渾淪而運行不已，終而復始、始終相接。《太玄・玄告》云：

> 天穹隆而周乎下，地旁薄而向乎上，人而處乎中。天渾而擇，故其運不已。地隤而靜，故其生不遲。人馴乎天地，故其施行不窮。〔註316〕

天渾淪廣大而將地包覆，人物生長於地上；「天渾而擇，故其運不已」，天體顯而可知是一個渾圓的運行體，而地柔順而靜，生物不息，人學習效法天地之道而剛健不息。

漢代天體之渾天說、蓋天說、宣夜說中，揚雄經驗證討論後認爲天體的運行應該爲渾天說較爲合理。渾行說之天，生生運行不已，在其不已的運行進程中存有生生義，生生之義推而有必然如此、應然如此之道德義體現。「人馴乎天地，故其施行不窮」人秉其天地運行中產生之道德義而馴順其道，乃可達到漢代「天、地、人」三才爲一的合一之學。《太玄・玄告》云：

〔註313〕同註312，頁185。
〔註314〕同註312，頁184。
〔註315〕同註312，頁1。
〔註316〕《太玄集注》，頁216。

　　　　歲寧悉〔註317〕而年病，十九年七閏，天之償也。……天彊健而僑躆，

　　　　一晝一夜，自復而有餘。〔註318〕

一年中日月運轉有氣盈、朔虛，歲始至盡而不足稱爲年病，因此，三年一閏，
十九年置七閏，以償還補強不足之天數。陰陽二氣相合而生成天，「天彊健而
僑躆」天不僅於生生不息的作用且發用剛健強韌的動作，在日月晝夜不停的
迴轉反復中呈現天的生生義、道德義及作用義。

四、天神而地靈

　　上天下地以神明開展生發其作用，《太玄・玄攡》云：

　　　　夫天宙然示人神矣，夫地他然示人明矣。天地奠位，神明通氣。
　　　　〔註319〕

天之宙然開朗而示人之作用神妙；地之泰然安穩而示人之功用顯明。天地各
於其位，而天與地經由陰陽二氣運行，彼此相互交通其氣，因而產生天地萬
物。《太玄・玄攡》云：

　　　　神靈合謀，天地乃并，天神而地靈。〔註320〕

天的作用以「神」爲名，地的作用以「靈」爲稱，然天、地皆爲陰陽二氣所
生，天與地本爲氣所生，構成基礎皆爲氣，因有相同本源之「氣」，天地乃可
「神明通氣」且「天地乃并」，天地皆爲氣化所生之整體世界，「神靈」則爲
天地的功能與作用是神妙莫測的。《太玄・玄告》云：

　　　　故善言天地者以人事，善言人事者以天地。明晦相推，而日月逾邁，

　　　　歲歲相盪，而天地彌陶，之謂神明不窮。〔註321〕

〔註317〕俞樾《諸子平議》：「日纏黃道一周，歷春夏秋冬四時，共三百六十五日有奇，
　　　　是爲一歲。月離白道一周，歷朔弦望晦，後追及日而合朔。十二合朔，共三
　　　　百五十四有奇，是爲一年。歲與年較，多十一日弱，所謂氣盈也。年與歲較，
　　　　少十一日弱，所謂朔虛也。『歲寧悉』，即氣盈之謂。『年病』，即朔虛之謂。『寧』，
　　　　乃語詞。諸本或作『能』，亦語詞也。『悉』者，盡也。自立春至大寒，而歲
　　　　實始盡。然正月朔日立春，至十二月晦日，尚未至大寒，是『年病』也。『病』
　　　　者，病其不足也。於是三年必置閏焉。故下文曰：『十九年七閏，天之償也。』」，
　　　　頁395～396。
〔註318〕同註316，頁216～217。
〔註319〕《太玄集注》，頁187。
〔註320〕同註319，頁188。
〔註321〕同註319，頁217。

善於談論天地者則驗徵於人事；善於論述人事者則驗徵於天地，因天地人事之理為一。明與晦相互推移，日與月互相更行，歲與歲相互推盪前進，天地日益陶養，然天地間的神妙莫測之作用，是生生不已的且運行無窮的。

　　二氣五行在天地間以生生作用生成天地萬物後，天地則不止息地生發開展，天地所發「神明」作用，其源於生生之流行，並且具有神明無窮盡的作用義。

五、因循革化

　　揚雄所論述的自然之天，不是懸上而虛遠之天，其所闡述之天是隨其時空運轉而有所移易、與時而進之天，論其天之道則有因循革化的觀念，《太玄·玄瑩》云：

> 夫道有因有循，有革有化。因而循之，與道神之。革而化之，與時
> 宜之。故因而能革，天道乃得。革而能因，天道乃馴。〔註322〕

天道需因循保存本有之理，並且也需革化其宿弊。因而循其天道就能如同道一樣神妙；革而化天道之弊就能合於時宜之變。因自然之天依時革化，天道始能得且順。

　　因循革化之理，實際上是在時空移易下順應天道，此天道非存在而不活動的最高主體，天道依順時空的進程前進，時空會有不同的變化，天道必然因之以變，因此，天道才是一個真實存有、合時宜的天道。又云：

> 夫物不因不生，不革不成。故知因而不知革，物失其則。知革而不
> 知因，物失其均。〔註323〕

天地間萬物無所因循則無能生，無所革變則無所成。因此，只知因不知革則違反事物法則，只知格不知因則使萬物失去本原常道。後再云：

> 革之匪時，物失其基。因之匪理，物喪其紀。因革乎因革，國家之
> 矩范也。矩范之動，成敗之効也。〔註324〕

革化要合乎時宜，否則萬物會連其根基都將失之；因循要合乎道理，否則會違反萬物制序、紀律。因循革化之理可用之國家規範，且關係著國家之成敗。因此可知揚雄所論述的天是自然運行、隨時空前進、因循革化的自然天。

〔註322〕《太玄集注》，頁190。
〔註323〕同註322，頁190～191。
〔註324〕同註322，頁191。

六、天匒其道，地杻其緒

　　自然的天隨順時間、空間生生不已，存有生生之義，生生義中不止息的前進又存有必然如此、應然如此的道德，揚雄之天道於天地人中，對於人之作爲如何而能合於天道，有幾個方向可論，人必須順「時」、「馴」、「德」、「誠」、「義」、「謙」、「勤」等道理，才能近於天，天地人是一個氣化流行的整體，人秉其氣化之常道，然始可與天地相接，若爲氣化之變，可透過上述修養工夫，進而轉爲氣化之常，終爲天地人是一的境界。《太玄・玄捖》云：

　　　　維天肇降生民，使其貌動、口言、目視、耳聽、心思，〔註325〕……

　　　　時天時，力天力，維酒維食，爰作稼穡，捖擬之五五。〔註326〕

「時」的觀念在揚雄思想中占大部份，以「天時」爲時，如順應春夏秋冬四時變化而人一舉一動皆配合其行，「五五」爲中土的象徵，中土乃爲春夏秋冬運行、飛潛動植生長之依據，處於五五之中土，更應「天時天，力地力」將天地人三者，以人的主動發用，順應配合，甫能有「維酒維食，爰作稼穡」之功。《太玄・成・次八》云：

　　　　次八　時成不成，天降亡貞。測曰：時成不成，獨失中也。〔註327〕

司馬光注此句云：「小人當可成之時，而無德以成之，失時之中，故天降咎而失正也。」〔註328〕次八是當夜，因而言小人可成之時，但小人無其德而終不能有所得。《太玄・傒・初一、次二》云：

　　　　初一　冥賊傒天，凶。測曰：冥賊之傒，時無吉也。

　　　　初二　冥德傒天，昌。測曰：冥德之傒，昌將日也。〔註329〕

時不時也，於各贊之中要觀其夜晝之異，如「初一」爲夜、爲小人，「次二」爲晝、爲君子，小人、君子各得其時，但因小人以包藏禍賊之心發用，君子以積德昌美之心發動，而雖皆得於時，然其終吉凶禍福仍爲迥異。《太玄・干・次六》云：

　　　　次六　幹干於天，貞馴。測曰：幹干之貞，順可保也。〔註330〕

〔註325〕義同於《法言・學行》：「學者，所以修性也。視、聽、言、貌、思，性所有也。學則正，否則邪。」《法言義疏》（北京：中華書局，1996 年），頁 16。
〔註326〕《太玄集注》，頁 208～209。
〔註327〕同註326，頁 158。
〔註328〕同註326，頁 158。
〔註329〕同註326，頁 41。
〔註330〕《太玄集注》，頁 21。

「六逢福而當晝，干而至於極大，如木之幹乃至於天，盛之至也。然以正順而致之則吉，以邪逆而致之則凶，故曰『貞馴』，『順可保』。」〔註331〕次六又遇晝，君子之道爲正爲順，強調遇其正道之際，以馴順而待之，仍可得貞利。《太玄・玄文》云：

> 是以聖人印天則常窮神掘變，極物窮情，與天地配其體，與鬼神即
> 其靈，與陰陽埏其化，與四時合其誠。視天而天，視地而地，視神
> 而神，視時而時，天地神時皆馴，而惡入乎逆！〔註332〕

聖人仍爲氣化常道中最順暢無礙者，「視天而天，視地而地，視神而神，視時而時，天地神時皆馴，而惡入乎逆」對天地神時也都應順其道而行，聖人爲贊天地化育，協調天人，以此爲人生最高理想。《法言・問神》：「或問神。曰：心。請問之。曰：潛天而天，潛地而地。天地，神明而不測者也。心之潛也，猶將測之，況於人乎？況於事倫乎？」〔註333〕此言聖人能窮神知化，與天地相調協。《太玄・養・次五》云：

> 次五　黃心在腹，白骨生肉，孚德不復。測曰：黃心在腹，上德天
> 也。〔註334〕

司馬光注此句云：「其德如天，雲行雨施，洽乎四方，萬物不可德之而報復也。」〔註335〕天之有德，於四方雲行雨施，而人之當爲德，以德爲養，同達於天道。《太玄・周・次六》云：

> 次六　信周其誠，上亨于天。測曰：信周其誠，上通也。〔註336〕

司馬光注此句云：「反復其信，皆出至誠，非由浮飾，故可以上通于天也。」〔註337〕天道中存有信、誠之意，因此，人需以信、誠始能通達天道。《太玄・勤・次六》云：

> 次六　勤有成功，幾于天。測曰：勤有成功，天所來輔也。〔註338〕

以勤之功夫則可近於天，勤之不懈乃得成功，因天道生生不已，而人倘若學

〔註331〕同註330。
〔註332〕同註330，頁208。
〔註333〕《法言義疏》，頁137。
〔註334〕同註330，頁174。
〔註335〕同註330，174～175。
〔註336〕《太玄集注》，頁9。
〔註337〕同註336。
〔註338〕同註336，頁172。

習效法天之自強不息，而能與天道相同。《太玄・馴・上九》云：

> 上九　馴義忘生，賴于天貞。測曰：馴義忘生，受命必也。〔註339〕

「馴義忘生」因天命所使，順義而爲，達至忘生之境，仍爲天所崇尙者。《太玄・盛・次六》云：

> 次六　天賜之光，大開之疆，于謙有慶。測曰：天賜之光，謙大有也。〔註340〕

「天賜之光，大開之疆，于謙有慶」雖是「天爲盛多，極大而當晝」，〔註341〕但因人行謙卑之心，能於持盈保泰之勢。「誠」、「勤」、「義」、「謙」等皆是天理循環、天道運行中氣化常道的表現，行於天而知其天道，於人之身而曉其人道，人道本根於天道進而達人天人相應，天人是一。《太玄・度・次六》云：

> 次六　大度檢檢，于天示象，垂其范。測曰：大度檢檢，垂象貞也。〔註342〕

欲闡發天地，知曉天地往來，必遵循天地間天體運行之自然度數，天地之間生生不窮、變化莫測，唯有遵循自然之天、自然之理，循環往復始能生生不已。《太玄・玄圖》云：

> 天陳〔註343〕其道，地杝其緒，陰陽離廁，有男有女，天道成規，地道成榘，規動周營，榘靜安物，周營故能神明，安物故能聚類，類聚故能富，神明故至貴。夫玄也者，天道也，地道也，人道也，兼三道而天名之，君臣父子夫婦之道。〔註344〕

玄爲《太玄》之本體，陰陽二氣發用後生成了天、地、人三才，然天有周流往復之道，地有安物處靜之道，人有君臣父子夫婦之道，最高主體之玄「兼三道而天名之」，故可解爲玄道有時乃以天道闡述，另又可得天中有玄道，玄道非理學中最高主體的理「只存有不活動」，玄道落實於天、地、人之間，當

〔註339〕同註336，頁166。
〔註340〕同註336，頁79。
〔註341〕同註336，頁79。
〔註342〕同註336，頁109。
〔註343〕俞樾《諸子平議》：「樾謹按詩〈信南山篇〉：『維禹甸之。』周官稍人注引『維禹陳之。』是甸與陳通，古田陳同聲，甸通作陳，亦猶齊陳氏之爲田也。《說文》攴部：『陳，列也。』今經典皆以陳爲之。天甸其道者，天陳其道也。」，頁395。
〔註344〕《太玄集注》，頁212。

天、地、人三者體悟氣化常道之際，天道、地道、人道皆爲一個各有玄道於其中的小宇宙，然人常有賢愚善惡之別又受陷溺之限，於是人常察以自然天道，並期望達成整體是一。

第六節　結　語

一、明葉子奇之疑議

　　明葉子奇在《太玄本旨·原序》中提出八點求而未通之處，爲讀揚雄《太玄》的不同之見解，而此八點之疑議，本文將於此節逐次順序地陳列，並試論未通之處及提出筆者觀《太玄》之拙見。

（一）求而未通者一

　　葉子奇以爲《易》卦名與卦象，出於自然且天地相合，然《太玄》方、州、部、家之四位與首名未有所本，《太玄本旨》云：

> 易之儀象卦數，佈置錯綜，與天地造化無不合，由其理出於自然，此所以爲聖人之學。玄之方州部家，分綴附會，求律曆節候而強其合，由其智出於臆見，此所以爲賢人之術。《易》之立象命名，莫不有義，如乾之六陽，健莫如也，故以名乾；坤之六陰，順莫如也，故以名坤。天地交而爲泰，天地隔而爲否；一陽來而爲復，一陰生而爲姤；五陽決一陰而爲夬，五陰剝一陽而爲剝，以至六十四卦莫不皆然。我不知玄之爲中、爲周、爲礥、爲閑，以至八十一首，其於四畫之位果何所見以取象命名乎！此求而未通者一也。〔註345〕

《易》是爲集結眾人之力所匯合，再經由時間粹鍊而成，是所謂「理出於自然」，但《太玄》僅由揚雄一人之力所作，於大漢帝國天人相應、天人爲一的思想下，以集合宇宙間萬事萬物，並依循著大自然運行之理，所描構而成的。如此說《易》爲聖人之學，而《太玄》爲賢人之術，非爲貶批之論，更可視爲對揚雄畢生之力所作《太玄》之稱許，《太玄》雖模擬《易》之構造，但其創生架構之新意常現其中。

〔註345〕（明）葉子奇：《太玄本旨》（臺北：臺灣商務印書館，1971年《四庫全書珍本》），頁2～3。

「四畫之位果何所見以取象命名」，筆者以爲《太玄》四重之象與首名是無相關連，此四重乃象徵著「方、州、部、家」四個不同社會地位之位階所應注意之吉凶關係。可見其四重之象是爲一個獨立的象位系統，以陽（—）、陰（――）、和（―――）三種相異之象組合而成，並且在整體象位中，由下而上的轉化更變，因此，雖然《太玄》不似《易》中卦象與卦名有關連性，但《太玄》首象依方、州、部、家之陰、陽、和變化於四位，以相配一年之日，與後代將《易》卦配以節氣時日，揚雄八十一首之首名乃隨節候變化，將《易》卦名加以變化相配而至。

（二）求而未通者二

《易》之〈中孚〉卦與《太玄》之〈中〉首，〈復〉卦與〈周〉首，〈屯〉卦與〈礥〉、〈閑〉二首，如何相對應，及「中之虛」、「陽之復」、「剛柔始交而難生」等意從何而來。《太玄本旨》云：

> 夫卦與首既不同，爻與位亦有異。徒擬中於中孚，擬周爲復，擬礥、閑爲屯，吾不知何中之虛，何陽之復，何剛柔始交而難生！初無其義。此求而未通者二也。〔註346〕

八十一首之名，由〈中〉首爲始至於〈養〉首，每一首之名皆於《太玄・玄首文》、《太玄・玄衝》、《太玄・玄錯》中有八十一首之首名所象徵代表之意，至於葉子奇所謂「中之虛」、「陽之復」、「剛柔始交而難生」則可參考第四章第一節的「四、八十一首」之「五、八十一首配四時」中的圖表，乃可知首與一年之日相配順序，每一首皆有相對的時節，由時節所延伸而出之哲學意涵，則可解釋此疑處。

以下舉例說明，司馬光等眾多注家皆對首名有一番解說，如：

〈中〉首：「中者心也，物之始也。」〔註347〕

〈中孚〉：「中孚者，誠發於中而信著於外也。」〔註348〕

「中之虛」是以〈中〉首之中比擬爲心，心是無形卻實有存在著，是於內不於外的，此「虛」可言其爲內，無形之意，和〈中孚〉有相同之處。

〈周〉首：「光謂：『萬物隨陽出入，生長收藏，皆陽之神也。歲功

〔註346〕《太玄本旨》，頁3。

〔註347〕《太玄集注》，頁4。

〔註348〕同註347。

既畢，神化既周，而復反乎始，萬物各繼其類而更生也。』」〔註349〕

〈周〉首近冬至、十一月、陽生于子之時，言「陽之復」當為妥當。

〈礥〉首：「光謂：『物之初基，必有艱難，唯君子能濟之。』」
〔註350〕

〈閑〉首：「宋曰：『礥然者，陽欲出不能之貌也。陽主出內萬物者
也，而見防遏，故萬物亦皆見閑。』」〔註351〕

宋衷曰：「礥，難也。」〔註352〕司馬光云：「閑，閑也，防也。」〔註353〕皆在
說明陽氣初生之際，而萬物將由土中出之難貌，與「剛柔始交而難生」相符。

（三）求而未通者三

葉子奇認為「首自首而贊自贊」是所求未通之處，《太玄本旨》云：

夫易爻以立卦，辭以明爻，故爻有六而辭亦六。今玄畫有四而贊辭
反九，是上無所明，下無所屬，首自首而贊自贊，本末二致。此求
而未通者三也。〔註354〕

首之四畫，此四畫分別代表「方、州、部、家」不同社會地位階級，然不論
方伯、州牧、一國、一家等不同階級，此所謂不同階級者所依據「方、州、
部、家」之陽（—）、陰（——）、合（———）也相異。贊為九贊，從初一至上九，
贊與陽家、陰家相配而有其吉凶福咎之理。雖《太玄》並非如《易》卦、爻、
辭之一對一的相配法則，但首可說以階級對象為主，每一首之方、州、部、
家皆不同，觀看此首之人也相應於不同之吉與凶，此外，九贊則是具體說明
福禍之兆，總而論之，《太玄》首與贊之間的關係雖不如《易》的構造形式，
然其中雖可說為「首自首而贊自贊」但兩者之關係仍是緊鄰而繫的。

（四）求而未通者四

易畫自下而上，故爻辭亦自下而上。玄畫自上而下，而贊辭乃自下
而上，上下背馳。此求而未通者四也。〔註355〕

〔註349〕《太玄集注》，頁8。
〔註350〕同註349，頁9。
〔註351〕同註349，頁12。
〔註352〕同註349，頁9。
〔註353〕同註349，頁12。
〔註354〕《太玄本旨》，頁3。
〔註355〕《太玄本旨》，頁3。

司馬光集注中許翰注《太玄·玄數》與葉子奇《太玄本旨》對〈玄數〉之解釋，皆言玄畫由上自下，然八十一首之方、州、部、家之玄畫乃由家、部、州、方之由下而上變化，因此，本文第四章第一節中「七、筮法吉凶」中所採黃宗羲之說，而著法四畫之位，以下而上求之。此未通者處乃葉子奇之誤。

（五）求而未通者五

> 易名陽爻以九，陰爻以六。今玄雖列九贊，但以次言之，初無指名，此求而未通者五也。〔註356〕

九贊以初一、次二、次三、次四、次五、次六、次七、次八、上九而論，初為開始之意，中為次，頂端處為上九。然《易》之卦與爻是卦象與爻位、爻名相配的關係，但在《太玄》中每首中四重之象與贊非為一對一相配，此外，贊沒有象，因此沒有贊名如《易》之九、六，僅有贊位之名。是兩書系統的相迥異之處，不能以之相較。

（六）求而未通者六

> 易之爻位吉凶，推之於才德時象之變，錯之於中正剛柔之位，故可吉可凶，其法變動而不拘。今玄例以陽家一、三、五、七、九為晝，措辭吉，二、四、六、八為夜，措辭凶；陰家二、四、六、八為晝，措辭吉，一、三、五、七、九為夜，措辭凶；自始至終，一定不移，其法膠固而無變。此求而未通者六也。〔註357〕

《太玄》之福禍吉凶以陽家、陰家為先，每贊各為一晝一夜而成一天，以陰陽相生互換，是其揚雄建構特殊系統，「其法膠固而無變」是較於《易》之系統而言，然《太玄》之陽家、陰家與晝夜更迭有其獨創之可觀處。

（七）求而未通者七

> 聖人之於易，雖未嘗不致其扶陽抑陰之義，然陰陽者，造化之本，不可相無。聖人於其不可相無者，則以健順仁義之屬明之。雖其消息之際，有淑慝之分，固未始以陽全吉而陰全凶也。今玄例以晝吉夜凶，陰禍陽福，恐未足以盡聖人之微旨。此求而未通者七也。〔註358〕

陰陽關係在此章第三節部份以有詳盡論述，「子則陽生於十一月，陰終十月可

〔註356〕同註355。
〔註357〕《太玄本旨》，頁3～4。
〔註358〕同註357。

見也。午則陰生於五月，陽終於四月可見也。生陽莫如子，生陰莫如午。西北則子美盡矣，東南則午美極矣。」〔註359〕於陰極盛時，陽之始也；陽極盛時，陰之始也。陰陽之間的關係非「陽全吉，陰全凶」。

陽家一三五七九為晝，措辭吉；二四六八為夜，措辭凶。如贊為陽家且為次四，本應為凶，但在《太玄・玄圖》中又說：「四也者，福之資者也。」〔註360〕陽家贊之次七為吉，但《太玄・玄圖》中說：「敗損乎七」、「七也者，禍之階者也。」因而可知，「晝吉夜凶，陰禍陽福」、「陽全吉，陰全凶」非《太玄》之本意。

（八）求而未通者八

聖人仰觀俯察，見天地之間不過兩端而已，因畫一奇以象陽，畫一耦以象陰，奇耦之上復加一陰一陽，馴而至於六十四卦三百八十四爻。其於歲數雖不求其盡合，而自無不合。今玄首畫既不同，別立九贊，以兩贊當一日，凡七百二十九贊當一歲三百六十四日半，外立踦、嬴二贊以當氣盈朔虛，雖於歲數盡合，蓋亦模仿於曆以附會焉。初未見其必然，恐彌綸天地之經殆不如此。此求而未通者八也。〔註361〕

《易》以二分法來架構，畫一奇（—）以象陽、與畫一耦（--）以象陰，用以象徵天與地；《太玄》以陽（—）、陰（--）、和（---）為天地人三才，仍是以自然而然為之。

《太玄》有七百二十九贊用以代表三百六十四日半，另外又再加「踦」、「嬴」兩贊以與歲數相合。司馬光此段正說明此兩贊更具其生生之意，他說：「數之踦嬴，雖天地不能齊也。夫惟不齊，乃能生生變化無窮。是故日二十九日有踦而遷次，月二十七日有踦而周天，然後有晦朔、十干、十二支，雖然有六甲，此其所以為長久也。」〔註362〕「踦」與「嬴」更代表水、火，不啻為說明水與火是其為萬物創生之始。

總而言之，《易》以二分為之；《太玄》以三分為之。揚雄雖仿效《易》以作《太玄》，然在作《太玄》之際不僅也顯現出漢代大一統帝國以繁複窮盡

〔註359〕《太玄集注》，頁213。
〔註360〕同註357。
〔註361〕《太玄本旨》，頁4。
〔註362〕《太玄集注》，頁176。

來說明天人之理，並期掌握宇宙變化之可能，雖其中仍有其機械工匠之痕，但《太玄》以一人之力爲之至此，實屬不易。

二、《太玄》之學術價值

揚雄於《太玄》中自創一套以三分爲起的世界圖式，其中有對《易》的模擬仿效、對道家思想的承襲更新、對儒家道德人文的重視學習、對卦象節氣的配對排列、對渾天天體的說明描繪、對古文奇字的應用流傳、對因循革化的創新變革等等皆是揚雄在《太玄》書中所戮力建構組合的一套天體運轉世界圖式。

問永寧在〈試論《太玄》與古易的關係〉〔註363〕中說《太玄》中的易古義，對於易學史研究有重要作用，對於《歸藏》與簡帛易的研究、對於易本義的探討都不容忽視的價值。更有對揚雄思想之論述，認爲揚雄爲唯物主義者、反讖緯及神仙道化者、是二元論者等，如葉幼明在〈揚雄的『玄』是一個唯物主義命題〉〔註364〕中認爲揚雄是一位貫徹始終的堅定的唯物主義思想家。

以唯心與唯物論來二分揚雄究竟爲其中那一者，不如以「氣論」的思想基礎以觀而此問題因而解之。氣是一個連結形上形下、天與人、道與物爲一體者，既然做爲無形有形之相連者，一方面需廣大論述實然有限之物，另一

〔註363〕問永寧〈試論《太玄》與古易的關係〉：「通過上文的敘述，我們可以得到以下幾點結論：《太玄》確實保留了很多古易義，與馬、鄭所宗的費氏易有較多吻合，以傳釋經的解釋方法亦與費氏易一致，但不取費氏分野說。我們只能說，《太玄》確實受過中秘書《易經》的影響，揚雄作爲文字學家，他對這些古義有所利用。由於費氏易與中秘書《易經》多吻合，故《太玄》與費氏易一致處較多，但不能斷定二者有直接聯繫。另外，就目前的材料看，可以說費氏易與中秘書《易經》的吻合，絕不只是掉與未掉『無咎』等字，二者在易義上多以相同，而和孟、京等今文易的差別不只是在文字上。中秘書《易經》內容已不可考，但應有與《十翼》不同，而和帛書易內容相近的《易經》傳文。《歸藏》有傳本存在，揚雄寫《太玄》時還可能加以利用。《太玄》中的易古義，對於易學史研究有重要作用，對於《歸藏》與簡帛易的研究、對于易本義的探討都不容忽視的價值。」《深圳大學學報（人文社會科學版）》第 23 卷第 4 期（2006 年 7 月），頁 28。

〔註364〕葉幼明〈揚雄的「玄」是一個唯物主義命題〉：「我們無論從哪個角度來研究考察，揚雄講的玄，絕不是一個精神性的實體，不是一個唯心主義的命題，而是一個物質性的實體，是一個唯物主義的命題。揚雄是一位貫徹始終的堅定的唯物主義思想家，而不是一位半截子唯物主義的二元論者。」《湖南師範大學社會科學學報》第 26 卷 1997 年第 4 期（1997 年 4 月），頁 18。

方面，更是要在飛潛動植之各物中才能體現無形卻存在之道體，因此，氣論非專屬於唯心或唯物一方，而是兩者特質皆有之。

鄭萬耕〈試論《太玄》對《易傳》辯證思維的發展〉：

> 從理論思維上說，「陰陽消息說」所凸顯的是過程思維。所謂過程思維，就是把事物看作是動態的，從變化過程和轉化的角度，考察、認識事物的特性，認為全部現實都是過程，宇宙就是這些過程的集合體，世界上的一切事物都是暫時的，處於盈虛消長、生成滅亡的歷程之中。對於事物發生、發展和消亡的過程，《太玄》作了細緻的分析，並提升到理論層面，作了初步論證。如果和《易傳》相比較，可以說，《太玄》中的過程論思想更帶有形而上的性質和世界觀的意義。〔註365〕

可以證明整個氣論都是動態之過程，氣論乃在呈現世界中最真實的部份，真實中存有所謂「宇宙就是這些過程的集合體，世界上的一切事物都是暫時的，處於盈虛消長、生成滅亡的歷程之中」，氣論就是這整個之集合體。

〔註365〕鄭萬耕：〈試論《太玄》對《易傳》辯證思維的發展〉，《哲學與文化》第 31 卷第 10 期（2004 年 10 月），頁 97。

第五章 《法言》之氣論

　　揚雄《法言》所涉及的範圍頗廣，皆在表現揚雄自身的個性與學術特色，於西漢著作體例之中，存有時代的意義，〈法言序〉云：

　　天降生民，倥侗顓蒙，恣乎情性，聰明不開，訓諸理，譔〈學行〉。降周迄孔，成于王道，終後誕章乖離，諸子圖徽，譔〈吾子〉。事有本眞，陳施於意，動不克咸，本諸身，譔〈修身〉。芒芒天道，昔在聖考，過則失中，不及則不至，不可姦罔，譔〈問道〉。神心忽恍，經緯萬方，事繫諸道、德、仁、義、禮，譔〈問神〉。明哲煌煌，旁燭無疆，遜于不虞，以保天命，譔〈問明〉。假言周于天地，贊于神明，幽弘橫廣，絕于邇言，譔〈寡見〉。聖人聰明淵懿，繼天測靈，冠乎群倫，經諸範，譔〈五百〉。立政鼓眾，動化天下，莫尚於中和。中和之發，在於哲民情，譔〈先知〉。仲尼以來，國君將相，卿士名臣，參差不齊，一槩諸聖，譔〈重黎〉、〈淵騫〉。君子純終領聞，蠢迪檢柙，旁開聖則，譔〈君子〉。孝莫大於寧親，寧親莫大於寧神，寧神莫大於四表之歡心，譔〈孝至〉。〔註1〕

由〈法言序〉中可知揚雄撰寫各篇之目的，且揚雄認爲當時主流的今文經學家各以其知來解讀經典，用詭辭與小辯遮蔽聖人大道，因此，揚雄《法言》十三卷用以闡明己身對時代風潮的應對之道，徐復觀〔註2〕認爲揚雄《法言》

〔註1〕《法言義疏》，頁566～573。
〔註2〕徐復觀《中國哲學思想論集（第三冊）・兩漢魏晉隋唐篇》說：「《法言》實由兩個部份所構成，一部份是擬《論語》，另一部份則在用心上是擬《春秋》。雖然前一部份文字的的份量遠超過後一部份，但爲了眞正了解他的思想，以

是將尊孔精神建立在擬《論語》上,本文以驗證理性精神來說明宇宙中自然的天道,心與性,變化氣質之工夫等,揚雄尊孔復儒的精神顯而易見。

第一節　宇宙自然之天

一、天地交,萬物生

　　天地交而生萬物,萬物非己身獨立自化,天地相交相動以成萬物,氣論思想中以萬物相互感動,二氣五行因其比例各不相同,因此經由彼此間相感相動、相交相應的過程中,過與不及者透過工夫修養使二五之氣,互動調節為中庸常道,將氣化之變轉而為氣化之常,《法言·修身》云:

　　　　上交不諂,下交不驕,則可以有為矣。或曰:「君子自守,奚其交?」

　　　　曰:「天地交,萬物生;人道交,功勳成,奚其守?」〔註3〕

人與人之間彼此相交以動,與上相交不諂媚,與下相交不驕傲,持中庸之道以交,中庸之道為氣化生生流行下之應然常道,從交相以對之中完成、成就自我,君子若獨立孤守則無法取其精華、去其糟粕。人道因交而完成其功勳,天地因交而生養其萬物。在《太玄·交·玄首文》中云:

　　　　陽交於陰,陰交於陽,物登明堂,喬喬皇皇。〔註4〕

天地相交實則天地間陰氣、陽氣之相交,陰陽相交萬物破地而出,萬物中也交互相動,「交」首在九贊中,揚雄具體列舉萬物相交,如次三「交於木石」〔註5〕、次五「交于鸎猩」〔註6〕、次七「交於鳥鼠」〔註7〕、上九「交于戰

及後一部份所給與班氏父子所作《漢書》的鉅大影響,決不應把它忽略過。很遺憾的是後一部份,卻從來沒有人撿別出來。在西漢任何一部思想性的著作中,找不出一部像《法言》這樣以大量篇幅來品評人物的。他是力追孔子,孔子的思想人格不僅表現在《論語》上,更表現在《春秋》上。孔子作《春秋》,以褒貶為萬世立人極,好勝的揚雄,斷沒有不嚮往之理。但『春秋,天子之事也。』他的這一野心,只能用間接的方式表現出來,當時及後人便被他瞞過了。」牟宗三等著:項維新,劉福增主編(臺北:水牛圖書出版,1992年),頁94~95。

〔註3〕《法言義疏》,頁90。
〔註4〕《太玄集注》,頁37。
〔註5〕同註4。
〔註6〕同註4。
〔註7〕同註4,頁38。

伐」，〔註8〕揚雄強調天地萬物相交，始能相感相應，相互完成、彼此成就。《法言·孝至》云：

> 父母，子之天地與？無天何生？無地何形？天地裕於萬物乎？萬物裕
>
> 於天地乎？裕父母之裕，不裕矣。事父母自知不足者，其舜乎？〔註9〕

父母生育子女，有如天地化育萬物，天地富厚長養於萬物，萬物也需富裕以復歸天地，如子女事奉父母自知不足，時時刻刻戮力為之。《法言·問道》云：

> 曰：「天之肇降生民，使其目見耳聞，是以視之禮，聽之樂。如視不
>
> 禮，聽不樂，雖有民，焉得而塗諸？」〔註10〕

上天始降生萬民，使之目見以禮、耳聽以樂，禮樂為氣化生生不已中之應然道德，天地之道生生不息，降生人民也以生生之道養之，人民倘若目不視禮、耳不聽樂則不合天地之道，天地間流行、充斥氣化之變，天下乃大亂。《法言·問神》云：

> 天神天明，照知四方；天精天粹，萬物作類。〔註11〕

天有神明之生生不測作用，李軌注此句曰：「天以神明，光燭幽冥，照曜四方；人以潛心，鉤深致遠，探賾索隱。」〔註12〕天之神明如光燭之照耀，比於人心潛淵以致能夠至深至遠，也可以照知四方。又有云：「天以精粹覆萬物，各成其類；人以潛心考校同異，披揚精義。」〔註13〕天有精華精粹之功，以覆養萬物，生成各類萬物，相應於人心深潛則可去其蕪、存其菁。天與人能相應相對，實則是兩者皆為二五之氣所組合而成，因有相同本質之物才能相互感通，天化萬民以各種各類為生，有無限多之有限萬物，才得以完成天地之無限整體。金春峰〔註14〕認為揚雄對宇宙哲理的追求等都表現出可貴的理性精神。

〔註8〕同註4，頁38。
〔註9〕《法言義疏》，頁524。
〔註10〕同註9，頁126。
〔註11〕同註9，頁140。
〔註12〕同註9，頁140。
〔註13〕同註9，頁140。
〔註14〕金春峰《漢代思想史》：「在《法言》中，揚雄對宇宙哲理的追求，對神學、仙道迷信的批判，或對道德和政治的見解，也都表現出可貴的理性精神。」(北京：中國社會科學出版社，2006年)，頁375。

　　天生成萬物以成其類，但有生必有死，天之道亦如此，《法言・君子》云：

　　　　有生者必有死，有始者必有終，自然之道也。〔註15〕

天生養萬民，萬民承陰陽之氣而生，然有生必有死，有始必有終，爲自然運作之天道，不以漢代災異迷信附之。揚雄以爲天地運行、天道自然，以天爲自然之天，不以宗教、神秘論之。王充《論衡・道虛》中以「死者，生之效」、「有始者必有終」而論：

　　　　有血脈之類，無有不生，生無不死。以其生，故知其死也。天地不
　　　　生，故不死；陰陽不生，故不死。死者，生之效；生者，死之驗也。
　　　　夫有始者必有終，有終者必有始。唯無終始者，乃長生不死。人之
　　　　生，其猶水也。水凝而爲冰，氣積而爲人。冰極一冬而釋，人竟百
　　　　歲而死。人可令不死，冰可令不釋乎？諸學仙術，爲不死之方，其
　　　　必不成，猶不能使冰終不釋也。〔註16〕

王充於揚雄之後對生死之論有精闢之論，其言凡有血脈者有生必有死，天地、陰陽不生始能不死，「死者，生之效；生者，死之驗」生與死相爲驗證存在，一如有始有終之道，以氣眾積而爲人，如水凝結而爲冰，人之生如冰，冰有釋之一日，人有死之一天。因此，駁斥當時方士仙術以求不死之方，終不知其自然之道。揚雄言有生者必有死，有始者必有終，且萬物爲天地陰陽之氣化所生，雖未論及氣聚爲人，但其思想觀念亦如是。

二、天地爲萬物郭

　　天地生育長養萬物，萬物以天地爲外城，外城防衛保護其中之萬民，《法言・問神》云：

　　　　或問：「聖人之經不可使易知與？」曰：「不可。天俄而可度，則其
　　　　覆物也淺矣；地俄而可測，則其載物也薄矣。大哉！天地之爲萬物
　　　　郭，五經之爲眾說郭。」〔註17〕

儒家聖人經典艱難不易知，如同天地之傾刻不可度量之，天地薄無所覆蓋萬物，因此，說明天地爲萬物之外郭，儒家五經爲紛紜眾說之外郭，經典深難廣大而眾說皆於五經之內不出其外，天地厚實博淵而包覆萬物。揚雄以萬物

〔註15〕《法言義疏》，頁521。
〔註16〕《論衡》，卷7，頁76。
〔註17〕《法言義疏》，頁157。

於其中，天地含包於外，有「渾天」之宇宙天體觀念，《法言・重黎》云：

> 或問「渾天」。曰：「落下閎營之，鮮于妄人度之，耿中丞象之，幾乎！幾乎！莫之能違也。」請問「蓋天」。曰：「蓋哉！蓋哉！應難未幾也。」〔註18〕

漢代天體觀有三，一曰蓋天（周髀），二曰宣夜，三曰渾天。〔註19〕揚雄早期信奉「蓋天說」，但因與桓譚之論〔註20〕與發想，得知蓋天說與天體運行之道不相符，進而轉論「渾天說」。揚雄於《隋書・天文志》中有「難蓋天八事，以通渾天」，〔註21〕因而知蓋天不符合實際天體運行。

又在《太玄・中・初一》「昆侖旁薄，幽」〔註22〕、《太玄・玄首序》：「馴乎玄，渾行無窮正象天。」〔註23〕、《太玄・玄告》：「天穹隆而周乎下，地旁薄而向乎上，人而處乎中。」〔註24〕以天爲外、地爲內之渾行之體，揚雄以

〔註18〕 同註 17，頁 320。

〔註19〕 請參考第四章，第五節自然之天，前言中對三種天體的介紹。

〔註20〕 （東漢）桓譚撰；（清）孫馮翼輯注：《桓子新論》：「通人揚子雲，因眾儒之說天，以天爲蓋，常左旋，日月星辰隨而東西，乃圖畫形體行度，參以四時歷數，昏明晝夜，欲爲世人立紀律，以垂法後嗣。余難之，……子雲無以解也。後與子雲奏事待報，坐白虎殿廊廡下，以寒故，背日曝背。有頃，日光去背，不復曝焉。因以示子雲曰：天即轉蓋，而日西行，其光影當照此廊下而稍東耳，不當拔出去，拔出去，無乃是反應渾天家法焉。」（臺北：中華書局據問經堂輯本校刊，1969 年《四部備要》本），頁 18～19。

〔註21〕 （唐）魏徵撰《隋書・天文志》：「其一云：日之東行，循黃道晝中規，牽牛距北極百一十度，東井距北極南七十度，并百八十度，周三徑一，二十八宿周天當五百四十度，今三百六十度，何也？其二曰：春秋分之日正出在卯入在酉，而晝漏五十刻，即天蓋轉，夜當倍晝，今夜亦五十刻，何也？其三曰：日入而星見，日出而不見，即斗下見日六月，不見日六月，北斗亦當見六月，不見六月，今夜常見，何也？其四曰：以蓋圖視天河起斗而東入狼弧間，曲如輪，今視天河，直如繩，何也？其五曰：周天二十八宿，以蓋圖視天，星見者當少，不見者當多，今見與不見等，何出入無，冬夏而兩宿十四星當見，不以日長短故見有多少，何也？其六曰：天至高也，地至卑也，日託天而旋，可謂至高矣，縱人目可奪，水與景不可奪也。今從高山之上，以水望日，日出，水下影上行，何也？其七曰：視物近則大，遠則小，今日與北斗，近我而小，遠我而大，何也？其八曰：視蓋橑輻以星度天，南方次地，星間當數倍，今交密，何也？」（臺北：藝文印書館據清乾隆武英殿刊本景印），卷 19，頁 270～271。

〔註22〕 《太玄集注》，頁 4。

〔註23〕 同註 22，頁 1。

〔註24〕 同註 22，頁 216。

「渾天說」爲宇宙天體之運行。李軍〔註25〕更言揚雄是推動渾天說引發玄遠思辨的關鍵人物。

三、道非天然，應時而造

天道生生運行不已，不斷地生生運作，其中必定有時間和空間的轉移、變動，天非本然固定不變，而天道與時空進化完成，《法言‧問神》云：

> 或曰：「經可損益與？」曰：「《易》始八卦，而文王六十四，其益可
> 知也。《詩》、《書》、《禮》、《春秋》，或因或作，而成於仲尼，其益
> 可知也。故夫道非天然，應時而造者，損益可知也。」〔註26〕

儒家五經並非定立完成後就不可增損，如《易》八卦而文王增爲六十四，《詩》、《書》、《禮》、《春秋》孔子對其損益可知，五經爲常道，尚且有所變動，況於天道非天然，天道並非理學中存在形而上固定不可更動者，也非一個全然完成、整全無礙之理，是一個隨時空延轉過程中不停與萬物互動增損其道之天。天道與萬物皆有二五之氣，氣化非寂然不變，天地與萬物彼此間相互損益而造就天地萬物之整全，於互動的進程中，時間與空間是必然存在、展現眞實的基本要素。天時流動有必然之理於其中，《法言‧先知》云：

> 或曰：「爲政先殺後教。」曰：「於乎！天先秋而後春乎？將先春而
> 後秋乎？」〔註27〕

天行有其道，其道之順序爲「先春而後秋」，非爲「先秋而後春」，天之常道生生不已，道德義則存於其中，以天時生生不已中有先後之別，用以說明君行政治將效天而先教後殺，非殺爲先、教爲後。《法言‧寡見》云：

> 非其時而望之，非其道而行之，亦不可以至矣。〔註28〕

李軌注此句曰：「天由其時，人由其道，非時之有，望之不可得見；非道而行之，不可得至。」〔註29〕天依於運行之天時而動，人循著天時中之道而行，

〔註25〕 李軍〈揚雄與玄學〉：「兩漢天文學理論的發展是從蓋天說逐步發展到渾天說，渾天說對玄學思維的萌發具有孕育與催化作用，而揚雄正是促使和推動渾天說引發玄遠思辨的關鍵人物。」《中華文化論壇》1997年第1期（1997年），頁65。

〔註26〕 《法言義疏》，頁144。

〔註27〕 同註26，頁299。

〔註28〕 《法言義疏》，頁245。

〔註29〕 同註28。

若天與人皆不因其時其道而爲，終將不可以得、不能完成、成就之。天應時而造、依時而變，天之常與變關係爲何？《法言・君子》云：

> 或曰：「聖人之道若天，天則有常矣，奚聖人之多變也？」曰：「聖人固多變。子游、子夏得其書矣，未得其所以書也；宰我、子貢得其言矣，未得其所以言也；顏淵、閔子騫得其行矣，未得其所以行也。聖人之書、言、行，天也。天其少變乎？」〔註30〕

能順暢無礙地表現出二氣五行者爲聖人，聖人之道與天地之道相同，皆有常有變，常者爲生生中應然、必然之理，變者爲此理因時空之異、對象目的不同而有所變動，聖人多變中，「變」則爲氣化常道中因應不同對象所相應之改變，其變之範圍仍在氣化之常中，如子游、子夏得其書，宰我、子貢得其言，顏淵、閔子騫得其行，三者皆爲氣化常道展現，但因不同時空中之對象而有書、言、行之變，此變乃爲氣化常道中具體流行體現。天有其時，人亦有其時，於《法言・問神》云：

> 龍蟠于泥，蚖其肆矣。蚖哉，蚖哉，惡覩龍之志也與！或曰：「龍必欲飛天乎？」曰：「時飛則飛，時潛則潛，既飛且潛。食其不妄，形其不可得而制也與！」曰：「聖人不制，則何爲乎羑里？」曰：「龍以不制爲龍，聖人以不手爲聖人。」〔註31〕

以龍爲喻，時飛則飛，時潛則潛，「時」之觀念爲揚雄所重，龍不被環境所桎梏而失龍之志，如天之聖人不專持一端而受其限制，倘或天道不與時共進，以固定不變者應萬物之變，則此天道自然不能成爲整全與時代流行相應之天。

四、天道勞功

《易・象傳》曰：「天行健，君子以自強不息。」〔註32〕天道運行剛健不已，生生之道從未斷滅止息，聖人君子以習其道，因此可爲天與人是一。《法言・孝至》云：

> 天道勞功。或問「勞功」。曰：「日一日勞，考載曰功。」或曰：「君逸臣勞，何天之勞？」曰：「於事則逸，於道則勞。」〔註33〕

〔註30〕 同註28，頁509～510。
〔註31〕 同註28，頁141～142。
〔註32〕 《周易》，頁11。
〔註33〕 《法言義疏》，頁557～558。

「日一日勞」，天象每日移動一度，年年周而復始，天道日復一日、年復一年無止期而進，數日天體運行如一日，終始生生創造不息，生生不已，稱之為「勞」；「考載日功」，李軌曰：「考，成也；載，歲也。周而復始，以成其歲，故曰功。」〔註34〕天於事則逸，於道則勞，天之行道乃為天之首要作為，明白說出天之勞與功為何？天勞、天功皆為天道不息之運行。天道其勞，同於天之聖人亦如此，《法言・問明》云：

> 或謂「仲尼事彌其年，蓋天勞諸，病矣夫。」曰：「天非獨勞仲尼，
> 亦自勞也。天病乎哉？天樂天，聖樂聖。」〔註35〕

仲尼一整年事情都繁多彌滿，有人以為是天道將勞累困病於孔子，反觀之，天之生生不息地運行，聖人順應學習天道而達其「君子以自強不息」，聖人以天道為依歸，模仿、學習天道生生不息的精神，期待能以有限之力接近且完成無限之天道。這樣的天為生生運行的自然之天，非為一個有主體好惡，有賞有罰之人格宗教天。《法言・寡見》云：

> 雷震乎天，風薄乎山，雲徂乎方，雨流乎淵，其事矣乎？〔註36〕

天道勞功之具體作為有「雷震乎天」、「風薄乎山」、「雲徂乎方」、「雨流乎淵」，此自然天實際展現雲行雨施化育萬物，天之運行有常，人亦應法其天並努力上進。天道運行為氣化之常道，聖人法其天道，依常道而行，則天道不違，《法言・寡見》云：

> 秦之有司負秦之法度，秦之法度負聖人之法度，秦弘違天地之道，
> 而天地違秦亦弘矣。37〔註37〕

秦朝法度嚴峻且秦之官吏殘虐百姓，秦之法度與聖人之法相悖，聖人法天地而來，因此，秦與天地之道大相違背，不以常道教民、使民，百姓萬物也為二五之氣所生，秦之違百姓常道，且違天地之道，然天地之道必違秦。陳福濱在《揚雄》〔註38〕認為揚雄的天是無為，天創生萬物，無假造作。

〔註34〕同註33。
〔註35〕同註33，頁182。
〔註36〕同註33，頁229。
〔註37〕《法言義疏》，頁245。
〔註38〕陳福濱《揚雄》：「天是無為的，天創生萬物，天乃造化萬物之根本，萬物眾形皆自然而然，無假造作。《法言》中對天的論述是綜合儒、道兩家思想而有的觀念，人由天地所生成，天生人，地成人形。」（臺北：東大圖書股份有限公司，1993年），頁49。又言：「天不僅是創生萬物的主體，同時也是人仿效

五、無爲之爲

　　天道生生不息，謂其勞，天運轉循環返復，謂其功。然天以自然氣化常道運行，勞與功是在描述運行不止之常道，因此，「於事則逸，於道則勞」天道對萬物運作不加以干涉，行無爲之爲，《法言·問道》云：

> 或問「天」。曰：「吾於天與，見無爲之爲矣！」或問：「彫刻眾形者匪天與？」曰：「以其不彫刻也。如物刻而彫之，焉得力而給諸？」〔註39〕

天行無爲之爲，天不會雕刻眾形，倘若天對於天地間飛潛動植任何萬物皆親自雕刻其形，揚雄認爲天非有如此龐大力量一一製作之，與〈孝至〉中所言「於事則逸」相應，因天所爲者爲道不爲事。「天地交，萬物生」且天以氣化常道運行，萬物由天地所生，二五之氣存在萬物之間，萬物各具其主體性，天不以有爲干預萬物，無限多不同萬物以所稟賦之氣自我雕形刻物，萬物不爲天所主宰下之物，而有萬物自主力量，可看出人文努力精神於其中。《法言·問道》云：

> 或問「無爲」。曰：「奚爲哉？在昔虞、夏襲堯之爵，行堯之道，法度彰，禮樂著，垂拱而視天下民之阜也，無爲矣。紹桀之後，篡紂之餘，法度廢，禮樂虧，安坐而視天下民之死，無爲乎？」〔註40〕

問「無爲」爲何，而揚雄如同老子正言若反地回答爲何要有爲？以古史之舜、禹依循堯行常道，法度彰明、禮樂顯著，垂拱無爲而人民富裕；繼承桀、紂之變道，法度禮樂皆毀廢，此時不以常道而爲則天下人民皆亡。順天地間生生不息運行常道而行，則無需多爲常道以外之事，但倘若天地間行氣化之變，則需將氣化之變轉化爲氣化之常，此時不能安坐而視逆變之道不有所作爲了。天地常道無爲之爲所指爲何？《法言·問道》云：

> 或問「德表」。曰：「莫知，作上作下。」請問「禮莫知」。曰：「行禮於彼，而民得於此，奚其知！」或曰：「孰若無禮而德？」曰：「禮，體也。人而無禮，焉以爲德？」〔註41〕

　　的對象，人之成聖、成德必須敬天、尊天，聖人神明，其德如天，無微不察，周知萬物。」，頁50。
〔註39〕同註37，頁114。
〔註40〕《法言義疏》，頁125。
〔註41〕同註40，頁112。

有德者在上位，他的治化表現對於人民，上者興德、下者化於德且人民不知有其化。對於行禮，亦上德之士行禮，下民承而受之，不知其所何由，自然而然受且化。「無禮而德」揚雄從此處說明非有一個形而上無所依之道，如果只言形上之德不言具體禮之作爲，道在禮中現，禮如人之體，有人之體始能承天之道、天之德，天之道與德也非於形上展現，需在具體有形之人與物中發揮、體現，如氣論中形上之道必在有形之物中始存有，道在禮中，道在物中，氣爲道在物中體上貫下實現之關鍵點。《法言・五百》云：

> 或問：「天地簡易，而聖人法之，何五經之支離？」
>
> 曰：「支離蓋其所以爲簡易也。已簡，已易，焉支？焉離？」〔註42〕

天地運行生生不已，生生中有道德必然性，此道依氣化常道而爲，所謂簡易，經爲常，五經爲人承天地間之常道所記，天地唯以常道爲道，因此稱簡易，五經承天地常道而來，應爲簡且易，支與離是指常道下「同本離末」者而言，爲將此常道圓滿無礙表現則分解其說，回復五經所承之意則當然如天地常道般之同本而簡易。此簡易之道如同揚雄所言，天道是無爲之爲的，順天地間生生常道而運行，於事則逸，於道爲勞。

六、同天人之際

漢代彌漫著迷信天道思想觀，《春秋繁露》以「人副天數」、「天人相應」等思想藉此抵制約束帝王行爲，天之所爲與人之所行終歸於神秘天道所至，因此，揚雄更以理性精神解釋何爲天？何爲人？期望以人文努力達至天人爲一、天人是一之境。《法言・重黎》云：

> 或問：「嬴政二十六歲，天下擅秦。秦十五載而楚，楚五載而漢。五十載之際，而天下三擅，天邪？人邪？」曰：「具。周建子弟，列名城，班五爵，流之十二，當時雖欲漢，得乎？六國蚩蚩，爲嬴弱姬，卒之屛營，嬴擅其政，故天下擅秦。秦失其馲，罷侯置守，守失其微，天下孤睽。項氏暴強，改宰侯王，故天下擅楚。擅楚之月，有漢創業山南，發迹三秦，追項山東，故天下擅漢，天也。」「人？」曰：「兼才尚權，右計左數，動謹於時，人也。天不人不因，人不天不成。」〔註43〕

〔註42〕同註40，頁262。
〔註43〕《法言義疏》，頁354。

五十年中歷經秦、楚和漢三朝，揚雄認爲其中有天之自然因素和人之人文努力兩部份。周朝分封土地於十二同姓諸侯，以五個爵位排列之，雖然都想如漢代一樣統治全天下，但六國愚昧無知，所爲之行是爲秦薄落周之力，最後使秦掌其權，秦得天下；而後秦失其計謀，罷除封侯而設郡守，郡守失去對人民約束，天下分離，項羽再分封侯王，天下歸楚；天下歸項羽之後，劉邦在漢中創業，併吞三秦，消滅項羽，天下歸漢，此之謂「天」。招攬有才能與勇敢之士，一切行爲都經過仔細盤算計劃，行動依時而行並小心謹愼，此之謂「人」。

　　天與人之異，「人」一切將可由人爲縝密心思，小心行爲而有所達，「天」則順其天時與百姓眾民之聲，以使天下、民心不分離，乃爲天，天非巫覡迷信之神秘天、宗教天，揚雄所言之天乃貼近眾民之心、順勢爲之者則可得其天。《法言・重黎》云：

> 或問：「楚敗垓下，方死，曰：『天也。』諒也？」曰：「漢屈羣策，羣策屈羣力。楚憞羣策而自屈其力。屈人者克，自屈者負，天曷故焉？」〔註44〕

項羽認爲敗於垓下是天所爲，揚雄認爲因爲漢採用群眾策略與智慧，竭盡眾人之力；項羽厭惡群眾之智而用盡己身之力，以上皆謂「人」不爲「天」，是己身所能掌握者，不以「天」論之。《法言・重黎》云：

> 或問：「秦、楚既爲天典命矣，秦繼灞上，楚分江西，興廢何速乎？」曰：「天胙光德，而隕明忒。昔在有熊、高陽、高辛、唐、虞、三代，咸有顯懿，故天胙之，爲神明主，且著在天庭，是生民之願也，厥饗國久長。若秦、楚彊閱震撲，忸藉三正，撥其虐於黎苗，子弟且欲喪之，況於民乎？況於鬼神乎？廢未速也！」〔註45〕

論秦與楚皆爲天所命之，但興廢何其快？揚雄云「天胙光德，而隕明忒」，從黃帝、顓頊、嚳、堯、舜五帝與三代皆有顯著之美德，彰著於天庭之中，爲生民之所願，其所饗國統治長久；但秦與楚內部強烈鬥爭，蹧棄天地人之三正道，殘暴地對待子民，連自己子弟都想推翻他，況且百姓與鬼神。順其天地常道而爲、依循百姓所願、以美德照知天下，乃可得其「天」。揚雄論「天」不離生民之生活、國家之治亂，以不背離應然之常道爲「天」，「天」

〔註44〕《法言義疏》，頁361。
〔註45〕同註44，頁362。

雖不為人所能控制，然行天地之常道則可近於天，甚而得其天。《法言・五百》云：

> 或問：「星有甘、石，何如？」曰：「在德不在星。德隆則晷星，星隆則晷德也。」〔註46〕

揚雄認為人事的吉凶在行德不在星象，道德隆盛而星象反映之，星象所呈現的為道德之影。《法言・五百》又云：「史以天占人，聖人以人占天。」〔註47〕強調聖人以人占天，非史之以天占人，重視人事勝於漢代人們對天的崇拜與恐懼，以萬物行常道、體天道為主，知見己身追求人文觀之精神。《法言・五百》云：

> 聖人有以擬天地而參諸身乎！〔註48〕

聖人模擬天地，而天地人並為一，李軌注曰：「稟天地精靈，合德齊明，是以首擬天，腹擬地，四支合四時，五藏合五行，動如風雷，言成文章。」〔註49〕李軌以聖人之首、腹、四肢、五藏、動言全都比擬於天地，聖人與天地並為三才，舉止行為皆合於天地常道，使其天地人無所分界。《法言・學行》云：

> 天之道不在仲尼乎？仲尼駕說者也，不在茲儒乎？如將復駕其所說，則莫若使諸儒金口而木舌。〔註50〕

天道存於聖人中，存於仲尼，仲尼合己身之德而使天地人三才為一，天道不是虛玄且形上之道，是活現於具體萬物中，以行為動作體現天道存在，因此，後世儒者將宣揚天道，則以仲尼言說為主，如金口木舌之木鐸大肆宣傳於眾人。《法言・問神》云：

> 聖人存神索至，成天下之大順，致天下之大利，和同天人之際，使之無間也。〔註51〕

聖人集中精神去探索追求微妙之道，成就天下順事無為，達到天下利物無害，調和天人之間的關係，使之無間隙。天以氣化不止息地運行，生生中存其大德，人法天而行，以天為遵循之道，天地生而萬物成，萬物中稟承天地二五之氣，去蕪存菁地捨棄陷溺、制約之氣化之變，使氣化之變轉化為氣化之常，

〔註46〕同註44，頁265。
〔註47〕《法言義疏》，頁264。
〔註48〕同註47，頁248。
〔註49〕同註47，頁248。
〔註50〕同註47，頁6。
〔註51〕同註47，頁141。

使具體有限之形軀能透過工夫修養以達天人、上下是一。

第二節　由氣所論之心性

一、心

（一）心為人之得

揚雄認為能主宰全身行為者，乃出自於一人之心，《法言・孝至》云：

> 天地之得，斯民也；斯民之得，一人也；一人之得，心矣。〔註52〕

心為一統天下，正天下之端。司馬光云：「天地因人而成功，故天地之所以得其道者，在民也。民之所以得其道者，在君也。君之所以得其道者，在心也。」〔註53〕天地四方中，一切以心為其出發，「一人」乃指君王，以君王之心發而行道，天地萬民萬物全可得其道。

《漢書・董仲舒傳》：「故為人君者，正心以正朝廷，正朝廷以正百官，正百官以正萬民，正萬民以正四方。」〔註54〕依董仲舒對策中言，人君之心乃正則可使其朝廷、百官、萬民，乃至四方天下皆正。因心的發動為正道，君王才得以正天下，君王正其心則能正朝廷、正百官、正萬民、正四方，換言之，君王若完成正道能使天下歸於正，全然是因心之生生不已作用所致。《法言・孝至》云：

> 或問「大」。曰：「小。」問「遠」。曰：「邇。」未達。曰：「天下為大，治之在道，不亦小乎？四海為遠，治之在心，不亦邇乎？」〔註55〕

「天下為大，治之在道」治理天下的方法乃為道，「道」雖深厚難知，然當道始通、理乃達，則可說「道」為小；「四海為遠，治之在心」君王治理天下之關鍵在於「心」，就算為廣闊達遠之四海，也可因有「心」持之，四海廣遠皆可治。

此說明治理之道乃在以道用之，以心持之。治理天下之君王如果用對方法，一心專力以治，天下四方皆歸順之。《法言・學行》云：

> 頻頻之黨，甚於鷃斯，亦賊夫糧食而已矣。朋而不心，面朋也；友

〔註52〕《法言義疏》，頁540。
〔註53〕同註52。
〔註54〕《漢書補注》，頁1165。
〔註55〕同註52，頁541。

而不心，面友也。〔註56〕

以心和朋友相交互動，乃爲眞正之朋友，非面朋面友。以朋友比喻頻頻之黨，朋友之間倘若無用其心，無以心交，則此朋友僅爲表面上之友非爲眞正交心之友。人與人間互動全出於一心之眞，從心之發動才爲眞心眞爲。

司馬光注此句云：「言朋友當以誠心相與切磋琢磨，不可心知其非而不告，但外貌相媚悅，羣居游戲，相從飲食而已。」〔註57〕司馬光更明白說出以誠心交友不爲外在歡悅取樂，知其非不告，不相互砥礪者皆非眞正之友，因此可知，與人交皆以一心之眞爲出發，此心是爲互動中一切發動之始。《法言·寡見》云：

好盡其心於聖人之道者，君子也。人亦有好盡其心矣，未必聖人之
道也。〔註58〕

發動其心並盡力修養以達到聖人之道，未盡其心絕對不能成其道，但盡其心雖非必然得之，然一心之發始有達成聖人之道的可能性。《法言·淵騫》云：

或問「勇」。曰：「軻也。」曰：「何軻也？」曰：「軻也者，謂孟軻
也。若荊軻，君子盜諸。」請問「孟軻之勇」。曰：「勇於義而果於
德，不以貧富、貴賤、死生動其心，於勇也，其庶乎！」〔註59〕

《孟子》：「『敢問夫子惡乎長？』曰：『我知言，我善養吾浩然之氣。』『敢問何謂浩然之氣？』曰：『難言也。其爲氣也，至大至剛，以直養而無害，則塞于天地之間。其爲氣也，配義與道。』」〔註60〕孟子善養其浩然之氣，並使浩然之氣充塞於天地之間，凝結於己身，行之爲義與道。心之發動倘若順氣化之常道，就能表現出義與道，心、義、道豈爲相異之物？孟子認爲義與道是氣化聚而所生，未言心爲氣化所生，然心如果非氣化所生豈能相應相感。總而論之，心能發動、相應於義與道，是因爲心、義、道皆二氣五行所凝聚而生，彼此內在有相同構成之理，物與物始能相互感通。一心感通進而發用義與道，因此能使遇富貴而淫、貧賤而移、威武而屈等氣化之變，以一心轉而爲氣化之常，不受外在氣化之變所左右。

〔註56〕《法言義疏》，頁34。
〔註57〕同註56。
〔註58〕同註56，頁215。
〔註59〕同註56，頁419。
〔註60〕《孟子》，頁54～55。

（二）羣心之用

人之心不是只存在而不作用，人心發展出最大的作用以在於表現聖道，《法言‧五百》云：

> 赫赫乎日之光，羣目之用也；渾渾乎聖人之道，羣心之用也。〔註61〕

司馬光注此句云：「目因日光然後能有見，心因聖道然後能有知。」〔註62〕羣眾的眼睛能看見日光之盛大明亮，此之爲目之用。羣眾之心以氣化之常來發用，氣化之常在人與人互動間能表現出常道，集合常道之心所發用的舉止行爲，各個迥異的行爲表現之總合乃爲聖人之道。聖人之道是渾厚博大的，包含所有氣化常道的展現。《法言‧修身》云：

> 公儀子、董仲舒之才之邵也，使見善不明，用心不剛，儔克爾！

〔註63〕

「見善明者，智也；用心剛者，勇也。」〔註64〕以公儀子、董仲舒爲例，說明人心之用，倘若心剛則能表現出「勇」，「勇」乃爲人心之發動後的內涵之一。換言之，心之用以特定對象則能表現出不同的內涵。《法言‧問神》云：

> 言不能達其心，書不能達其言，難矣哉！惟聖人得言之解，得書之體，白日以照之，江、河以滌之，灝灝乎其莫之禦也！面相之，辭相適，捈中心之所欲，通諸人之嚍嚍者，莫如言。彌綸天下之事，記久明遠，著古昔之，傳千里之忞忞者，莫如書。故言，心聲也；書，心畫也。聲畫形，君子小人見矣。聲畫者，君子小人之所以動情乎？〔註65〕

人面對面用言語來往且相互交流著，發抒出人心中的欲念，溝通人與人之間憒憒之事，此皆爲言語所能及者；總括天下眾人所不了解的、古今遠近大家目所不見的，而文章是最能呈現出來的方式，且文章還能道出時間和空間的變化。「言，心聲也；書，心畫也」言語和文章皆從心所發的不同具體形式，換言之，心之用具體有形者，可化爲言語與文章，因而能爲眾人所知所見。

聖人之心所發出的外在可見之言語與文章，因聖人是陰陽二氣順暢調和者，聖人之心所發的言語與文章也合於氣化之常道，此合乎氣化常道之言語

〔註61〕《法言義疏》，頁262。

〔註62〕同註61。

〔註63〕同註61，頁91。

〔註64〕同註61，頁91。

〔註65〕《法言義疏》，頁159～160。

與文章是經白日、江河的洗滌後皆不變的廣大力量。

言語和文章的表現就是心的呈現、心之用的外在具體物，依據此外在具體之物就可探知人之心，分別君子與小人。「聲畫者，君子小人之所以動情乎」心聲、心畫的言語和文章都是心之用、心之動所表現而外顯者。

（三）潛天而天，潛地而地

心之作用為神，心有無窮無盡的神妙作用，以心之神用將能潛天、潛地、達聖人之道，《法言・問神》云：

> 或問「神」。曰：「心。」「請問之。」曰：「潛天而天，潛地而地。天地，神明而不測者也。心之潛也，猶將測之，況於事倫乎？」「敢問潛心于聖。」曰：「昔乎，仲尼潛心於文王矣，達之。顏淵亦潛心於仲尼矣。未達一間耳。神在所潛而已矣。」〔註66〕

「神」為神妙不測的作用，且以「神」說明「心」也具有此種作用。「天地，神明不測者也」天地是陰陽相生而成，陰陽相生之天地有任何的可能性，因而不可測知，但「心」卻能夠潛沉深入天地之不測處，此「心」為其一心朗現之心，一心深入即可「潛天而天，潛地而地」，潛天潛地全為心之作用，心之神妙作用就稱之為「神」。因此，一心作用可以潛入深不可測之天地，潛人、潛事更是有心即可達的。

《荀子・解蔽》云：「心者，形之君也，而神明之主也」〔註67〕明白說明主宰形體者與神明不測作用者稱之為心。然而此種說法將心置為第一義，形體為心所主宰下的第二義？實際上，假始沒有形體，道德仁義將無能承載，形體非第二義，而是氣化真實的存在。

以孔子為例說明「潛心于聖」，孔子於文王學為聖，聖為氣化之常道最順暢無礙者，顏淵還差一間就可達到聖人之道。因而可知，心貫於天文地理之無限大之中，才由各種具體有限之物質肯認吾心也是無限廣大的，無限廣大的心是實然存在的、是由實體而來的。與佛學之心體超越現實世界以求空境、無限，是截然不同之兩者。《法言・問神》云：

> 人心其神矣乎？操則存，舍則亡。能常操而存者，其惟聖人乎！
>
> 〔註68〕

〔註66〕 同註65，頁137。
〔註67〕 《荀子集解・考證》，頁367。
〔註68〕 《法言義疏》，頁140。

前者已述「心」與「神」之關係，然心之神妙不測的作用，「操則存，舍則亡」是己身所能掌握操持的。但是一般眾人常舍而亡之，唯有去其氣化之變，存其氣化之常的聖人能夠日常久存心之神用，可知一心之用是人之用心皆可操存之的。

二、性

（一）人之性，善惡混

從古至今論性者有各種相異之見，並各持己說，性善論與性惡論先於揚雄「人之性也，善惡混」，眾說皆論揚雄爲兩者論述之折衷者，然此種論述過於直斷，於戴震《孟子字義疏證》中詳述性論之流別，戴震云：

> 問：告子言「生之謂性」，言「性無善無不善」，言「食色性也，仁內義外」，朱子以爲同於釋氏；其「杞柳」「湍水」之喻，又以爲同於荀揚。然則荀揚亦與釋氏同與？曰：否。荀揚所謂性者，古今同謂之性，即後儒稱爲氣質之性者也。但不當遺理、義而以爲惡耳。在孟子時，則公都子引或曰「性可以爲善，可以爲不善」，或曰「有性善，有性不善」，言不同而所指之性同。荀子見於聖人生而神明者，不可概之人人，其下皆學而後善，順其自然則流於惡，故以惡加之。論似偏，與「有性不善」合。然謂禮義爲聖心，是聖人之性獨善，實兼公都子兩引或曰之說。揚子見於長善則爲善人，長惡而爲惡人，故曰「人之性也善惡混」，又曰「學則正，否則邪」，與荀子論斷似參差而匪異。韓子言「性之品有上中下三，上焉者善焉而已矣，中焉者可導而上下也，下焉者惡焉而已矣。」此即公都子兩引或曰之說，會通爲一。朱子云：「氣質之性固有美惡不同矣，然以其初而言，皆不甚相遠也，但習於善則善，習於惡而惡，於是始相遠耳。」「人之氣質，相近之中又有美惡，一定，而非習之所能移者。」直會通公都子兩引或曰之說解《論語》矣。程子云：「有自幼而善，有自幼而惡，是氣稟有然也。善固性也，然惡亦不可不謂之性也。」此與「有性善有性不善」合，而於「性可以爲善，可以爲不善」，亦未嘗不兼，特彼仍其性之名，此別之曰氣稟耳。〔註69〕

〔註69〕　（清）戴震撰：《孟子字義疏證》（臺北：廣文書局，1978 年），卷中，頁8～9。

在戴震《孟子字義疏證》及焦循《孟子正義》〔註70〕中論述人性之善惡問題，約有五種不同流別種類。一為告子之「性無善，無不善」；二、三為公都子兩引或曰之「性可以為善，可以為不善」、「有性善，有性不善」；四為孟子「性盡善」；五為揚子之「人之性也，善惡混」。可見於揚雄提出「善惡混」說以前，並非僅存孟子性善與荀子性惡二分法之人性論的看法。以下對此五種性論分別說明之。

　　告子「性無善，無不善」之性為中性之詞，並未存有主動意涵。公都子之「性可以為善，可以為不善」其中之「可以為」將性提升為有主動發用義，但未說明性可以為善、可以為不善之根本動力來源為何。「有性善，有性不善」已經直言論斷性善與性惡之本然存在，因此，戴震更言荀子為「論似偏，與『有性不善』合。然謂禮義為聖心，是聖人之性獨善，實兼公都子兩引或曰之說。」孟子之「性盡善」，惡皆外在之源。揚雄為「人之性也，善惡混」，但未說明性之善惡混是天生而成之善惡混，或後天之善惡混，抑或是性可以為善、可以為惡等相關問題。

　　此五種人性論之流別常為後代引論之標準，有混合其說以成己說者，如韓愈性三品說，戴震論為「此即公都子兩引或曰之說，會通為一」；戴震論朱熹之「直會通公都子兩引或曰之說解論語矣」；程子更是兼各種性論於其中。

　　對於了解眾多性論之發展後，進而來討論揚雄「善惡混」，而「善惡混」之真意又為何解？揚雄在《法言・修身》云：

　　　人之性也，善惡混。修其善則為善人，修其惡則為惡人。氣也者，
　　　所以適善惡之馬也與？〔註71〕

司馬光注此句曰：「孟子以為人性善，其不善者，外物誘之也。荀子以為人性惡，其善者，聖人教之也。是皆得其一偏，而遺其本實。夫性者，人之所受於天以生者也，善與惡必兼有之，猶陰之與陽也。」〔註72〕司馬光認為孟子、荀子所執之性善與性惡都是偏於一方，他認為天有陰陽，天生而為人，人有善惡是必然道理，因天之陰與陽是不離的關係，相對於人而言，人性中也沒有純善無惡或純惡無善的情狀，以此之論來述說揚雄性之善惡混。司馬光又言：

〔註70〕（清）焦循撰；沈文倬點校：《孟子正義》（北京：中華書局，1996 年），頁750。

〔註71〕《法言義疏》，頁85。

〔註72〕同註71。

> 是故雖聖人不能無惡，雖愚人不能無善，其所受多少之間則殊矣。
> 善至多而惡至少，則爲聖人；惡至多而善至少，則爲愚人；善惡相
> 半，則爲中人。聖人之惡不能勝其善，愚人之善不能勝其惡，不勝
> 則從而亡矣。故曰：「惟上智與下愚不移。」雖然，不學則善日消而
> 惡日滋，學焉則惡日消而善日滋，故曰：「惟聖罔念作狂，惟狂克念
> 作聖。」必曰聖人無惡，則安用學矣？必曰愚人無善，則安用教矣？
> 〔註73〕

司馬光以善惡比例之多寡來分聖人、中人及愚人三等。善多於惡爲聖人，惡
多於善爲愚人，善惡各半者則爲中人。然由此觀之，司馬光論人性只有善惡
兩種可能，但性也爲二氣五行所生，並因強弱、隱顯之不同，二五相生有各
種的可能性，因此，只能說是近於聖人、愚人或中人者。

　　「不學則善日消而惡日滋，學焉則惡日消而善日滋」，司馬光強調就算是
聖人，也絕對沒有天生善而後天不經努力能維持善者，連聖人也都要經由不
斷的學習使「惡日消而善日滋」，一旦不學即「善日消而惡日滋」，前述乃司
馬光發揮揚雄強調人文修養的部份。因此，聖人無惡、愚人無善之「上智下
愚不移」，全爲立基於學與不學之間，聖人不停息地學習、愚人無絲毫學習之
心，才導致上智、下愚之不移的可能。「修其善則爲善人，修其惡則爲惡人」
揚雄就如同司馬光所論都在說明學習修養的重要性，並強調人文精神的努力
不懈。

　　揚雄「人之性也，善惡混」，依司馬光論說將天與人相並而論，天之陽存
而肯定人之善，天之陰存而確認人之惡，換句話說，雖可說性之中有善有惡，
此之解雖可通，然顯而易見此說過於平面直述。

　　以氣化來論揚雄「善惡混」，可知性爲陰陽相生之主體，在氣性之中本有
生生作用存在，生生不已的作用中有其必然如此、應然如此的道德義，另外，
生生更包括完成、死亡、凝結等作用。陰陽相生之「性」並非一個不動的主
體，此主體會隨著時間和空間轉移而變動存在，當在時空運行下性之主體倘
若能以二氣五行順暢流行著，表現出的主體乃爲合於氣化之常的善；反言之，
倘若性之主體若在時空流轉、生生作用中逐漸地減半、減慢、背反，將氣化
流行轉爲氣化之變後，惡性因而生之。因此不能闡述性中有善有惡，而是經
過具體時空互動下，善惡才展現其意義的。郭君銘在《揚雄《法言》思想研

〔註73〕同註71。

究》中說「揚雄所謂『適善惡之馬』的『氣』，也受到了孟子思想的影響，突出了主體的自覺在道德修養中的作用。」〔註74〕、「因為『志』的指向決定『氣』的發展趨向」，〔註75〕因此可知，揚雄更強調人文主體意識在道德修養上所支配的重要性。

漢代論性情者蔚為風潮，本文藉氣論思想以觀漢代性論及其相關論題。早於揚雄所出之《春秋繁露・深察名號》云：

> 天地之所生，謂之性情。性情相與為一瞑，情亦性也。謂性已善，
> 奈其情何？故聖人莫謂性善累其名也。身之有性情也，若天之有陰
> 陽也。言人之質而無其情，猶言天之陽而無其陰也。〔註76〕

天地所生之性情，性與情非相離之物，「身之有性情也，若天之有陰陽也」，將人之性情與天之陰陽相對，「言人之質而無其情，猶言天之陽而無其陰也」，「人之質」是指性且相對於天之陽，情為天之陰，說明陰陽共存、性情必也共存的觀念。

「天兩有陰陽之施，身亦兩有貪仁之性」〔註77〕、「善出於性，而性不可謂善」〔註78〕天有陰陽兩種作用，人有貪仁兩種本性，性不再是與形上斷裂之性，而是一個上下是一、與天道為一的氣質之性。

而晚於揚雄所出的《論衡・本性》云：

> 周人世碩以為「人性有善有惡，舉人之善性，養而致之，則善長；
> 性惡，養而致之則惡長。」如此，則〔情〕性各有陰陽，善惡在所
> 養焉。故世子作《養書》一篇。宓子賤、漆雕開、公孫尼子之徒，
> 亦論情性，與世子相出入，皆言性有善有惡。〔註79〕

王充認為性情中各具陰氣、陽氣，「善惡在所養」善與惡的關鍵於養之道，養善而為善，養惡而為惡，因此，王充以為「性有善有惡」。《白虎通・情性》云：

> 性情者，何謂也？性者陽之施，情者陰之化也。人稟陰陽氣而生，
> 故內懷五性六情。情者，靜也。性者，生也。此人所稟六氣以生者

〔註74〕《揚雄《法言》思想研究》，頁99。
〔註75〕同註74。
〔註76〕《春秋繁露》，卷10，頁56。
〔註77〕同註76。
〔註78〕同註76，卷10，頁58。
〔註79〕《論衡》，卷3，頁31。

也。故《鉤命決》曰「情生于陰，欲以時念也。性生于陽，以就理

也。陽氣者仁，陰氣者貪，故情有利欲，性有仁也。」〔註80〕

「性者陽之施，情者陰之化也」人有性與情，有陽氣、陰氣。「性者，生也」性爲生生不已之動力，「情者，靜也」情不爲一主動發起作用，是處靜之狀態中，《白虎通》中也以陰陽論性情。《法言·五百》云：

或問「禮難以彊世」。曰：「難故彊世。如夷俟倨肆，羈角之哺果而咶之，奚其彊？或性或彊，及其名，一也。」〔註81〕

因「禮」往往難以勉強世人遵守，遵守禮對世人而言非爲容易之事，但對於張開雙腿放肆地坐在地上、小孩口裡咀嚼果實這樣的事是易而達之、不需勉強的。有些事合於本性，行之簡易，有些事則不與本性相合，行之勉強如世人行禮，此處強調禮不論是性中本有者或須勉強爲之者，都需要盡力去做，因此，禮之於人「或性或彊」可知人性之中本有人近於禮、有人遠於禮，性之本質人人各異，用以強調要藉由後天「學習」，以達性中有禮。《法言·學行》云：

學者，所以修性也。視、聽、言、貌、思，性所有也。學則正，否則邪。〔註82〕

「視、聽、言、貌」爲外在耳目感官，「思」是內在思維、想法，性中含括了此五種不同的事物，此五種事物皆由性所發，但揚雄並未言發五事之性是善是惡，只說要學以修性，「學則正，否則邪」強調後天學習工夫。揚雄論述中常以「性」、「學」相提並論，不純從形上論述先驗之性，而是將性與學、性與修養等後天工夫並論之，可知揚雄之性並非在論述本有之性是善是惡，可善可惡，爲善爲惡等問題，揚雄所關注者爲隨時空氣化流轉之性，生生不已的過程中能夠以學習修養等工夫使氣性本質順暢，進而表現出善性。

（二）性分三品

揚雄主張「人性混」且將人性分爲聖人、賢人、眾人之三品，三品中以禮義爲其分立之標準，《法言·學行》云：

鳥獸觸其情者也，眾人則異乎！賢人則異眾人矣，聖人則異賢人矣。

〔註80〕（漢）班固纂集：《白虎通德論》（臺北：臺灣商務印書館，1976年《四部叢刊》影印上海商務印書館縮印江安傅氏雙鑑樓藏元刊本），卷8，頁60。

〔註81〕《法言義疏》，頁276。

〔註82〕同註81，頁16。

禮義之作，有以矣夫。人而不學，雖無憂，如禽何？〔註83〕

鳥獸因動其情且不知禮義，而不列歸於人之性品，學習可使人不以情欲而以禮義應世，人若不學而習之，則與禽獸無異，因此，《法言·學行》云：

學行之，上也；言之，次也；教人，又其次也；咸無焉，爲眾人。

〔註84〕

總合前述兩例而論，眾人異於鳥獸之處乃因有禮義，禮義將能趨惡於善，人性經時空轉移以保持二五之氣順暢流行，不因時空而減半、減慢、凝固而趨於性惡；賢人異於眾人之處，乃在於行禮義之外，能加以奉行宣導禮義之道；聖人異於賢人者，因聖人能制定禮義之教。禮義之教已由聖人制立而出，眾人唯以行之則可，然眾人倘或不加以學習或躬體力行，則將不能分辨人與鳥獸之處，人與禽獸行相同之事，人與獸將無所相別。郭君銘《揚雄《法言》思想研究》〔註85〕認爲揚雄學之重要是因爲學能完成人的本性。《法言·修身》云：

觀乎賢人，則見眾人；觀乎聖人，則見賢人；觀乎天地，則見聖人。

〔註86〕

天地之道，生生不息中有其必然、應然之道德，天地含括聖人之道，聖人能制立生生不已的應然之道，將天地無形無爲之道藉由聖人以成形；聖人之道包含賢人之宣教；賢人之教更涵攝眾人之行。真正能統攝天地者爲聖人，聖人躬力親爲天地間生生不已之道，因此，聖人爲性三品中之最近於天地之道者。

聖人、賢人、眾人對於耳目口鼻之外在環境變化，有不同相應之道，《法言·修身》云：

聖人耳不順乎非，口不肄乎善；賢者耳擇、口擇；眾人無擇焉。

〔註87〕

聖人以耳聽聲皆順，以口言發皆善，有如子曰：「非禮勿視，非禮勿聽，非禮

〔註83〕《法言義疏》，頁26。

〔註84〕同註83，頁5。

〔註85〕郭君銘《揚雄《法言》思想研究》：「揚雄認爲，學之所以重要，首先是因爲學能夠完成人的本性，所謂『人而不學，雖無憂，如禽何？』人如果不學，就不可能自動表現出人之爲人的特性所在，也就不能區別於禽獸。其次，學能夠塑造人的本性，因爲，『學者，所以修性也。……學則正，否則邪』。人的本性是否能向正確的方向發展，關鍵在於學與不學。」，頁106。

〔註86〕《法言義疏》，頁104。

〔註87〕同註86。

勿言，非禮勿動。」〔註88〕聖人之外在所聽所言已然與天道相符；賢人耳之
聽、口之言則所選擇，「非禮勿聽」為耳擇，「非禮勿言」為口擇，賢人之行
為舉止未尚與天道全然相應，因此需要經由人為努力工夫，擇其善為之；眾
人對於耳聽口言則無所擇，易於妄聽妄言，無是非善惡之別。聖人、賢人和
眾人於內在心中所重視之事物也全然不同，《法言·修身》云：

> 或問「眾人」。曰：「富貴生。」「賢者」。曰：「義。」「聖人」。曰：
> 「神。」〔註89〕

眾人以取富貴、捨貧賤為要事，不合宜之行為常由此而生；賢者知合於義者，
行合義之事；聖人重視道德上神用，神為生生不測作用，戮力以行道德禮義
為聖人首要之事。於《法言·五百》中更論聖、賢與眾三材之大小，其云：

> 聖人之材，天地也；次，山陵川泉也；次，鳥獸草木也。〔註90〕

針對聖人、賢人及眾人之才能來論，非論述道德面。聖人之才比為天地之廣
大，賢人之才喻天地中之山川陵泉，雖僅為天地之一隅，但卻能蘊育天地萬
物，眾人之才寄為鳥獸草木，依存於山川陵泉中，才能較為小。但「鳥獸、
草木亦各能以其羽毛、齒革、華實、枝幹效用於人，然性有所偏，量有所止。
猶眾人之材，知效一官，德合一君，可小知而不可大受也。」〔註91〕以才能
而區分聖人、賢人、眾人，是以分別各有所長，雖在德性論述上，以尊崇聖
人為先，以學習聖人為務，但在萬物各有其主體性，揚雄思想中仍然尊重才
性大小不同者，聖人之才與眾人之用皆有益於天地萬物，由此可肯定揚雄有
無限眾多之有限事物而成其無限整體世界之觀念。

揚雄更言「天下三好」、「天下三檢」、「天下三門」以別人性三品相異之
處，《法言·修身》云：

> 天下有三好：眾人好己從，賢人好己正，聖人好己師。天下有三檢：
> 眾人用家檢，賢人用國檢，聖人用天下檢。天下有三門：由於情欲，
> 入自禽門；由於禮義，入自人門；由於獨智，入自聖門。〔註92〕

「天下有三好」是說明眾人從於己，以己身喜好為先，賢人正於己，以端正

〔註88〕《論語》，頁106。
〔註89〕同註86。
〔註90〕《法言義疏》，頁282。
〔註91〕同註90。
〔註92〕同註90，頁104。

己行爲務，聖人師於己，以己身之言行爲天下之準則，天下好爲師。「天下有三檢」乃指眾人、賢人、聖人以「家」、「國」、「天下」來當檢驗法則，足以見其眼界胸懷之狹寬。「天下有三門」，說明天下有三大門類，以情欲而入其門者爲禽獸，以禮義爲入者爲人之類，以獨智爲入者爲聖人。

可知揚雄以「獨智」爲「禮義」之上，先行「禮義」進而可爲「獨智」之工夫，揚雄將獨智與聖人相以並論，足見其尙智精神。最後在「天下有三門」中，眾人與賢人並未明白說出爲「禽門」或「人門」中之何處？因賢人不僅行禮義且宣揚教化之，應歸於人門之類，眾人者若行以禮義者屬人門，若全以情欲發用者，則必歸於禽門之類。

揚雄將人性分爲三品，然聖人者爲何？有否確切名其人？於《法言·問明》中已明白道出，其云：

> 仲尼，聖人也，或者劣諸子貢。子貢辭而精之，然後廓如也。於戲！
> 觀書者違子貢，雖多亦何以爲？〔註93〕

揚雄心中之聖人爲孔子，有人以爲孔子不如子貢言辭精闢，但子貢自己認爲孔子爲至聖且超越百王，若不以子貢之言爲圭臬，博覽群書也無益處。揚雄更將孔子與湯並稱爲聖人，《法言·五百》云：

> 或問：「五百歲而聖人出，有諸？」曰：「堯、舜、禹，君臣也而壺；
> 文、武、周公，父子也而處。湯、孔子數百歲而生。因往以推來，
> 雖千一不可知也。〔註94〕

堯、舜、禹爲聖，其關係爲君臣；文、武、周公爲聖，關係爲父子，破解古者所言「五百歲而聖人出」之迷信思想，此外，湯、孔子並列爲聖，其間相隔數百歲也非爲五百歲，一則肯定孔子爲聖人，另則說明古者迷信「五百歲而聖人出」之傳言證其妄言，此外足見揚雄思想中有辯證驗證之理性精神。魯之仲尼爲聖，然有德者幾微，仲尼不被世所用《法言·修身》云：

> 有德者好問聖人。或問：「魯人鮮德，奚其好問仲尼也？」曰：「魯
> 未能好問仲尼故也。如好問仲尼，則魯作東周矣。」〔註95〕

仲尼所生之國爲魯，然魯之邦國因有德者甚少，不以仲尼爲用，不好問聖之孔丘，因而國衰邦敗，可知聖人能立禮義之制，聖人言行舉止能順應天地常

〔註93〕《法言義疏》，頁188。
〔註94〕同註93，頁247。
〔註95〕同註93，頁101。

道,以氣化之常道而行,則可作爲政治道之依歸、準繩。又言聖人非固常不變者,聖人會隨其時間與空間所流行轉變,《法言·五百》云:

> 或曰:「聖人無益於庸也。」曰:「世人之益者,倉廩也,取之如單。仲尼,神明也,小以成小,大以成大,雖山川、丘陵、草木、鳥獸,裕如也。如不用也,神明亦末如之何矣!」〔註96〕

世人以聖人無益於日常所用,唯因眾人以有形、有時而盡爲用,但揚雄喻孔子爲神明,神明爲生生不測、無窮無盡之用,能力大者取之爲大,能力小者取之爲小,大如山川丘陵、小如草木鳥獸皆受生生不已作用所影響,以孔子來說明天地之間有股生生無窮之道,照化萬物,聖人能知道、行道與制道,將二氣五行中氣化之變導化爲氣化之常,聖人爲具體表現氣化常道者,因此可體天道之生生義、道德義,但仍闡明聖人神明之用,若不經人爲努力以得,連聖人也不知如何爲是,因此,後天人文努力爲近天地常道,合聖人神明之關鍵處。《法言·五百》云:

> 見弓之張兮,弛而不失其良兮。或曰:「何謂也?」曰:「檠之而已矣。」〔註97〕

司馬光云:「不學則善日消而惡日滋,學焉則惡日消而善日滋,故曰:『惟聖罔念作狂,惟狂克念作聖。』必曰聖人無惡,則安用學矣?」〔註98〕聖人如不失弛之良弓,以檠來防止弓變形,聖人時時進學且警惕自己,由學而「惡日消而善日滋」,因此,聖人於終食之間仍不違其道,性三品中之上品聖人時時學習,爲善去惡,可見氣化之流行並非固定不動者,氣化順暢之聖人也要勤以學習,以增其善性,然而賢人、眾人更應以此爲圭臬。

第三節　變化氣質之工夫

一、愛日以學

　　尊崇聖人孔子之道以期能同於天人,聖人之道法天之常道而生生不已、自強不息,有限形軀之聖人爲全然實現生生常道,分秒戮力爲之,因而對於

〔註96〕《法言義疏》,頁263。
〔註97〕同註96,頁278。
〔註98〕同註96,頁85。

生命之有限，更加珍惜掌握時間之可貴。《法言・五百》云：

> 或曰：「孔子之道不可小與？」曰：「小則敗聖，如何？」曰：「若是，
> 則何爲去乎？」曰：「愛日。」曰：「愛日而去，何也？」曰：「由羣
> 婢之故也，不聽正，諫而不用。噫者！吾於觀庸邪？無爲飽食安坐
> 而厭觀也。由此觀之，夫子之日亦愛矣。」或曰：「君子愛日乎？」
> 曰：「君子仕則欲習其義，居則欲彰其道。事不厭，教不倦，焉得日？」
> 〔註99〕

孔子因愛習時日而離開沉迷女樂不聽政、勸諫而不用的魯君，仲尼無法飽食
終日且整日安坐觀女樂；君子更是把握出仕時能施行正義，居家時能彰明正
道，做事與教書皆不知厭倦，時刻皆盡力以爲道，珍惜每刻光陰，因此，學
習之首要任務以愛日爲先，追求天地之道、聖人之道皆在具體時間空間中進
行，因此，修養工夫不爲玄空高理，而是存在人世間與時空並行的學習進程。
《法言・學行》云：

> 螟蠕之子殪，而逢蜾蠃祝之曰：「類我，類我。」久則肖之矣。速哉！
> 七十子之肖仲尼也。〔註100〕

揚雄以寓言口吻描述螟蠕幼蟲死而遇蜾蠃，蜾蠃祈禱能像自己，久而像之，用
以說明七十子在孔子身邊學其言行，久而像其孔子。學習以期不間斷而能達
之聖者之道，揚雄又以「水」喻學，《法言・學行》云：

> 或問「進」。曰：「水。」或曰：「爲其不捨晝夜與？」曰：「有是哉！
> 滿而後漸者，其水乎！」或問「鴻漸」。曰：「非其往不往，非其居
> 不居，漸猶水乎！」「請問木漸」。曰：「止於下而漸於上者，其木也
> 哉！亦猶水而已矣。」〔註101〕

對於進仕、鴻雁飛行、樹木成長等道理認爲要以水不捨晝夜的精神來學習，
特別述說君子學習之道必須如同水之晝夜不捨、滿而後進。此外，有人言聖
人之道亡之且久，不知如何學之？《法言・寡見》云：

> 春木之芚兮，援我手之鶉兮。去之五百歲，其人若存兮。或曰：「譊
> 譊者天下皆說也，奚其存？」曰：「曼是爲也，天下之亡聖也久矣。
> 呱呱之子，各識其親；譊譊之學，各習其師。精而精之，是在其中

〔註99〕《法言義疏》，頁257。
〔註100〕同註99，頁9。
〔註101〕《法言義疏》，頁24。

矣。」〔註102〕

春木草芽初生，因聖人助以手而成其大，然聖人已離開五百年，如同還存在一樣，雖天下無聖人已久，但聖人之道同於天之道，生生不已中必存其道德，呱呱啼哭小子能認識自己父母，善辯之士能向自己老師學習，並且不斷學習精益求精，去除有限形體中不符合於氣化常道者，氣之變轉而為氣之常，因聖人也是在不斷修養存菁去蕪而致。《法言·學行》云：

> 晞驥之馬，亦驥之乘也。晞顏之人，亦顏之徒也。或曰：「顏徒易乎？」
> 曰：「晞之則是。」曰：「昔顏嘗晞夫子矣，正考甫嘗晞尹吉甫矣。
> 公子奚斯嘗晞正考甫矣。不欲晞則已矣，如欲晞，孰禦焉？」〔註103〕

學習良馬者也能拉良馬拉的車，向顏淵學習者也能成為顏氏一類的人，如同顏淵學於孔子、正考甫學於尹吉甫、公子奚學其正考甫，能否學習以成皆在其心。就連孔子、顏淵也努力不懈地學習，《法言·學行》云：

> 曰：「有教立道，無止仲尼；有學術業，無止顏淵。」或曰：「立道，
> 仲尼不可為思矣。術業，顏淵不可為力矣。」曰：「未之思也，孰禦
> 焉？」〔註104〕

孔子從事教育、努力創立學說；顏淵努力學習、傳承師業，皆心之欲為與否，持之以恆，奮力為之，學習是自己能行，自我能決定之事，因此學不學皆在其人之念。《法言·吾子》云：

> 多聞則守之以約，多見則守之以卓。寡聞則無約也，寡見則無卓也。
>
> 〔註105〕

學習可以多聞多見以廣其視聽，多聞則可守住其要點，多見可知曉獨特見解，寡聞而不知簡要，寡見則不知卓絕，多見多聞可使人由見聞中認識、學習、肯定萬物彼此長短優劣，見長而學之，見短而改之，唯有博見博聞始能將學習修養達之卓越，使二五之氣的萬物更為完整、整全。《法言·學行》云：

> 學以治之，思以精之，朋友以磨之，名譽以崇之，不倦以終之，可
> 謂好學也已矣。〔註106〕

〔註102〕同註101，頁217。
〔註103〕同註101，頁28。
〔註104〕同註101，頁44。
〔註105〕《法言義疏》，頁77。
〔註106〕同註105，頁12。

所謂好學乃指在官能上由學習而修治，在心思上由思考而精益求精，在外部刺激上與朋友交而相互切磋琢磨，人生價值由好名譽以向上，學習由努力不懈而堅持到底。揚雄將好學的部份分爲五，是理性之分解過程，以理性分解說明道德修養，事分爲五但實指一件事，眾人藉著他律道德之外在規範，以期達到自律道德省發，是將道德修養之理性工夫以階段說明，最後期以他律規範轉爲自律道德。《法言・修身》云：

> 修身以爲弓，矯思以爲矢，立義以爲的，奠而後發，發必中矣。
> 〔註107〕

將修養工夫譬爲射之弓、矢、的，要修養自己德性、矯正己身思想、樹立自身正義，定立而後發，才能使矢中的。此修養之過程心思合於仁義，心定且氣質之性定於天道自然，道德實踐分段以行並非切斷，而是將整體分段以利學習論說，於後再重構一個順暢氣化之整體。

二、務求師

揚雄重視學習工夫，然一般人學習若無良師指引則雜學數年而無其功，不僅不能學習正道，反而會以變爲正，不知其非，《法言・學行》云：

> 師哉！師哉！桐子之命也。務學不如務求師。師者，人之模範也。
> 模不模，範不範，爲不少矣。〔註108〕

因老師爲決定童子之命運者，懵懂無知之小孩學習雖爲重要，但不如尋找一位依正道而行之師，師爲人們行爲標準法則，一旦爲師者不能成其模範則其師非眞正師者。童子初生而形體中二氣五行紛亂，學習道理不能自我分判正亂，外在他律之道不知誰是誰非，因此，應須由存其正道之師來導之教之。李鍌〔註109〕說漢代重師法教化，也就是揚雄強調學必有師的原因。《法言・學

〔註107〕同註105，頁84。

〔註108〕《法言義疏》，頁18。

〔註109〕李鍌《賈誼・董仲舒・劉安・劉向・揚雄》：「漢代承秦焚書坑儒之後，書簡大都殘闕，得書非常不易，而且書錄多用竹簡縑帛，傳鈔非常困難，容易發生錯誤，同時去古既遠，天下又沒有聖人，要不是有專家之師，授以章句，那就根本無從學習。所以當時學者，特別注重師法。到了揚雄時代，劉歆領校祕書，又有古文注本，各家說法又都不同，若是沒有老師，那就更無法知道其中的道理，這就是揚雄特別強調學必有師的原因。」王更生等撰（臺北：臺灣商務印書館，1999年），頁329～330。

行》云：

> 一鬨之市，不勝異意焉；一卷之書，不勝異說焉。一鬨之市，必立
> 之平；一卷之書，必立之師。〔註110〕

天地氣化常道運行循環，後人有依常道理路作書，也偶有亂言胡語者，行於
正道之師以己身所知所爲教導後輩，師之教導能正其常道、斥其亂言，如鬨
然市集中需以官方平價爲準而不混亂。師所知之正道爲何指？不爲小道小
言，以小道小言爲師者不是眞正的老師。《法言·問明》云：

> 或問：「小每知之，可謂師乎？」曰：「是何師興！是何師興！天下
> 小事爲不少矣！每知之，是謂師乎？師之貴也，知大知也。小知之
> 師，益賤矣。」〔註111〕

揚雄亦責以「小每知之」者爲師，此師不爲師，眞正師之所貴處在於「知大
知」，知天下小事、爲學以句讀爲務者，此小知之師是人所鄙視者，眞正師者
如聖人般知大道理，天地間大道爲氣化流行中之常道，常道與聖人之道相應
而同，師者當以聖人所行之道爲道，以合天地自然之理，師者求其大道理、
大學問，甫能教導童子晚輩，他律道德應符合自然天道，天地生萬物而萬物
中潛藏其道，師者教其道理，他律之道久而成己身舉止流行，其流行不斷續
而成爲自律道德，他律非正道，久於其身也無知是非，反而愈爲偏執狂亂，
因此，爲學應先求正道之師。《法言·學行》云：

> 孔子習周公者也，顏淵習孔子者也，羿、逢蒙分其弓，良捨其策，般
> 投其斧而習諸，孰曰非也？或曰：「此名也，彼名也，處一焉而已矣。」
> 曰：「川有瀆，山有嶽，高而且大者，眾人所能踰也。」〔註112〕

師之「知大知」乃指聖人之道，如同孔子習周公、顏淵習孔子，此聖人之道
如大川之瀆、高山之嶽，是有妙藝之后羿、逢蒙、王良、及公輸般也能學習
的，爲涵攝天下萬物的常道。《法言·學行》云：

> 或問：「世言鑄金，金可鑄與？」曰：「吾聞觀君子者，問鑄人，不
> 問鑄金。」或曰：「人可鑄與？」曰：「孔子鑄顏淵矣。」或人踧爾
> 曰：「旨哉！問鑄金，得鑄人。」〔註113〕

〔註110〕同註108，頁20。
〔註111〕《法言義疏》，頁180。
〔註112〕同註111，頁13。
〔註113〕同註111，頁15。

為師者教導後人，如同陶鑄人才，孔子陶冶鑄造而成顏淵，顏淵因追求聖人孔子為師而得以知正道，倘若顏淵尋小道之師為師則不能聽聞天地間的道理，就沒有今日所傳之顏氏。

　　總而論之，天地生生氣化流行不已，人當以學習而與天地同道，但在童子蒙昧時期，學習外在他律以前應先求知大道之師，以助導童子尋正道方向前進，化他律為自律，和天地同道並稱為三才而無愧。

三、學五經以講道

　　揚雄《法言》模仿孔子言論《論語》為主，《法言》多以儒家思想立說且以仲尼為聖人，《法言》首篇為〈學行〉，強調學習知行儒家之道，揚雄學習內涵多以儒家中仁、義、禮為主，另有道、德、智、信等，為人應具備之正道，尤其還有「尚智」之思想。因此，對於學習以仲尼之正道為入門，《法言‧吾子》云：

> 好書而不要諸仲尼，書肆也。好說而不要諸仲尼，說鈴也。君子言也無擇，聽也無淫。擇則亂，淫則辟。述正道而稍邪哆者有矣，未有述邪哆而稍正也。〔註114〕

喜好讀書卻不以仲尼為準則，如同賣書市舖；喜好言說卻不以仲尼為標準，說話如鈴鐺亂響無其雅正，然君子言與聽皆合正道。以仲尼為正道、一切事物之圭臬，君子循其正道但有時仍會稍稍偏邪，說明君子時時刻刻以行常道為務，但常道非一日一時行之而達，真實具體人事以篤行氣化常道，以規正陷溺、制約之氣質本性，然有時仍會氣質欲望偏狂而趨於氣化之變，因此，君子才需時時警惕己身於終食之間不違其道。儒家正道以五經為本，《法言‧吾子》云：

> 舍舟航而濟乎瀆者，末矣；舍五經而濟乎道者，末矣。弃常珍而嗜乎異饌者，惡覩其識味也；委大聖而好乎諸子者，惡覩其識道也。〔註115〕

捨棄舟船而欲渡大川、摒棄五經而求達聖人之道，皆不可為之。又如同丟棄一般食物而喜歡怪異食材，此為不懂食材真正美味者；委棄聖者大道而好諸

〔註114〕《法言義疏》，頁74。
〔註115〕同註114，頁67。

子之言，亦爲不懂大道者。聖人之道才是眞正大道，聖人之道載記傳承於五經之中，因此學需以五經爲主，五經近於道之本。藍秀隆說揚雄是「立論騁辭，以五經爲樞機」〔註116〕。五經中又以何爲具體內涵？《法言・問道》云：

> 道、德、仁、義、禮，譬諸身乎？夫道以導之，德以得之，仁以人
> 之，義以宜之，禮以體之，天也。合則渾，離則散，一人而兼統四
> 體者，其身全乎！〔註117〕

人有四肢而身始得全，如同人身上需具備「道、德、仁、義、禮」才可稱爲一個整全之人，然尙須用道引導人，用德以成就人，用仁以成其人，用義以行合宜之事，用禮以體現行爲舉止，道德仁義禮具體活動，並於萬物間互相作用運動，此乃統稱爲天。道德仁義禮不爲天而是眞實施行互動下，在時間空間進程中展現其義。一個整全之人需有此五種本質，「合則渾，離則散」倘若人不以此五種本質實現體現於生活應用中，則不可成其天人相合中之人。《法言・君子》云：

> 或曰：「子於天下則誰與？」曰：「與夫進者乎！」或曰：「貪夫位也，
> 慕夫祿也，何其與？」曰：「此貪也，非進也。夫進也者，進於道，
> 慕於德，殷之以仁義，進而進，退而退，日孳孳而不自知勌者也。」
> 或曰：「進進則聞命矣，請問退進。」曰：「昔乎，顏淵以退爲進，
> 天下鮮儷焉。」或曰：「若此，則何少於必退也？」曰：「必進易儷，
> 必退易儷也。進以禮，退以義，難儷也。」〔註118〕

揚雄贊許進取者，然進取非貪位求祿，進取者追求道、慕好德、深厚仁義，出仕官位以增進道德修養，退而求隱也依修養道德，每日努力不懈而不知倦。更特別稱許顏淵以退爲進，稱他是進而以禮，退而以義。不論仕官抑或隱退皆以道、德、仁、義、禮修養自身，其修養之內涵是爲眾人皆學習進取之目標。

　　道、德、仁、義、禮五德目，在《法言》中論述此德目之內涵及蘊意爲何。

〔註116〕藍秀隆《楊子法言研究》：「孔子所以刪定五經者，欲以垂教而傳道也，蓋五
　　　　經不亡，無異孔子常在，今去聖久遠，而其人若存者，書在故也，故書不在
　　　　六藝之科，非孔子之術者，多多贅矣。或曰聖道無益於庸，然俗儒雖不能行
　　　　聖人之道，猶得聞其道，而傳諸人，愈於亡也，若惡其無實而遂去之，則與
　　　　秦之坑儒焚書何異哉？是以子雲立論騁辭，以五經爲樞機。」（臺北：文津出
　　　　版社，1989 年），頁 131。
〔註117〕《法言義疏》，頁 111。
〔註118〕同註117，頁 511。

然「道」常指稱「王道」或「天道」,〈孝至〉「降周迄孔,成於王道」〔註119〕、
「芒芒天道,昔在聖考」〔註120〕,或以道德合而稱說,《法言·淵騫》云:

> 鼓之以道德,征之以仁義,輿尸血刃皆所不爲也。〔註121〕

以道德爲鼓,以仁義爲征,不爲輿尸敗創,不爲血刃斬獲,戰爭鬥伐之事乃
息乎。因此,道之爲最高天道、王道,或爲道德兩字連用互稱,又云:

> 君子絕德,小人絕力。或問「絕德」。曰:「舜以孝,禹以功,皋陶
> 以謨,非絕德邪?」「力」。「秦悼武、烏獲、任鄙扛鼎抃牛,非絕力
> 邪?」〔註122〕

君子有高超德性,小人有強大力量。德性高超者如舜之孝、禹之治水的功勞、
皋陶之貢獻謀略。具體說明孝順父母、爲人民治洪水、提供謀略等皆爲有德
之表現。《法言·君子》云:

> 或問「君子之柔剛」。曰:「君子於仁也柔,於義也剛。」〔註123〕

司馬光注此句云:「柔於愛人,剛於去惡」〔註124〕以仁愛之心對萬物則常柔情
應物,以節義之志應對惡變則常剛烈屬物。闡明仁義動而應物時所呈現的特
質本性,兩者截然不同。《法言·淵騫》云:

> 妄譽,仁之賊也;妄毀,義之賊也。賊仁近鄉原,賊義近鄉訕。
>
> 〔註125〕

仁之賊者會隨便無由地稱讚他人,近其不講是非、諂媚於外之人;義之賊者
則隨便毀謗別人,近其毀謗眞實、曲解其意之人。如此一來則更明瞭賊仁、
賊義者不爲仁義之徒,假仁義以爲君子。《法言·孝至》云:

> 君子動則擬諸事,事則擬諸禮。〔註126〕

君子之行爲動作會先思忖有否行事之必須,行事作爲前會思考是否合於禮,
君子行爲法度以合於禮制,方能爲之。《法言·君子》云:

> 人必其自愛也,而後人愛諸;人必其自敬也,而後人敬諸。自愛,

〔註119〕同註117,頁566。
〔註120〕同註117,頁568。
〔註121〕《法言義疏》,頁476。
〔註122〕同註121,頁418。
〔註123〕同註121,頁497。
〔註124〕同註121,頁497。
〔註125〕同註121,頁490。
〔註126〕同註121,頁542。

仁之至也；自敬，禮之至也。未有不自愛敬而人愛敬之者也。〔註127〕

人先以自敬自愛而後他人才會愛之敬之，仁之極至爲自己愛護己身，禮之極至爲自己敬重自己，以己身爲出發。仁與禮乃氣化流行下所展現之道德義，倘若自己不去體悟實行常道，將常道發揮至極，而冀望他人以仁禮回應，己身無內涵無法與外在流行之常道呼應，因此，仁之極、禮之極全由自己內在修養爲首要工夫。《法言·修身》云：

> 或問「仁、義、禮、智、信之用」。曰：「仁，宅也。義，路也。禮，
> 服也。智，燭也。信，符也。處宅，由路，正服，明燭，執符，君
> 子不動，動斯得矣。」〔註128〕

行爲修養不僅在己身內在工夫，對於所互動感應之人倫日用方面也是學習的部份，關於仁、義、禮、智、信之作用，李軌注曰：「仁如居宅，可以安身。義如道路，可以安行。禮如衣服，可以表儀。智如燈燭，可以照察。信如符契，可以致誠。」〔註129〕仁、義爲內在道德，禮、智爲外在道德規範，信如符契可致誠，與種種德性理性相符應，不論內在外在、德性理性於氣化流行中只有一氣之作用，流行於內爲德性，流行於外爲理性，因此，仁義禮智信爲理性分解之學習內涵。然仁、義和禮於前文已有論述，以下將以智、信分別闡說內涵。揚雄崇尚其智，有尚智思想，《法言·問卷》云：

> 或問：「人何尚？」曰：「尚智。」曰：「多以智殺身者，何其尚？」
> 曰：「昔乎，皋陶以其智爲帝謨，殺身者遠矣；箕子以其智爲武王陳
> 〈洪範〉，殺身者遠矣。」〔註130〕

揚雄明言「尚智」之思，有人認爲「多以智殺身」對於尚智思想有所疑，但揚雄舉皋陶爲舜帝出謀略，箕子爲周武王陳述〈洪範〉中之道理，皆因智慧而使殺身遠離，因此，「以智殺身」之智，實非眞正智慧。徐復觀〔註131〕認爲揚雄透過仁義禮智信之通義，然其眞正有得者在「智性」活動。《法言·

〔註127〕《法言義疏》，頁 515。

〔註128〕同註 127，頁 92。

〔註129〕同註 127，頁 92。

〔註130〕同註 127，頁 186。

〔註131〕徐復觀《兩漢思想史》：「揚雄承述儒家仁義禮智之通義，然其眞正有得者乃在『智』的這一方面，因爲他一生的努力，都可以說是智性活動。」，頁 318。又言：「智所追求的目標是『微』是『大』，是『假』（遠），這說明了西漢學術所追求的目標，乃天人性命的貫通一體，亦即是以天人合一爲智所追求的最高目標。」，頁 319。

淵騫》云：

> 或問：「呂不韋其智矣乎，以人易貨？」曰：「誰謂不韋智者與？以
> 國易宗。不韋之盜，穿窬之雄乎？穿窬也者，吾見擔石矣，未見雒
> 陽也。」〔註132〕

呂不韋將人當物投機地賺錢，得封爵、封國卻使宗族流亡於外，揚雄批判此
爲不智之表現，只可稱竊國之盜。明言智不用在盜亂賊害上，此種行爲不可
稱作眞正之智。《法言·問道》云：

> 智也者，知也。夫智用不用，益不益，則不贅虧矣。〔註133〕

智是明白事理，用智來應對處理事物則知可用與不可用，該加與不該加，因
而不會產生贅多與虧損之事。眞正之智是用於常道流行的萬物互動中，以理
智、智慧決定事物之可否。《法言·重黎》云：

> 或問「信」。曰：「不食其言。」〔註134〕

信是指不背棄自己所承諾之言，與前述「信如符契，可以致誠」皆在說言以
誠爲本，令人符契相信之言始稱爲言。透過學習期望能與天地人三才並稱，
學習內涵有「道、德、仁、義、禮」或「仁、義、禮、智、信」等德目，道、
德、仁、義於內在德性，禮、智爲外在道德規範，信爲符應萬物之誠，這些
常道所分解之條目，皆在使萬物順暢無礙地具體互動，萬物有無限多的互動
方式就有無限多的理，然揚雄又強調知理之後，更重要是「行」的工夫，《法
言·孝至》云：

> 天下通道五，所以行之一，曰勉。〔註135〕

五者不論是指「仁、義、禮、智、信」或爲「君臣、父子、夫婦、兄弟、朋
友」，當爲勉勵以行，知後而行，只有具體努力作爲才是同於天道的唯一方法。
另外，郭君銘〔註136〕說揚雄除了儒家五常之外，還談到忠與孝的概念，反映
出封建制度對儒家思想的變化。

〔註132〕《法言義疏》，頁 431。
〔註133〕同註 132，頁 123。
〔註134〕同註 132，頁 395。
〔註135〕《法言義疏》，頁 536。
〔註136〕郭君銘《揚雄《法言》思想研究》：「除了儒家傳統的五常，揚雄還談到了忠
　　　　與孝這兩個道德概念。揚雄對忠孝的重視，反映出封建專制制度建立之後，
　　　　儒家倫理觀的新變化。」，頁 132。

四、中和之道

《中庸》一書中已有「中和」的觀念，《易》卦爻「五」爲上中，「二」爲下中，六十四卦中從初爻以至上爻以中位者相較爲吉。舉止行爲尚無過與不及之道，揚雄於《法言》思想中也闡發「中和之道」，以無過與不及來修養身心。《法言・先知》云：

> 聖人之道，譬猶日之中矣。不及則未，過則昃。〔註137〕

以日在中天比喻聖人之道，太陽未至中天則其光未盛，太陽過了中天則光芒漸漸昏暗。以自然現象轉化論說道德內在修養，聖人之道需依中道以行，不偏頗遠離中和之道。又云：

> 甄陶天下者，其在和乎？剛則甈，柔則坏。〔註138〕

治理天下如同製作陶器，需要依循中和之道才能完成，因陶泥過於乾硬則容易破裂，過於稀軟則不易成型。以陶器象徵萬物之修爲，需尋求剛與柔中，不偏不倚之中道。李軌注此句云：「夫陶者失剛柔之和則不成器，爲政者失寬猛之中則不成治」〔註139〕爲政者治於生民，生民百姓皆承天地之常道而存，以偏頗之道來治理百姓、逆於百姓，百姓必將逆其爲政統治者。《法言・先知》云：

> 龍之潛亢，不獲其中矣。是以過中則惕，不及中則躍，其近於中乎！
> 〔註140〕

《易》：「初九曰潛龍勿用」〔註141〕、「上九曰亢龍有悔」〔註142〕龍之沉潛與高飛皆已偏離中位，因此過於中道則警惕之，不及中道則加緊躍進，一切以近於中道爲標的。氣化常道之過與不及皆爲氣化之變，然氣化之變仍屬氣化之常中，只是氣質之形軀行常道的過程中有所陷溺，偏離於中和之常道，因此需再以他律道德引導、規範，使之回復自然中和之道。

五、礛錯以見質

天地生生不息地運行流動著，生生中存有必然如此、應然如此之道德義，聖人體天地之道而自身存其道德，稱之爲自律道德，然一般人由二氣五行所生

〔註137〕同註135，頁305。
〔註138〕同註135，頁304。
〔註139〕《法言義疏》，頁304。
〔註140〕同註139，頁305。
〔註141〕《周易》，頁13。
〔註142〕同註141，頁15。

之氣質形軀於日倫常用不以天地之正道而行,因此,需經過外在師法教化學習,尋良師益師爲先,後努力學習正道,以他律道德規範引導氣化之變轉而爲氣化常道,終而己身行之天道、言之天道,終歸於天地人是一。《法言‧學行》云:

> 或曰:「學無益也,如質何?」曰:「未之思矣。夫有刀者礪諸,有玉者錯諸,不礪不錯,爲攸用?礪而錯諸,質在其中矣。否則輟。」
> 〔註143〕

有人認爲學習不能改變一個人的本質,揚雄以刀、玉爲喻,刀需經由磨才會銳利,玉要琢才會成其器,不由外在琢磨而無能成刀、玉,人之內在材質也需經過外在他律規範,他律道德久而浸濡成內在行爲,由他律到自律是需要經過學習修養等工夫,努力不間斷而爲,氣化常道轉化成自身行爲的一部份,最後始能與天地、聖人融合而成一個氣化整體。《法言‧寡見》云:

> 或曰:「良玉不彫,美言不文,何謂也?」曰:「玉不彫,璵璠不作器;言不文,典謨不作經。」〔註144〕

良玉需經過雕刻琢磨才能成璵璠之器用;言語需要經過修辭才能使〈堯典〉、〈皋陶謨〉成爲經典。總此,不論物之刀、玉,書之言、文,皆需由外在修飾雕磨才能成事物之精粹。

　　修養工夫以學習各種氣化常道且融於人倫日用中,並經由師長諄諄教導之,一般人非聖人二五之氣順暢流行,偶有偏邪狂溺之性,眾人先以外在他律道德導化自我言行,使他律久而成自律,以達與天道自然爲一體。《法言‧重黎》云:

> 或問「聖人表裏」。曰:「威儀文辭,表也;德行忠信,裏也。」
> 〔註145〕

聖人的外在表儀與內在裏質爲等量其份。聖人之儀表有莊嚴的儀容、優美的言辭,內在本質有崇高道德、忠厚誠信。表裏內外是一。《法言‧先知》云:

> 聖人,文質者也。車服以彰之,藻色以明之,聲音以揚之,《詩》、《書》以光之。籩豆不陳,玉帛不分,琴瑟不鏗,鍾鼓不拡,則吾無以見聖人矣。〔註146〕

〔註143〕同註139,頁8。
〔註144〕《法言義疏》,頁221。
〔註145〕同註144,頁365。
〔註146〕同註144,頁291。

聖人文質乃指聖人「因人才質,刻而畫之,文而藻之」〔註147〕,人之外在藻文刻畫,一切依內在才質而來。用車服差等來辨認貴賤;用文采顏色來彰明尊卑,用管弦歌樂來讚頌美德,用詩書記載來光照後代。因此,古代祭祀不陳列盛祭祀之器皿,不分別玉帛之色,不彈奏琴瑟,不打擊鐘鼓,則無法見聖人旨意。

聖人之旨乃在內在誠意與外在儀禮相當,氣化流行於萬事萬物間,聖人的二五之氣順暢流行,內則以存敬之心祭祀天地,外則以合宜禮節儀式以相應。《法言·吾子》云:

> 或問:「有人焉,自云姓孔,而字仲尼。入其門,升其堂,伏其几,襲其裳,則可謂仲尼乎?」曰:「其文是也,其質非也。」「敢問質。」曰:「羊質而虎皮,見草而說,見豺而戰,忘其皮之虎矣。」〔註148〕

有個自稱姓孔字仲尼者,進入孔子家門、登廳堂、伏座几、穿其裳,外表如孔子內在,本質卻迥然相異,只存外在打扮而無內在實質者,有如外披虎皮而內質為羊,「見草而說,見豺而戰」,需外在舉止與內在本質相應且合於天道者才可稱作聖人。《法言·問明》云:

> 孟子疾過我門而不入我室。或曰:「亦有疾乎?」曰:「摭我華而不食我實。」〔註149〕

孟子厭惡只依附弟子之列而不聞微言之意者,弟子取外之華,棄內之質,如眾人取揚雄之美麗文辭而不取其真意。「吾未見斧藻其德若斧藻其楶者也」〔註150〕取華去實並非真正能得全者,氣化流行內外無礙,只取外在、不存內在者,內外無以相應,流行之氣無法流暢運行而有所阻礙。《法言·修身》云:

> 或問:「士何如斯可以禔身?」曰:「其為中也弘深,其為外也肅括,則可以禔身矣。」〔註151〕

有人問士將何以安身?揚雄認為內心需弘大深遠,外在容貌要肅敬、言行守法則可安身。如同聖人表裡為一之道,士效法聖人之內外,聖人以天地為師法,一切將以自然生生不已運行,則可以安其身。《法言·吾子》云:

> 或問:「君子尚辭乎?」曰:「君子事之為尚。事勝辭則伉,辭勝事

〔註147〕同註144,頁291。
〔註148〕《法言義疏》,頁71。
〔註149〕同註148,頁181。
〔註150〕同註148,頁26。
〔註151〕同註148,頁106。

則賦,事、辭稱則經。足言足容,德之藻矣。」〔註152〕

君子不尙辭而尙事,事實勝於言辭爲剛直質樸;言辭勝過事實則爲鋪張誇大,聖人言行載於五經,五經則是事實與言辭相當,正常之道爲適當的言語、適當的行爲,外有藻飾、內有德品。對於文章內容而論,辭與事、言與容,應形質相當。《法言·修身》云:

實無華則野,華無實則賈,華實副則禮。〔註153〕

有質無文就顯其粗野,有文無質則顯得過實,唯有文質相副,才可稱爲禮。總而論之,修養自身之工夫後,外在他律與內在自律終將化而爲一事,於礛而錯諸後更加重視表裏、內外、文質、華實等爲一。

第四節　結　語

世人常言《法言》比擬仿效《論語》、次於《論語》之書,然由先秦至西漢,揚雄吸收漢代風潮,以驗證辨論來考證其實,不僅在渾天與蓋天之天體觀的精進證驗,或是以善惡混言性,聖人皆日進以學,亦或重視變化氣質之學習工夫,求能知大知之師、以道德仁義禮等學習、終爲內外、文質、華實相副之人。問永寧〈從《太玄》看揚雄的人性論思想〉〔註154〕:

揚子談「善惡混」的人性,是基於有生之後有形體的人談的,但在揚子的思想中,人的心性和宇宙生化一樣,有一個產生的過程,在這個「善惡混」的人性之前,還有一個先天的人性。《中首》初一測曰:「昆侖旁薄,思之貞也。」次二測曰:「神戰于玄,善惡并也。」《中首》既準《中孚》,亦相當于《乾》卦,是理解《太玄》的關鍵。《太玄文》云:「昆侖旁薄,資懷無方。神戰于玄,邪正兩行。」所謂「昆侖旁薄」,指聖人君子成德之後,其德合天地,而「神戰于玄」,則爲後天之思,善惡交混,亦是小人之心,小人之德。一般人雖善惡混,但只要能以成聖爲契向,經過修養學習是可以成聖做賢的。由於玄既是人道先天的根據,又是經過後天努力,可以達到的最高境界,是天道與人道渾然一體的狀態,氣與心性合一。故思之貞既

────────────

〔註152〕同註148,頁60。
〔註153〕《法言義疏》,頁97。
〔註154〕問永寧:〈從《太玄》看揚雄的人性論思想〉,《周易研究》2002年第4期(總第54期)(2004年4月),頁27。

> 是先天之性，亦是後天完成之德。由此，我們可以說，揚子事實上
> 有性善論的傾向。

以整合揚雄《太玄》、《法言》兩書之整體觀念，他認為揚雄思想中人的心性和宇宙生化一樣，有一個產生的過程，人之善惡混，一旦經過修養學習是可以成聖成賢的。揚雄以玄為人道先天的根據，但是只要經由後天努力不懈，則可達到最高境界，此境界乃為天道與人道渾然一體的狀態，氣與心性合一之境。

揚雄思想秉持一貫之人文精神，以人性善惡混為出發，強調心性修養，以修習工夫冀期能達至聖人之道，揚雄一方面重視理論述說，另一方面更重視實踐，因此，學思並進、言行合一，但歷史發展有承有繼，在承接的過程中須以效驗考證，以理性精神反迷信，否定天人感應、神仙長生，萬物接續著天地間氣化之常道，以終食之間不離於道來修養自身，使己身氣化之變轉化為氣化之常，終以達天道、地道、人道三者為一。

第六章　對後期之影響

　　揚雄對後代思想家存有舉足輕重的影響力，本文將擇其相關褒揚、貶抑之論以察知揚雄思想對後代學者的影響，然討論揚雄者不為少數，但本文僅就後代思想家中受揚雄影響較為深切者，取其三人而論之。第一人為桓譚，晚揚雄所生並曾與揚雄相互交遊；第二人為王充，東漢時期以理性主義著稱之思想家；第三人為司馬光，宋代集注《太玄》、《法言》而受其書影響深遠者。

　　三位思想家皆受到揚雄理性主義駁斥神秘讖緯的精神所影響，桓譚晚揚雄十四年而生，於揚雄生前曾討論蓋天、渾天之天體運行議題，桓譚所著之《新論》更以揚雄與聖人相提並論；思想家王充所作之《論衡》於東漢時期具有獨樹一幟之思想代表性，書中更充斥著理性主義、批判思維，多寡受揚雄思想進路而來；宋代司馬光因研究、注解《太玄》、《法言》進而對揚雄有深入了解與讚賞，於集注文字中更可知司馬光對揚雄所潛藏精神能有所吸收與發揮。

第一節　褒貶之論

一、褒揚之論

　　魏晉時期，《太玄》之學如日中天，在宋司馬光之前為《太玄》作注者已有多位學者，「司馬光根據漢宋衷、吳陸績、晉范望、唐王涯、宋陳漸、吳秘、宋惟幹七家注本，對其中的文字和異音異義進行了詳細校勘和記錄。」〔註1〕揚雄《太玄》為多位學者爭相研究作注，可見當時《太玄》在思想界有著舉足輕重的地位；但以儒家思想為主《法言》直至晉代李軌才開始為其作注。

〔註1〕《太玄集注・前言》，頁4。

因此可知，東漢以後揚雄地位崇高，多數源於揚雄思想中的玄道陰陽、窮知數術聞名於世。

後代論評揚雄者爲數甚多，對揚雄所作《太玄》、《法言》及其他辭賦皆有贊許及批評之論。然褒揚者有東漢張衡於《全後漢文》卷五十四《與崔瑗書》云：

> 衡善機巧，尤至思於天文、陰陽、曆算。常耽好《玄經》，謂崔瑗曰：「吾觀《太玄》，方知子雲妙極道數，乃與《五經》相擬，非徒傳記之屬，使人難論陰陽之事，漢家得天下二百歲之書也。」〔註2〕

張衡又作《思玄賦》：「仰先哲之玄訓兮，雖彌高其弗違。」〔註3〕此處「先哲」既指老子外，尚包含揚雄，可知張衡對揚雄十分推崇，認爲《太玄》可與《五經》相提並論。唐韓愈《韓昌黎集》卷十一《讀荀》云：

> 晚得揚雄書，益尊信孟氏，因雄書而孟氏益尊，則雄者亦聖人之徒歟……孟氏醇乎醇者也，荀與揚，大醇而小疵。〔註4〕

韓愈以揚雄爲「聖人之徒」，將揚雄塑造爲儒家道統的傳承者，讀揚雄之書使他更尊信孟子，孟子爲醇者而荀子、揚雄「大醇而小疵」，揚雄與荀子並稱而略低於孟子，總體而論，韓愈仍贊許揚雄爲儒家之流、聖人之徒。因韓愈之推崇使揚雄得以與孟子、荀子、董仲舒等人並列爲儒學大師。此外，宋王安石〔註5〕、柳開〔註6〕、孫復〔註7〕等人，有的以揚雄爲孔、孟之後，有的將揚雄與孟子並

〔註2〕 《全上古三代秦漢三國六朝文・全後漢文》，卷54，頁7～8。

〔註3〕 張在義、張玉春、韓格平議注：《張衡詩文》（臺北：錦繡出版事業有限公司，1993年），頁117。

〔註4〕 （唐）韓愈撰；馬通伯校注：《韓昌黎文集校注》（臺北：華正書局，1982年），卷1，頁21。

〔註5〕 宋王安石《王安石全集》：「孟子之言性曰『性善』。楊子之言性曰『善惡混』；孟子之言命曰『莫非命也』，楊子之言命曰『人不爲命也』。孟楊之道，未嘗不同，二子之說，非有異也。此孔子所謂言豈一端而已，各有所當者也。……今學者是孟子，則非楊子，是楊子則非孟子，蓋知讀其文，而不知求其指耳。而曰我知性命之理誣哉？」王安石將揚雄與孟子并稱。（臺北：河洛圖書出版社，1974年），卷39，頁102。

〔註6〕 （宋）柳開撰；（宋）張景編：《河東集・應責》：「吾之道，孔子、孟軻、揚雄、韓愈之道；吾之文，孔子、孟軻、揚雄、韓愈之文。」（臺北：臺灣商務印書館據國立故宮博物院藏本影印，1983年《文淵閣四庫全書》本），卷1，頁1085～244。

〔註7〕 《孫明復小集・董仲舒論》：「孔子而下至西漢間，世稱大儒者，或曰孟軻氏、荀卿氏、揚雄氏而已，以其立言垂範，明道救時，功豐德鉅也。」，頁9。《孫

稱，有的更將董仲舒、揚雄、王通、韓愈相提論之。宋曾鞏更云：

> 自斯以來，天下學者知折衷於聖人，而能純于道德之美者，揚雄氏
> 或可耳。〔註8〕

秦朝禁書焚書後，漢之六藝經秦火斷殘其篇而未有以先王之道貫之者，曾鞏
認為直至揚雄始能將此儒道發揚光大，因此，曾鞏把揚雄放在秦漢學術發展
歷程中的第一人。

　　北宋邵雍《天原發微・卦氣》：「不究揚子天人學，安知莊生內外篇。」
〔註9〕以揚雄之學為貫通天人之學，知其天人相關相連始能對《莊子》內外
篇有所體悟了解。北宋柳開對揚雄擬經提出其見解，他於《河東集》云：

> 子雲作《太玄》《法言》，本傳稱非聖人而作經籍，猶吳楚之君僭號
> 稱王，蓋天絕之嗚呼？且子雲之著書也，非聖人耶？非聖人也則不
> 能言聖人之辭，明聖人之道，能言聖人之辭，能明聖人之道，則是
> 聖人也，子雲苟非聖人也，則又安能著書而作經籍乎？既能著書而
> 作經籍，是子雲聖人也，聖人豈異於子雲乎？經籍豈異《太玄》《法
> 言》乎？〔註10〕

柳開肯定揚雄擬經著作《太玄》、《法言》，他認為能明瞭聖人之道始能言說聖
人之辭，且能通曉聖人之道者為聖人之類，換言之，柳開以揚雄為聖人，以
《太玄》、《法言》為經典。宋晁公武《郡齋讀書志》更言：

> 晁以道易玄星紀譜一卷，右族父詹事公撰溫公玄曆及郡康節太玄準
> 易圖合而譜之，以見揚雄以首準卦非出私意，蓋有星候為之機括且
> 辯正古今諸儒之失，如漸不當準臨，明夷不當準大狀之類，凡此難
> 與諸家口舌爭，觀譜則彼自屈矣，此譜之所以作也。〔註11〕

明復小集・信道堂記》：「吾之所為道者，堯、舜、禹、湯、文、武、周公、
孔子之道也，孟軻、荀卿、揚雄、王通、韓愈之道也。」，頁35。《孫明復小
集・儒辱》：「聖人不生，怪亂不平。故楊墨起而孟子闢之，申韓出而揚雄拒
之，佛老盛而韓文公排之。微三子則天下之人胥而為夷狄也。」，頁35。王雲
五主編（臺北：臺灣商務印書館《四庫全書珍本》）。

〔註8〕　（宋）曾鞏撰：《曾鞏全集・曾文豐文集・答王深甫論揚雄書》（臺北：河洛
　　　　圖書出版社，1975年），卷8，頁90。
〔註9〕　（宋）鮑雲龍撰；（宋）鮑寧辨正：《天原發微・卦氣》（臺北：臺灣商務印書
　　　　館景印文淵閣四庫全書），卷4，頁806～193。
〔註10〕　《河東集》，卷3，頁1085～253。
〔註11〕　（宋）晁公武撰；（宋）趙希弁續輯：《郡齋讀書志》（臺北：臺灣商務印書館

晁公武認爲揚雄所爲人所詬病者，則是揚雄效仿《易》而造《太玄》，然晁公武認爲《太玄》擬卦模仿皆有所本，且更依據此源進行創造與辨正效驗，對於世人譽之者過其實，毀之者失其眞認爲皆不可信。而要揭示《太玄》書之眞實評價必須先窺其深奧，先讀而釋之才可議論，換言之，《太玄經》深奧難懂，世人非眞知即先論其是非對錯。

二、貶抑之論

揚雄於東漢魏晉六朝文壇受其推崇，其間批評揚雄以顏之推爲先，《顏氏家訓》云：

> 揚雄德敗《美新》……著《劇秦美新》，妄投于閣，周章怖慴，不達天命，童子之爲耳。桓譚以勝老子，葛洪以方仲尼，使人嘆息。此人直以曉算術，解陰陽，故著《太玄經》，數子爲所惑耳：其遺言餘行，孫卿、屈原之不及，安敢望大聖之清塵？且《太玄》今竟何用乎？不當覆醬瓿而已。〔註12〕

顏之推以揚雄德敗於《劇秦美新》，所著《太玄》唯知曉算術、瞭解陰陽之書，言行不及孫卿與屈原，更不能與聖人相比，顏之推是爲最早貶揚者。

宋明之際以理學、心學著稱，理學大家朱熹及後人始對揚雄存有負面評價，其原因清宮剛於〈揚雄與道家思想〉中云：

> 有一種解釋說，揚雄認爲「人之性，善惡混」，他的這一觀點有悖於宋學，所以才招致如此的批判，這也許是事實。另外，成爲重視名分的宋學的批判對象的是《劇秦美新》和「投閣」，它占有很重要的位置。〔註13〕

朱熹受其《劇秦美新》與「投閣」二事，始否定揚雄人品且對其辭賦著書皆全盤駁斥之。《朱子語類·論文上》云：

> 林艾軒嘗云：「班固、揚雄以下，皆是做文字。已前如司馬遷、司馬相如等，只是恁地說出。」看來是如此……「司馬相如賦之聖者。

景印文淵閣四庫全書本），頁 674～163。

〔註12〕（清）顏之推撰；（清）趙曦明注：《顏氏家訓注·文章》（臺北：藝文印書館），頁 2～10。

〔註13〕清宮剛：〈揚雄與道家思想〉，《河北大學學報哲學社會科學版）》第 22 卷第 4 期（1997 年 12 月），頁 17。

揚子雲、班孟堅只填得他腔子，如何得似他自在流出！」〔註14〕

朱子認同林艾軒之言，以揚雄、班固等只是依腔搭勢於司馬遷、司馬相如，其辭賦文章不可一觀。朱子對於《太玄》之書也有所批評，《朱子語類‧戰國漢唐諸子》云：

> 揚子雲爲人深沈，會去思索。如陰陽消長之妙，他直是去推求。然而如《太玄》之類，亦是拙底工夫，道理不是如此。蓋天地間只有箇奇耦，奇是陽，耦是陰。春是少陽，夏是太陽，秋是少陰，冬是太陰。自二而四，自四而八，只憑推去，都走不得。而揚子卻添兩作三，謂之天地人，事事要分作三截。……揚子雲見一二四都被聖人說了，卻杜撰，就三上起數。〔註15〕

以《太玄》爲拙底工夫，朱子以爲天地唯有奇耦、陰陽二數，天地萬物一切皆以二爲基數所生所長，「自二而四，自四而八」以二發展擴大至宇宙萬物，見一、二、四皆爲聖人所言，以三起數則爲揚雄杜撰而出。又言：「揚子雲是數三，邵康節是四數，皆不及《易》也。」〔註16〕朱子以二爲萬物基數，三、四皆不及《易》。《朱子語類‧綱領下》云：

> 問《太玄》。曰：「天地間只有陰陽二者而已，便會有消長。今《太玄》有三箇了：如冬至是天元，到三月便是地元，十月便是人元。夏至卻在地元之中，都不成物事！」……歲是方底物，他以三數乘之，皆算不著。〔註17〕

朱子否定以三爲基數而成之天地人，冬至十一月、十二月、一月、二月爲天元，三月、四月、五月、六月爲地元，七月、八月、九月、十月爲人元，夏至在地元之中而不成物事，但夏至萬物齊發，地蘊育發展動植飛潛而不能說「不成物事」。《朱子語類‧戰國漢唐諸子》云：

> 曰：「揚子工夫比之荀子，恐卻細膩。」曰：「揚子說到深處，止是走入老莊窠窟裏去，如清靜寂寞之說皆是也。又如《玄》中所說云云，亦只是莊老意思，止是說那養生底工夫爾。」〔註18〕

〔註14〕（宋）黎靖德編：王星賢點校：《朱子語類》（北京：中華書局，2004 年），頁3297～3300。
〔註15〕《朱子語類》，卷137，頁3260～3261。
〔註16〕同註15，卷65，頁1610。
〔註17〕同註15，卷67，頁1674。
〔註18〕同註15，卷137，頁3253。

朱子以《太玄》高處唯有老莊，嘗多次言「《太玄》之說，只是老莊。」〔註19〕、「《太玄》亦自莊老來，『惟寂惟寞』可見。」〔註20〕、「《太玄》中高處只是黃老」〔註21〕、「雄之學似出於老子」〔註22〕、「子雲所見多老氏者」〔註23〕等，朱熹以揚雄人品不足觀而文品尚無可論，用以否定批評揚雄，實存其時代背景之侷限與爲鞏固理學思想下之論見。藍秀隆於《楊子法言研究》〔註24〕中認爲朱子與溫公皆爲理學名儒但其見解截然不同，朱子貶揚雄其用心亦深！此外，《昭明文選》〔註25〕、蘇洵、蘇軾等皆以《劇秦美新》與「投閣」等論揚雄失其德而言書之不足觀。但北宋柳開《全宋文》云：

> 揚氏之志，譏莽而非媚也。謂「美」之稱，曰「劇」之類也。〔註26〕

認爲揚雄《劇秦美新》的本意不是透過批判秦王朝來歌頌王莽新朝，而是用委婉曲折的筆法譏諷王莽。宋王安石《王文公文集》云：

> 豈嘗知符命，何苦自投閣。長安諸愚，操行自爲薄。謗嘲出異己，
> 傳載因疏略。孟軻勸伐燕，伊尹干說亳。扣馬觸兵鋒，食牛要爵祿。
> 少知羞不爲，況彼皆卓犖。史官蔽多聞，自古喜穿鑿。〔註27〕

王安石認爲揚雄的品性符合儒學的出處進退之道。李祥俊在〈北宋諸儒論揚雄〉〔註28〕中說王安石、蘇軾受佛、老思想影響，認同終極存在的超越性，

〔註19〕《朱子語類》，卷67，頁1674。

〔註20〕同註19。

〔註21〕同註19。

〔註22〕同註19，卷137，頁3259。

〔註23〕同註19，卷137，頁3261。

〔註24〕藍秀隆：「朱子與溫公皆理學名儒，其於楊雄所以或褒焉，或貶焉，不同如此者，一處北宋治平無事之時，一居南渡顛沛危撼之日，譬人之一身，當在健康時，或不知參苓可貴，當處治平時，或不知節氣之爲重，而氣節者亂世續命之參苓也。故朱子以雄爲見危不能授命，而依違濡忍，身事二主，故貶雄者，所以勵氣節也，其用心亦深矣！」《楊子法言研究》（臺北：文津出版社，1989年），頁184～185。

〔註25〕《文選·符命·劇秦美新》卷四十八：「王莽潛移龜鼎，子雲進不能辟戟丹墀，抗辭鯁議；退不能草《玄》虛室，頤性全眞，而反露才以耽寵，詭情以懷祿，素餐所刺，何以加焉。」（梁）昭明太子撰：（唐）李善注（臺北：藝文印書館影宋淳熙本重雕鄱陽胡氏藏本，2003年），卷48，頁691～695。

〔註26〕《河東集》，卷2，頁1085～251。

〔註27〕《王安石全集》，卷9，頁48。

〔註28〕李祥俊：「王安石、蘇軾受佛、老思想影響，認同終極存在的超越性，在人性論上主張超越善、惡等道德評價。王安石認爲人性是超越的，不能以善惡論，只有當人性表現爲人情時才可以善惡論，所以揚雄以及孟子、荀子、韓愈等

所以認爲揚雄及孟子、荀子、韓愈等先儒的人性論都是不準確的，王安石等人之人性觀因當時時代影響而有不同的人性論點。

總而論之，西漢揚雄承先秦儒家孔孟荀而來，於蜀地師從嚴遵之老子清靜無爲，於漢成帝、哀帝及平帝皆爲黃門侍郎，倘或有阿諛奉承、攀附權貴之態，爲何需等至王莽上位後以《劇秦美新》諂媚王莽，是其可疑之處？〔註29〕於天祿閣投閣一事，揚雄因曾教授劉棻而受其牽連，寧可自投其閣而不願被殺戮，時人哂未休，但此兩件事情非以單方面而觀之，應該由大漢帝國時代整體風潮與當時揚雄所處之境總合以論。另外，對於《太玄》、《法言》二書更不應全然否定其價值，必先窺其奧，然後再議論之，不僅是面對《太玄》如此，對於《法言》更是憑此言以論，乃可得揚雄眞實潛藏的道理。

第二節　對桓譚之影響

桓譚，字君山，沛國相人，生於漢成帝陽朔元年（24B.C），卒於東漢光武帝建武中元元年（56），其主要著作爲《新論》，《後漢書・桓譚列傳》云：

> 父成帝時爲太樂令。譚以父任爲郎，因好音律，善鼓琴。博學多通，遍習五經，皆詁訓大義，不爲章句。能文章，尤好古學，數從劉歆、揚雄辨析疑異。性嗜倡樂，簡易不修威儀，而憙非毀俗儒，由是多見排抵。〔註30〕

以父任爲郎但「哀、平間，位不過郎」，常與劉歆、揚雄辯論存疑之處，如與揚雄討論辯析天體運行之道，令本深信蓋天說之揚雄與桓譚辯論分析後轉而

先儒的人性論都是不準確的，他説：『夫太極者，五行之所由生，而五行非太極也。性者，五常之太極也，而五常不可以謂之性。……夫太極生五行，然後利害生焉，而太極不可以利害言也。性生乎情，有情然後善惡形焉，而性不可以善惡言也。』蘇軾也發表了和王安石近似的觀點，他説：『夫善惡者，性之所能之，而非性之所能有也。且夫言性者，安以其善惡爲哉！……夫太古之初，本非有善惡之論，唯天下之所同安者，聖人指以爲善，而一人之所獨樂者，則名以爲惡。天下之人，固將即其所樂而行之，孰知夫聖人唯其一人之獨樂不能勝天下之所同安，是以有善惡之辨。而諸子之意，將以善惡爲聖人之私説，不已疏乎？』〈北宋諸儒論揚雄〉，《重慶社會科學》2005年第12期（總第132期），頁33。

〔註29〕藍秀隆著：《楊子法言研究・附錄丙・劇秦美新疑議》（臺北：文津出版社，1989年），頁220～223。
〔註30〕《四史・後漢書》，卷28上，頁351。

以渾天說爲是,《桓子新論》云:

> 揚子雲好天文,問之于黃門作渾天老工,曰:我少能作其事,但隨
> 尺寸法度,殊不達其意,後稍有益喻。〔註31〕

揚雄喜好天文之學,曾問渾天老工相關天體運行之學問,於《隋書・天文志》
中更有有揚雄所論之「難蓋天八事」,〔註32〕對於前所持之天體觀以理性精神
考證且勇於承認蓋天之誤與接受新觀念。桓譚尊重揚雄並以聖人相稱,《桓子
新論》云:

> 「揚子雲何人耶?」答曰:「才智開通,能入聖道,漢興以來,未有
> 此人也。」國師子駿曰:「何以言之?」答曰:「才通著書以百數,
> 惟太史公廣大,其餘皆藂殘小論,不能比之。子雲所造《法言》、《太
> 玄》,經也,人貴所聞,賤所見也,故輕易之,若遇上好事必以《太
> 玄》次五經也。」〔註33〕

稱許揚雄智慧才能過人,能與聖道並稱,更言揚雄所著之書《太玄》、《法言》
爲經而傳誦百年,此外,對其《太玄》一書更有精微之見,《桓子新論》云:

> 揚雄作《玄》書,以爲玄者天也、道也,言聖賢制法作事,皆引
> 天道以爲本統,而因附屬萬類、王政、人事、法度,故宓羲氏謂
> 之易,老子謂之道,孔子謂之玄,玄經三篇以紀天地人之道,立
> 三體有上中下,如禹貢之陳三品,三三而九,因以九九八十一,
> 故八十一卦以四數,數從一至四重累變異意八十一而偏不可損
> 益。〔註34〕

桓譚以揚雄之「玄」、宓羲之「易」、老子之「道」、孔子之「玄」並稱爲天道
本體,書中論及各殊萬類、王政教化、人事互動、法度常道等,對揚雄《太
玄》一書有深切體悟。桓譚與揚雄對兩漢之際的神秘主義予以批判駁斥,《桓
子新論》云:

> 讖出河圖、洛書,但有兆朕而不可知。後人妄復加增依托,稱是孔
> 丘,誤之甚也。〔註35〕

〔註31〕 (漢)桓譚撰;(清)孫馮翼輯:《桓子新論》(臺北:中華書局據問經堂輯本
校刊,1969年《四部備要》本),頁19。

〔註32〕 《隋書・天文志》,卷19,頁270~271。

〔註33〕 同註31,頁21。

〔註34〕 《桓子新論》,頁12。

〔註35〕 同註34,頁6。

桓譚反對將仲尼與儒家經典神秘化，並對兩漢以來讖緯解經偏離經典本意加以批評，一切事物以理性精神說解，不參以宗教迷信色彩。揚雄以天道自然無爲而論，天不是賞善罰惡的人格神之天，然桓譚也於《桓子新論》中云：

> 鈎藤不與人相宜，故食則死，非爲殺人生也。譬若巴豆毒魚，礜石賊鼠，桂害獺，杏核殺猪，天非故爲作也。〔註36〕

桓譚駁斥漢代所流行之目的論，認爲自然界中物與物彼此傷害並非故意而爲，不是天所安排、有目的而爲的，與天意無相關連性。揚雄於《法言・君子》：「有生必有死，有始必有終，自然之道也。」，〔註37〕將生死之道視爲天地自然循環的過程，而不以神仙方術論述，《桓子新論》云：

> 余與劉伯師夜坐燈中，脂炷燋禿將滅，余謂伯師曰：「人衰老亦如彼禿炷矣。」伯師曰：「人衰老應自續。」余曰：「益性可使白髮更生黑、至壽極，亦死耳。」舉火夜坐，燃炭乾牆。〔註38〕

將人之形體譬爲火燭燃燒，人的形體會衰老，有如炷脂由禿至滅的道理一樣，火之地也如形體之耆老，因此與揚雄一同對怪異神秘現象有所反擊與駁斥。

　　許東海〔註39〕於〈賦家與仙境—論漢賦與神仙結合的主要類型及其意涵〉中闡明因奠基於「宇宙生命觀」與「科學實際觀」的根本下，桓譚繼承揚雄理性實證精神、實是求是，並在神仙思想上相契相合。

〔註36〕同註34，頁26。
〔註37〕同註34，頁521。
〔註38〕《桓子新論》，頁25。
〔註39〕許東海〈賦家與仙境——論漢賦與神仙結合的主要類型及其意涵〉：「而這一個實事求是，理性實證精神，又顯示對揚雄思辨精神的繼承與發揚，而他們在神仙思想上的相契相知，又主要奠基於以下兩大方面：1.宇宙生命觀。特別世人的生死問題，桓譚以爲：『草木五穀，以陰陽氣生於土，及其長大成實，實復入土，而後能生，猶人與禽獸昆蟲，皆以雄雌交接相生。生之有長，長之有老，老之有死，若四時之代謝矣。而欲變易其性，求爲異道，惑之不解者也。』正和揚雄《法言》〈君子〉所謂『有生者必有死，有始者必有終，自然之道也。』的思辨精神是一貫的。2.科學實際觀。揚雄與桓譚對於自然的實驗態度，使他們對於自然界的觀察，富於實驗色彩，並具體表現在兩人對於天文學的考察上，所謂渾天、蓋天之說便是兩人共同研討的主題：……由此可知，作爲兩漢之際前後的思想家，揚雄與桓譚之間傳承著理性思辨精神，這使他們對於『道』的理念，能擺脫當時神仙化、庸俗化的神秘外衣，回歸老子道家的精神本色，浮現出思想家不隨浮沈的智慧之光。」《漢學研究》第18卷第2期（2000年12月），頁279～280。

第三節　對王充之影響

　　王充，字仲任，生於東漢光武帝建武三年（27），卒於和帝永元三年（91），《後漢書・王充列傳》云：

> 受業太學，師事扶風班彪，好博覽，而不守章句。家貧無書，常游洛陽市肆，閱所賣書，一見輒能誦憶，遂博通眾流百家之言。後歸鄉里，屏居教授。仕郡爲功曹，以數諫爭不合，去。充好論說，始若詭異，終有理實。以爲俗儒守文，多失其眞，乃閉門潛思，絕慶弔吊之禮，戶牖牆壁各著刀筆。著《論衡》八十五篇，二十餘萬言，釋物類同異，正時俗嫌疑。〔註40〕

「師事扶風班彪」在王充主要著作《論衡・自紀》中未曾提及，此處不論其眞假，但王充喜好論說，常與俗儒之見相左，時人本以爲怪異其說，後經思忖始知有道且實，以二十餘萬言撰寫《論衡》，《論衡》目的用以「釋物類同異，正時俗嫌疑」，與揚雄《太玄》、《法言》中之所論有天文、曆法、政治、法度、人事與飛潛動植等皆類舉陳述相同，並於其中提出自我之見，摒除怪異迷失。王充《論衡・佚文》云：

> 孝成玩弄眾書之多，善楊子雲，出入遊獵，子雲乘從。使長卿、桓君山、子雲作吏，書所不能盈牘，文所不能成句，則武帝何貪？成帝何欲？故曰：「玩楊子雲之篇，樂於居千石之官；挾桓君山之書，富於積猗頓之財。」〔註41〕

王充將司馬相如、揚雄、桓譚相並稱說，並說三者文章辭賦爲孝成、武帝及成帝所喜好樂閱之，於《論衡・定賢》云：

> 以敏於賦頌，爲弘麗之文爲賢乎？則夫司馬長卿、楊子雲是也。文麗而務巨，言眇而趨深，然而不能處定是非，辯然否之實。雖文如錦繡，深如河、漢，民不覺知是非之分，無益於彌爲崇實之化。〔註42〕

更以司馬相如與揚雄之辭賦爲「弘麗之文」，形式爲文麗富句，內容能知是非、辯然否之實在且深淵之文，因此稱其「文如錦繡，深如河、漢」，王充尊敬且推崇揚雄文辭賦論，此外更對揚雄所作《太玄經》予以高度肯定，《論衡・超奇》云：

〔註40〕《四史・後漢書》，卷49，頁585。
〔註41〕《論衡》，卷20，頁197～198。
〔註42〕《論衡》，卷27，頁263。

> 楊子雲作《太玄經》,造於助思,極窅冥之深,非庶幾之才,不能成
> 也。〔註43〕

對於揚雄作《太玄》之書,乃極盡深渺之思,非眾人常才所能爲之,肯定揚
雄是一位博通能用之「鴻儒」,〔註44〕揚雄創造《玄》書「不述而作,材疑聖
人」,〔註45〕《論衡・對作》云:

> 《易》之乾坤,《春秋》之元,楊氏之《玄》,卜氣號不均也。〔註46〕

以《易》之「乾坤」、《春秋》之「元」與揚雄之「玄」皆爲元氣之名號,並
且影響王充自然元氣觀。《論衡・談天》云:

> 說《易》者曰:「元氣未分,渾沌爲一。」儒書又言:「溟涬濛澒,
> 氣未分之類也;及其分離,清者爲天,濁者爲地。」……含氣之類,
> 無有不長。天地含氣之自然也。〔註47〕

王充認爲宇宙根源爲「元氣」明白地說天地之前爲一渾沌未分之元氣,分而清
者天、濁者地,氣能生成萬物萬類,天地自然、萬物殊類皆存有元氣於其身,
更言「天地合氣,萬物自生。猶夫婦合氣,子自生矣。」〔註48〕「天之動行也,
施氣也,體動氣乃出,物乃生矣。」〔註49〕與揚雄《太玄・玄攡》中:「天地奠
位,神明通氣,有一、有二、有三」〔註50〕以氣通貫天地,有一、二、三,陰
氣與陽氣相通而創生各種不同萬物。對天道自然以無爲而論,《論衡・譴告》云:

> 夫天道,自然也,無爲。如譴告人,是有爲,非自然也。〔註51〕

王充與揚雄天道自然、行無爲之爲相同,鄭萬耕言:「他通過詳細的辯論,彌
補了《老子》和揚雄缺乏深入論證的不足,從而把『天道自然無爲』的思想
牢牢地確立起來。」〔註52〕駁斥災異譴告,對當時迷信如符瑞、風水、卜筮、
祭祀、求雨、恐雷、拜龍等予以批判,天道無爲而人道有爲,人道有爲又要
運用天道之無爲,王充已然體悟無爲與有爲之間的辯證關係,及駁斥推翻漢

〔註43〕同註42,卷13,頁136。
〔註44〕同註42,卷13,頁136。
〔註45〕同註42,卷29,頁277。
〔註46〕同註42,卷29,頁277。
〔註47〕同註42,卷11,頁107。
〔註48〕同註42,卷18,頁176。
〔註49〕《論衡》,卷18,頁176。
〔註50〕《太玄集注》,頁187。
〔註51〕同註49,卷14,頁143。
〔註52〕《揚雄及其太玄》,頁279。

代權威者所架構而成的天人感應論。《論衡‧論死》云：

> 五常之氣所以在人者，以五藏在形中也。五藏不傷，則人智惠；五
> 藏有病，則人荒忽，荒忽則愚癡矣。人死，五藏腐朽，腐朽則五常
> 無所託矣，所用藏智者已敗矣，所用爲智者已去矣。形須氣而成，
> 氣須形而知。天下無獨燃之火，世間安得影無體獨知之精？〔註53〕

人的形體五臟中存有五常之氣，氣之順暢、五臟常行，氣之變異、五臟有病，
氣之斷裂、五臟腐朽而氣所依附存在之對象，「形須氣而成，氣須形而知」形與
氣是相互依存關係，又云：「人之所以生者，精氣也；死而精氣滅。」〔註54〕
精氣存人而生，精氣滅人始亡，論證人有生必有死，駁斥成仙與長生不老之迷
信妄言。

　　王充舉自然現象以實證生與死、氣與形之自然運轉依存的關係。綜合王
充的自然宇宙觀，他肯定氣生成天地萬物，否定《春秋繁露》人格神目的論
存在，論證精神與肉體相互依存關係，批評漢代迷信的思想，此思維方式多
少都有受到西漢揚雄效驗考證的精神之影響所致。

第四節　對司馬光之影響

　　司馬光（1019～1086），字君實，北宋著名文史學者及政治家，《宋史‧
司馬光列傳》云：

> 司馬光，字君實，陝州夏縣人也，父池天章閣待制，光生七歲凜然
> 如成人，聞講《左氏春秋》，愛之，退爲家人講即了其大指，自是手
> 不釋書，至不知饑渴暑寒，……仁宗寶元初中進士科，年甫冠性，
> 不喜華靡。〔註55〕

司馬光自幼聰穎好學，手不釋卷，讀書不知寒暑饑渴，年僅二十即中進士，
其人簡樸不喜華麗奢靡。

　　司馬光認爲揚雄的學術高於孟子、荀子，《溫國文正司馬文集》云：

> 楊子雲真大儒者邪！孔子既沒，知聖人之道者，非子雲而誰？孟與荀
> 殆不足擬，況其餘乎！觀玄之書，昭則極於人，幽則盡於神，大則包

〔註53〕同註49，卷20，頁201。
〔註54〕同註49，卷20，頁199。
〔註55〕（元）脫脫撰：《宋史》（臺北：藝文印書館），卷336，頁4242。

　　宇宙，小則入毛髮，合天地人之道以爲一，刮其根本示人所出，胎育萬物而兼爲之母，若地履之而不可窮也，若海挹之而不可竭也，蓋天下之道，雖有善者蔑以易此矣，考之於渾元之初而玄已生，察之於當今而玄非不行，窮之於天地之季而玄不可亡，叩之以萬物之情而不漏，測之以鬼神之狀而不違，概之以六經之言而不悖籍。〔註56〕

司馬光以揚雄爲儒學聖道接續者，《太玄》合天地人之道爲一，《玄》經能如地履、海挹之無窮無盡，上比於宇宙本體之渾元，下延至今仍運行不已，《太玄》中涵攝天地四季、萬物之情、鬼神之狀、六經之言。由此可觀，司馬光直指揚雄承仲尼聖道，《太玄》一書含括天地宇宙之道，司馬光更在《讀玄》中云：

　　「揚子眞大儒者耶，孔子既沒，知聖人之道者，非揚子而誰？孟與荀殆不足擬，況其餘乎？」觀玄之書，昭則極於人，幽則盡於神，大則包宇宙，細則入毛髮。合天地人之道以爲一，括其根本，示人所出，胎育萬物而兼爲之母，若地履之而不窮也，若海挹之而不可竭也。〔註57〕

司馬光讀揚雄《太玄》而深悟了昭明之人事、冥幽之神用，宇宙無限之大道與動植毛髮之微細道理，總括根本之道揭示於人，使人知蘊育萬物之母爲何，如地與海之無窮無盡，終以常道貫通進而合天地人爲一，此乃揚雄作《太玄》潛藏之意也。

　　葉福翔在〈司馬光哲學發展大綱〉中言：「《集注揚子》（又名《法言集注》）寫成于元豐四年（1081），《集注太玄》（又名《太玄經集注》）寫成于元豐六年（1083），此兩書以對揚雄的〈法言〉、《太玄》作注的形式，樹立了司馬光的哲學思想。」〔註58〕司馬光在注《太玄》、《法言》之際，一方面深入瞭解揚雄所架構的思想，另一方面繼承且提出《法言》以學習、人品與道德爲首的思想觀念。《法言・學行》注云：

　　死生有命，富貴在天。好學者修己之道，無羨于彼;有羨者，皆昨好學者也。〔註59〕

〔註56〕（宋）司馬光撰：《溫國文正司馬文集》（臺北：臺灣商務印書館據上海商務印書館縮印常熟瞿氏藏宋紹興本影印，1975年《四部叢刊》本），卷68，頁503。

〔註57〕《太玄集注》，頁1。

〔註58〕葉福翔：〈司馬光哲學發展大綱〉，《中華文化論壇》年第3期，頁100。

〔註59〕《法言義疏》，頁6。

好學者以學習修身爲首要之道，「無羨於彼」指對久生之崇羨，然生命進展則爲時間表現，會羨慕時間久續者則生命與時間爲其分裂，因此，好學者不羨其久生而務實以學。是承接儒家、揚雄思想而來，以學習爲己任，至於「死生有命，富貴在天」對於天命之事非己身所能爲，君子所爲之事以好學修己爲先。《法言·問道》注云：

> 天常即禮樂也。言治天下而不用禮樂，猶無筆而書，無舌而言也。
> 〔註60〕

天地常道中有其生生不息之應然道德義，故言「天常即禮樂也」，不以禮樂治理天下有如無筆、舌而欲作書、言說。天地流行生生無限之道，定於人間爲禮樂，揚雄與司馬光皆有自然天道即天人一體之觀念。《法言·問道》注云：

> 器械、舟車、宮室，皆聖人因物之性，制而用之，推而行之。苟或
> 識聖人之心，則禮樂先王未之有，可以義起也。〔註61〕

聖人本著事物本性而製作出器械、舟車、宮室等物品，雖在先王時無其物，但循著時空移易變化而聖人以生生之德加以制用推行，因此司馬光云：「前人所爲，是則因之，否則變之，無常道。」〔註62〕司馬光循揚雄之思有因循革化之思想，以進化發展觀念來察知世界。

司馬光注《法言》主要爲發展儒家道德人文觀，而注解《太玄》則以自然天道與人文活動爲主，《太玄·積·次二》云：

> 君子積善于中，困于下位，其才德不爲所用，然積之不已，其用必
> 大。君子廣大其德心而已，不汲汲于求用也。〔註63〕

君子應以廣大積累善才於身，不論外在遇與不遇，則不必強求之，才德不爲所用不爲己身所能掌握，但修習才德善性爲自身能爲者必當行之。

司馬光云：「夫玄散爲一陰一陽，維其運也。」〔註64〕、「一陽一陰，乾坤之變也。」〔註65〕以玄爲本體，玄散爲陰氣與陽氣如《易》之乾坤而運行於天地之間，揚雄有重陽輕陰之「休則逢陽，星、時、數、辭從，咎則逢陰，

〔註60〕 同註59，頁123。
〔註61〕 《法言義疏》，頁124。
〔註62〕 同註61，頁125。
〔註63〕 《太玄集注》，頁126。
〔註64〕 同註63，頁188。
〔註65〕 同註63，頁185。

星、時、數、辭違。」〔註66〕司馬光論述陰陽二氣時則以陽爲德、以陰爲刑，《太玄・玄衝》云：

> 陽爲德，陰爲刑。德先艱而後易，刑先利而後寒。〔註67〕

以陽爲德，行德而由難至易，以陰爲刑，用刑而先利後難。更於《太玄・唫・首》云：「凡陽施其精，陰施其形，萬物乃生。」〔註68〕不僅只是說明一陰一陽而萬物生，更闡述陽氣爲施精之氣，陰氣爲化形之氣，有陰陽二氣相交萬物才得而生。對於天道循環返復也有所論，《太玄・踦贊一》注云：

> 凡物極則反，自始以來，陰陽之相生，晝夜之相承，善惡之相傾，
>
> 治亂之相仍，得失之相乘，吉凶之相反，皆天人自然之理也。〔註69〕

天道自然之理皆物極則反，司馬光因循揚雄之理，進而闡明萬事萬物中循環之理，如陰陽兩氣之相生相依，日月晝夜之相承相繼，氣性善惡之相傾相對，平治動亂之相互交替，得獲失敗之相互對比，吉福凶咎之相反相應。由天道論及至人道，無形與有形皆涵攝於其中，將揚雄作《太玄》之本旨於踦贊中完整呈現其天理、天道。司馬光注重循環與積善化德的觀念，因此可說司馬光之思想於集注揚子之書中得以構建己身之見，後人循其道始可觀司馬光思想之概要。

第五節　結　論

　　揚雄生於西漢時期，大漢帝國由漢初黃老修養生息以至武帝國盛帝大、威皇權盛，提倡罷絀百家、獨尊儒術，揚雄之思想深受時代政治、經濟與思想風潮影響，漢代的今古文經之爭與讖緯解經，《春秋繁露》天人相應與災異譴告，陰陽五行與宗教神祕思想等，一位鄉居蜀地的儒生揚雄面臨的人生問題已非單純其事，揚雄欲以創作著書而尋求仕途爲官的機會、闡釋其思想、應對時代所產生之問題，但官仕之途不甚達順暢通，《太玄》與《法言》即在此種際遇背景下寄情勠力而作。

　　《易》以二分法發展爲六十四卦並建構卦爻、《易傳》精密之思想體系，揚雄以三分法建立一個屬於自己的思想邏輯與架構，《太玄》以三爲開端，延

〔註66〕同註63，頁193。
〔註67〕同註63，頁178。
〔註68〕同註63，頁117。
〔註69〕《太玄集注》，頁176。

伸為九之極數，並以方、州、部、家象徵著社會各殊各異之位階，八十一首與七百二十九贊外加踦、嬴兩贊完整相應自然運行之天數，罔、直、蒙、酋、冥由潛藏無形力量化為有形四時運行，後再回歸於無形天道。

　　《太玄》書中揚雄極力且盡心雕塑擬造一個屬於《太玄》自己具體而微且精密相關的世界，此複雜世界以「玄」為宇宙氣化之本體，以陰陽關係為氣化流行之運動，以各殊萬物說明物各有其主體性、以自然的天闈述渾行無窮的天道觀，《太玄》書中更觸及天文、曆法、政治、社會、人事與飛潛動植等，都以無限多有限事物以達到無限天道，盡人所能為之力以成其天。

　　揚雄於撰寫《太玄》後，又以效法《論語》以對話語錄方式架構《法言》，常假以時人之問而回答，在一問一答之中透顯出揚雄的政治、歷史、倫常、修養等理想，《法言》第一篇即為〈學行〉，強調學習與外在規範對人的重要，人性分為聖人、賢人與眾人三品，尚且需時時日日學習砥礪之，生生不息中有其應然道德，聖人能依天地自然之運行體道，而成就其自律之德，但一般眾人則需藉由外在他律道德工夫以進行學習修養，最後他律自律不分，道德流行不分內外，而同其天人。張曉明〈二十年來揚雄研究綜述〉云：

> 從影響的角度來講，雖然有些學者受傳統影響，認為他的哲學思想
> 和文學理論是保守的、消極的，但是學者們對揚雄的歷史作用也作
> 了充分的肯定，認為他「把文學理論從神學中解放出來。」同時指
> 出，揚雄美學思想中具有的摒棄漢賦形式主義文風的進步性。〔註70〕

張曉明認為揚雄勇於挑戰當時神學宗教思想、漢賦形式美學等，揚雄對於漢代時代而言是一個擁有新思想與新衝擊者。本文用剖析圖表等方法來傳達揚雄具有挑戰傳統、創造新意的思想風格，揚雄於《太玄》、《法言》中思想，不論是架構一個玄道思想，體現天地間玄冥運行之道，抑或倡導師法教化、學習修養之工夫，皆在將天、地、人融合為一體，最後達至天地人三才之目標，形上、形下無其分界，形上具體存在於各殊萬物並且透過萬物才得以體現，上下、有無、你我不分，此才是一個真正的氣化整體世界。

〔註70〕 張曉明：〈二十年來揚雄研究綜述〉，《青島大學師範學院學報》第卷第4期（2002
　　　　年12月），頁93。

引用文獻

（依出版年代先後排列）

一、專　書

（一）揚雄著作原典

1. 《太玄經》，（漢）揚雄撰，臺北：臺灣商務印書館影上海商務印書館縮印明萬玉堂翻宋本《四部叢刊》本，1975年。

2. 《法言義疏》，汪榮寶撰；陳仲夫點校，北京：中華書局，1996年。

3. 《太玄集注》，（漢）揚雄撰；（宋）司馬光集注；劉韶軍點校，北京：中華書局，2005年。

（二）古籍文獻

經　部

1. 《玉篇》，（梁）顧野王撰，臺北：藝文印書館據《百部叢書集成》影印，《古逸叢書》本，1967年。

2. 《易緯稽覽圖》，（漢）鄭玄注，臺北：藝文印書館據《百部叢書集成》影印，《聚珍版叢書》本，1967年。

3. 《易緯乾鑿度》，（漢）鄭玄注，臺北：藝文印書館《百部叢書集成》據明萬曆胡震亨等板刊本影印，1967年。

4. 《太玄闡秘》，（清）陳本禮撰，臺北：藝文印書館據清光緒中貴池劉氏刊本影印《聚學軒叢書》本，1970年。

5. 《太玄本旨》，（明）葉子奇，臺北：臺灣商務印書館《四庫全書珍本》，1971年。

6. 《春秋繁露》，（漢）董仲舒撰，臺北：臺灣商務印書館《四部叢刊》影印上海商務印書館縮印武英殿聚珍版本，1976年。

7. 《孟子字義疏證》，（清）戴震撰，臺北：廣文書局，1978 年。

8. 《周易啓蒙翼傳》，（元）胡一桂撰，臺北：臺灣商務據國立故宮博物館院藏本影印，1983 年。

9. 《孟子正義》，（清）焦循撰；沈文倬點校，北京：中華書局，1996 年。

10. 《說文解字注》，（漢）許慎著；（清）段玉裁注，臺北：萬卷樓圖書有限公司，1999 年。

11. 《周易》，（魏）王弼、韓康伯注；（唐）孔穎達等正義，臺北：藝文印書館十三經注疏本，2001 年。

12. 《尚書》，（漢）孔安國傳；（唐）孔穎達等正義，臺北：藝文印書館十三經注疏本，2001 年。

13. 《詩經》，（漢）毛公傳；（漢）鄭元箋；（唐）孔穎達等正義，臺北：藝文印書館十三經注疏本，2001 年。

14. 《論語》，（魏）何晏等注；（宋）邢昺疏，臺北：藝文印書館十三經注疏本，2001 年。

15. 《孟子》，（漢）趙岐注；（宋）孫奭疏，臺北：藝文印書館十三經注疏本，2001 年。

16. 《左傳》，（周）左丘明傳；（晉）杜預注；（唐）孔穎達疏，臺北：藝文印書館十三經注疏本，2001 年。

17. 《禮記》，（漢）鄭元注；（唐）孔穎達鄧正義，臺北：藝文印書館十三經注疏本，2001 年。

18. 《爾雅》，（晉）郭璞注；（宋）邢昺疏，臺北：藝文印書館十三經注疏本，2001 年。

19. 《太玄經》，（漢）揚雄撰；（晉）范望注，臺北：臺灣商務印書館景印文淵閣四庫全書本。

20. 《天原發微》，（宋）鮑雲龍撰；（宋）鮑寧辨正，臺北：臺灣商務印書館景印文淵閣四庫全書。

史 部

1. 《四史·後漢書》，（宋）范曄著；（唐）李賢注，臺北：臺灣開明書局，1969 年。

2. 《國語》，（三國吳）韋昭，臺北：臺灣商務印書館《四部叢刊》影印上海商務印書館縮印杭州葉氏藏明金李校刊本，1976 年。

3. 《華陽國志》，（晉）常璩撰；（明）錢穀鈔校，臺北：世界書局影景明鈔宋嘉泰本，1979 年。

4. 《漢書補注》，（漢）班固撰；（唐）顏師古注；（清）王先謙補注，臺北：藝文印書館，1996 年。

5. 《武英殿本四庫全書總目提要》，（清）永瑢、紀昀等撰，臺北：臺灣商務印書館，2001 年。

6. 《史記》，（漢）司馬遷撰；（宋）裴駰集解，臺北：藝文印書館據清乾隆武英殿刊本景印，2005 年。

7. 《四史・後漢書》，（宋）范曄撰；（梁）劉昭補志；（唐）章懷太子注，臺北：藝文印書館。

8. 《晉書》，唐太宗文皇帝御撰，臺北：藝文印書館據清乾隆武英殿刊本景印。

9. 《隋書》，（唐）魏徵撰，臺北：藝文印書館據清乾隆武英殿刊本景印。

10. 《新唐書》，（宋）歐陽修撰，臺北：藝文印書館據清乾隆武英殿刊本景印。

11. 《宋史》，（元）脫脫撰，臺北：藝文印書館。

子 部

1. 《管子校正》，（唐）尹知章注；（清）戴望校正，臺北：世界書局，1958 年。

2. 《張子正蒙注》，（宋）張載撰；（明）王夫之注，臺北：世界書局，1962 年。

3. 《桓子新論》，（漢）桓譚撰；（清）孫馮翼輯，臺北：中華書局據問經堂輯本校刊《四部備要》本，1969 年。

4. 《老子道德經》，河上公章句，臺北：臺灣商務印書館《四部叢刊》影印上海商務印書館縮印常熟瞿氏藏宋本，1976 年。

5. 《南華真經》，（晉）郭象注；（唐）陸德明音義，臺北：臺灣商務印書館《四部叢刊》影印上海商務印書館縮印明刊本，1976 年。

6. 《孫子集註》，臺北：臺灣商務印書館《四部叢刊》影印上海商務印書館縮印江南圖書館藏明嘉靖刊本，1976 年。

7. 《呂氏春秋》，高誘解；雲間、宋邦乂、張邦瑩、徐益孫、何玉畏校，臺北：臺灣商務印書館《四部叢刊》影印上海商務印書館縮印明刊本，1976 年。

8. 《淮南子》，（東漢）許慎記，臺北：臺灣商務印書館《四部叢刊》影印上海商務印書館縮印影鈔北宋本，1976 年。

9. 《論衡》，（漢）王充著，臺北：臺灣商務印書館《四部叢刊》影印上海商務印書館縮印明通津草堂刊本，1976 年。

10. 《白虎通德論》，（漢）班固纂集，臺北：臺灣商務印書館《四部叢刊》影印上海商務印書館縮印江安傅氏雙鑑樓藏元刊本，1976 年。

11. 《淮南子》，（漢）劉安撰；（漢）高誘註，臺北：中國子學名著集成編印基金會影清嘉慶甲子（九年）姑蘇聚文堂重刊莊逵吉本，1978 年。

12. 《讀書雜誌》，（清）王念孫撰，臺北：臺灣商務印書館，1978 年。

13. 《淮南舊注參正》，（清）馬宗霍，濟南：齊魯書社，1984 年。

14. 《朱子語類》，（宋）黎靖德編；王星賢點校，北京：中華書局，2004 年。

15. 《荀子集解・考證》，（唐）楊倞注；（清）王先謙集解，臺北：世界書局，2005 年。

16. 《顏氏家訓注》，（清）顏之推撰；（清）趙曦明注，臺北：藝文印書館。

17. 《郡齋讀書志》，（宋）晁公武撰；（宋）趙希弁續輯，臺北：臺灣商務印書館景印文淵閣四庫全書本。

集　部

1. 《楚辭章句》，（東漢）王逸注，臺北：五洲出版社，1965 年。

2. 《太平御覽》，（宋）李昉等奉敕撰，臺北：臺灣商務印書館影上海涵芬樓影印中華學藝社借照日本帝室圖書寮京都東福寺東京岩崎氏靜嘉堂文庫藏宋刊本《四部叢刊》本，1968 年。

3. 《王安石全集》，（宋）王安石，臺北：河洛圖書出版社，1974 年。

4. 《溫國文正司馬文集》，（宋）司馬光撰，臺北：臺灣商務印書館《四部叢刊》據上海商務印書館縮印常熟瞿氏藏宋紹興本影印，1975 年。

5. 《曾鞏全集》，（宋）曾鞏撰，臺北：河洛圖書出版社，1975 年。

6. 《嘉祐集》，（宋）蘇洵撰，臺北：臺灣商務印書館，1977 年。

7. 《全上古三代秦漢三國六朝文》，（清）嚴可均編，臺北：世界書局據清光緒 20 年甲午春黃岡王氏刊本影印，1982 年。

8. 《韓昌黎文集校注》，（唐）韓愈撰；馬通伯校注，臺北：華正書局，1982 年。

9. 《河東集》，（宋）柳開撰；（宋）張景注，臺北：臺灣商務印書館《文淵閣四庫全書》據國立故宮博物院藏本影印，1983 年。

10. 《揚雄集校注》，（漢）揚雄撰；張震澤校注，上海：上海古籍出版社，1993 年。

11. 《文選》，（梁）昭明太子撰；（唐）李善注，臺北：藝文印書館影宋淳熙本重雕鄱陽胡氏藏本，2003 年。

12. 《黃宗羲全集》，（清）黃宗羲撰杭州：浙江古籍出版社，2005 年。

13. 《孫明復小集》，（宋）孫復撰臺北：臺灣商務印書館《四部全書珍本》。

（三）近人著作

1. 《古史辨》，顧頡剛編著，上海：上海書店 1935 年據樸社，1935 年版影印。

2. 《中國哲學簡史》，馮友蘭撰，臺中：藍燈文化事業公司，1948 年。

3. 《先秦兩漢之陰陽五行學說》，李漢光撰，臺北：維新書局，1968 年。

4. 《說文通訓定聲》，朱駿聲撰，臺北：世界書局，1968 年。

5. 《揚雄年譜》，丁介民撰，臺北：菁華出版社，1975 年。

6. 《周秦漢魏諸子知見書目》，嚴靈峰，臺北：正中書局，1979 年。

7. 《諸子平議補錄》，俞樾撰，臺北：世界書局，1984 年。

8. 《中國哲學思想史（兩漢、南北朝篇）》，羅光撰，臺北：臺灣學生書局，1985 年。

9. 《太玄校釋》，（漢）揚雄撰；鄭萬耕校釋，北京：北京師範大學出版社，1989 年。

10. 《揚雄及其太玄》，鄭萬耕撰，臺北：藍燈文化事業股份有限公司，1992 年。

11. 《楊子法言研究》，藍秀隆撰，臺北：文津出版社，1989 年。

12. 《易學哲學史》，朱伯崑撰，臺北：藍燈文化事業股份有限公司，1991 年。

13. 《中國哲學思想論集，兩漢魏晉隋唐篇》，牟宗三等著；項維新，劉福增主編，臺北：水牛圖書出版，1992 年。

14. 《張衡詩文》，張在義、張玉春、韓格平議注，臺北：錦繡出版事業有限公司，1993 年。

15. 《揚雄》，陳福濱撰，臺北：東大圖書股份有限公司，1993 年。

16. 《說文解字義證》，桂馥撰濟南：齊魯書社出版，1994 年。

17. 《氣》，張立文撰，臺北：漢興書局，1994 年。

18. 《中國哲學範疇發展史（天道篇）》，張立文撰，臺北：五南圖書出版，1996 年。

19. 《中國古代思想中的氣論及身體觀》，楊儒賓主編，臺北：巨流圖書公司，1997 年。

20. 《高達美》，嚴平撰，臺北：東大圖書股份有限公司，1997 年。

21. 《中國哲學發展史（秦漢）》，任繼愈主編；孔繁等撰，北京：人民出版社，1998 年。

22. 《中古文學繫年》，陸侃如撰，北京：人民文學出版社，1998 年。

23. 《陰陽五行及其體系》，鄺芷人撰，臺北：文津出版社，1998 年。

24. 《賈誼‧董仲舒‧劉安‧劉向‧揚雄》，王更生等撰，臺北：臺灣商務印書館，1999 年。

25. 《氣的思想──中國自然觀和人的觀念的發展》，小野澤精一、福永光司、山井涌編著；李廣譯，上海：人民出版社，1999 年。

26. 《理在氣中：羅欽順‧王廷相‧顧炎武‧戴震氣本論研究》，劉又銘撰，臺北：五南圖書出版有限公司，2000 年。

27. 《揚雄文集箋注》，鄭文撰，成都：巴蜀書社，2000 年。

28. 《揚雄評傳》，王青撰，南京：南京大學出版社，2000 年。

29. 《兩漢思想史》，徐復觀撰，上海：華東師範大學出版社，2001 年。

30. 《徐復觀論經學史二種》，徐復觀撰，上海：上海書店出版社，2005 年。

31. 《春秋繁露義證》，蘇輿撰；鍾哲點校，北京：中華書局，2002 年。

32. 《新編中國哲學史（二）》，勞思光撰，臺北：三民書局，2002 年。

33. 《中國哲學史稿》，孫叔平撰，上海：上海人民出版社，2003 年。

34. 《士與中國文化》，余英時撰，上海：上海人民出版社，2003 年。

35. 《老子校正》，陳錫勇撰，臺北：里仁書局，2003 年。

36. 《中國經學思想史（第二卷）》，姜廣輝主編，北京：中國社會科學出版社，
    2003 年。

37. 《經學歷史》，（清）皮錫瑞撰；周予同注釋，北京：中華書局，2004 年。

38. 《淮南鴻烈論文集》，于大成撰，臺北：里仁書局，2005 年。

39. 《春秋繁露校釋》，鍾肇鵬撰，河北：河北人民出版社，2005 年。

40. 《中國歷代官制》，孔令妃等主編，濟南：齊魯書社，2005 年。

41. 《秦漢的方士與儒生》，顧頡剛撰，上海：上海古籍出版社，2005 年。

42. 《王廷相與明代氣學》，王俊彥撰，臺北：秀威資訊科技，2005 年。

43. 《老子指歸譯注》，（漢）嚴遵撰；王德有譯注，北京：商務印書館，2006
    年。

44. 《揚雄《法言》思想研究》，郭君銘撰，成都：巴蜀書社，2006 年。

45. 《漢代思想史》，金春峰撰，北京：中國社會科學出版社，2006 年。

二、期刊論文

（一）《太玄》部份

1. 〈《太玄》‧黃老‧蜀學〉，魏啓鵬撰，《四川大學學報（哲學社會科學版）》
   1996 年第 2 期，1996 年 2 月。

2. 〈揚雄與玄學〉，李軍撰，《中華文化論壇》1997 年第 1 期，1997 年 1 月。

3. 〈揚雄的「玄」是一個唯物主義命題〉，葉幼明撰，《湖南師範大學社會科
   學學報》第 26 卷 1997 年第 4 期，1997 年 4 月。

4. 〈成都鳳凰山《太玄經》搖錢樹初探〉，張善熙撰，《中華文化論壇》，1998
   年 3 月。

5. 〈成都鳳凰山出土《太玄經》搖錢樹探討〉，張善熙撰，《四川文物》，1998
   年 4 月。

6. 〈簡論《太玄》外易內道的結構特色〉，王世達撰，《人文雜誌》1998 年第 6 期（總 116 期），1998 年 11 月。

7. 〈從《太玄》看道家理論思辨對揚雄的影響〉，張運華撰，《唐都學刊》第 15 卷第 1 期，1999 年 1 月。

8. 〈揚雄《太玄》的象數結構與形上思想〉，王國忠撰，《中華易學》第 20 卷第 1、2、3 期，1999 年 1 月。

9. 〈「動化天下，莫尚于中和」──論揚雄的中和哲學〉，董根洪撰，《社會科學研究》，1999 年 6 月。

10. 〈論《太玄》對《周易》的模仿與改造〉，劉保貞撰，《周易研究》2001 年第 1 期（總第 47 期），2001 年 1 月。

11. 〈揚雄《太玄》的道家精神（上）〉，陳廣忠撰，《鵝湖月刊》第 26 卷第 7 期（總號第 307），2001 年 1 月。

12. 〈《太玄》贊辭所倡明君、賢臣思想述評〉，劉保貞撰《，齊魯學刊》2001 年第 2 期（總第 161 期），2001 年 2 月。

13. 〈《太玄》對「易」「老」的會通與重構〉，周立升撰，《孔子研究》2001 年第 2 期，2001 年 2 月。

14. 〈揚雄《太玄》的道家精神（下）〉，陳廣忠撰，《鵝湖月刊》第 26 卷第 8 期（總號第 308），2001 年 2 月。

15. 〈讀玄釋中──試論《太玄》所本的宇宙說〉，問永寧撰，《周易研究》2001 年第 3 期（總第 49 期），2001 年 3 月。

16. 〈《太玄》研究〉王青撰《漢學研究》，第 19 卷第 1 期，2001 年 6 月。

17. 〈書評：鄭萬耕《揚雄及其太玄》〉，潘玉愛撰，《哲學與文化》第 30 卷第 9 期，2003 年 9 月。

18. 〈從「九天」說看揚雄「文必艱深」論〉，劉懷榮撰，《山西師大學報（社會科學版）》第 30 卷第 4 期，2003 年 10 月。

19. 〈從《太玄》看揚雄的人性論思想〉，問永寧撰，《周易研究》2002 年第 4 期（總第 54 期），2004 年 4 月。

20. 〈試論《太玄》對《易傳》辯證思維的發展〉，鄭萬耕撰，《哲學與文化》第 31 卷第 10 期，2004 年 10 月。

21. 〈試論《太玄》與古易的關係〉，問永寧撰，《深圳大學學報（人文社會科學版）》第 23 卷第 4 期，2006 年 7 月。

22. 〈試論《太玄》的筮法〉，問永寧撰，《陝西教育（理論版）》2006 年 8 期，2006 年 8 月。

23. 〈朱熹論《太玄》〉，田小中撰，《周易研究》2007 卷 3 期，2007 年 6 月。

24. 〈綜參古《易》：《太玄》的易學淵源〉，解麗霞撰，《周易研究》2007 卷 4

期，2007 年 8 月。

(二)《法言》部份

1. 〈試談揚雄《法言》的思想傾向〉，石曉寧撰，《瀋陽師範學院學報（社科版)》1994 年第 3 期，1994 年 3 月。

2. 〈揚雄《法言》中的易學思想〉，李英華撰，《周易研究》1996 年第 4 期（總第 30 期），1996 年 11 月。

3. 〈論逸民、隱士及其隱遁權——《莊子》、《法言》、《抱朴子》論隱逸〉，金毅撰，《北京第二外國語學院學報》1997 年第 4 期（總第 78 期），1997 年。

4. 〈揚雄的性「善惡混」論實際是荀況的性惡論〉，鄭文撰，《西北師大學報（社會科學版)》第 34 卷第 4 期，1997 年 7 月。

5. 〈揚雄《法言》的文化守成主義〉，楊海文撰，《學術研究》1997 年第 9 期（總 154 期），1997 年 9 月。

6. 〈揚雄《法言》中的君子觀〉，劉爲博撰，《孔孟月刊》第 38 卷第 5 期，2000 年 1 月。

7. 〈揚雄《法言》中的道家思想〉，張兵撰，《濟南大學學報》第 11 卷第 5 期，2001 年。

8. 〈論《法言》的尊聖崇經與儒學批判〉，楊福泉撰，《上海大學學報（社會科學版)》第 10 卷第 3 期，2003 年 5。

9. 〈儒主道輔本道兼儒——論揚雄《法言》的思想特徵〉，張兵撰，《理論學刊》第 5 期（總第 123 期），2004 年 5 月。

(三) 揚雄部份

1. 〈評揚雄的政治操行〉，劉曉勤撰，《西南民族學院學報（哲學社會科學版)》1996 年第 2 期，1996 年 2 月。

2. 〈揚雄著述考略〉，王春淑撰，《四川師範大學學報（社會科學版)》第 23 卷第 3 期，1996 年 3 月。

3. 〈揚雄信道的思想特質〉，雷健坤撰，《學術研究》1997 年第 9 期，1997 年 9 月。

4. 〈揚雄與道家思想〉，清宮剛撰，《河北大學學報（哲學社會科學版)》第 22 卷第 4 期，1997 年 12 月。

5. 〈略論揚雄對漢代易學發展的貢獻〉，張濤撰，《河北大學學報（社會科學版)》第 40 卷第 1 期，2000 年 1 月。

6. 〈揚雄是「摹擬大師」之辨正〉，吳全蘭撰，《桂林市教育學院學報》第 14 卷第 3 期（總第 43 期），2000 年 9 月。

7. 〈嚴遵、揚雄的道家思想〉，王萍撰，《山東大學學報（哲學社會科學版)》

2001 年第 1 期,2001 年 1 月。

8. 〈「西道孔子」揚雄的大一統觀與儒風在巴蜀的流布〉,譚繼和撰,《中華文化論壇》2001 年第 1 期,2001 年 1 月。

9. 〈揚雄至京、待詔、奏賦、除郎的年代問題〉,楊福泉撰,《上海大學學報(社會科學版)》第 9 卷第 1 期,2002 年 1 月。

10. 〈二十年來揚雄研究綜述〉,張曉明撰,《青島大學師範學院學報》第 19 卷第 4 期,2002 年 12 月。

11. 〈揚雄著作及其流傳〉,劉保貞撰,《山東大學學報(哲學社會科學版)》2003 年第 1 期。

12. 〈揚雄、王充自然說之人性論〉,張靜環撰,《嘉南學報》第 29 期,2003 年 12 月。

13. 〈揚雄著作存佚考及繫年研究〉,張曉明撰,《青島大學師範學院學報》第 21 卷第 4 期,2004 年 12 月。

14. 〈對揚雄生平與作品的探索〉,鄭文撰,文史第 24 輯。

(四)其他相關資料

1. 〈論漢代文人「悲士不遇」的心靈模式〉,顏崑陽撰,臺北:國立政治大學中文系所主編《漢代文學與思想學術研討會論文集》,1991 年。

2. 〈漢代宇宙論之興起與發展及其在哲學上的意義〉,鄔昆如撰,臺北:國立政治大學中文系所主編《漢代文學與思想學術研討會論文集》,1991 年。

3. 〈研究中國思想史的方法與態度問題〉,徐復觀撰,臺北:水牛出版社收入韋政通編《中國思想史方法論文選集》,1993 年。

4. 〈司馬光哲學發展大綱〉,葉福翔,《中華文化論壇》,1997 年第 3 期。

5. 〈試論揚雄《法言》中的先秦儒家人物〉,許愛蓮撰,《第五屆國立臺灣師範大學國文學系研究生學術論文研討會論文集》,1998 年 11 月。

6. 〈賦家與仙境——論漢賦與神仙結合的主要類型及其意涵〉,許東海撰,《漢學研究》第 18 卷第 2 期,2000 年 12 月。

7. 〈漢代道家易學鈎沉〉,陳鼓應撰,《臺大文史哲學報》第 57 期,2002 年 12 月。

8. 〈漢代易學的特殊問題——易象陰陽五行化試論〉,劉慧珍撰,臺北:國立政治大學中國文學系編《第三屆漢代文學與思想學術研討會論文集》,2003 年。

9. 〈論道與物關係問題:中國哲學史上的一條主線〉,陳鼓應撰,《臺大文史哲學報》第 62 卷,2005 年 5 月。

參考文獻

（依出版年代先後排列）

一、專　書

1. 《中國哲學的特質》，牟宗三撰，臺北：臺灣學生書局，1978年。

2. 《中國哲學思想論集，兩漢魏晉隋唐篇》，牟宗三等撰，臺北：水牛出版社，1992年。

3. 《中國哲學十九講》，牟宗三撰，上海：上海古籍出版社，2005年。

4. 《諸子平議補錄》，俞樾撰，臺北：世界書局，1984年。

5. 《中國哲學小史》，方克立撰，臺北：木鐸出版社，1986年。

6. 《中國古代思想史論》，李澤厚撰，臺北：風雲時代出版公司，1991年。

7. 《中國思想發展史》，何兆武等撰，臺北：明文書局，1993年。

8. 《中國哲學史》，周世輔撰，臺北：三民書局，1993年。

9. 《漢代學術史》，王鐵撰，上海：華東師範大學出版社，1995年。

10. 《中國儒學思想史》，張豈之主編，臺北：水牛出版社，1996年。

11. 《漢代學術史略》，顧頡剛撰，北京：東方出版社，1996年。

12. 《董仲舒》，韋政通撰，臺北：東大圖書股份有限公司，1996年。

13. 《中國思想史》，韋政通撰，臺北：水牛出版社，2001年。

14. 《中國哲學發展史》，吳怡撰，臺北：三民書局，1996年。

15. 《西京雜記》，（晉）葛洪撰；成林、程章燦譯注，臺北：臺灣古籍出版社，1997年。

16. 《老子道德經》，（晉）王弼注，臺北：文史哲出版社，1997年。

17. 《淮南子集釋》，何寧撰，北京：中華書局，1998年。

18. 《南華真經注疏》，（晉）郭象注；（唐）成玄英疏；曹礎基、黃蘭發點校，

北京：中華書局，1998 年。

19. 《易學乾坤》，黃沛榮撰，臺北：大安出版社，1998 年。

20. 《中國哲學史》，任繼愈主編，北京：人民出版社，1999 年。

21. 《法言全譯》，韓敬譯撰，成都：巴蜀書社，1999 年。

22. 《老子今註今譯及評介》，陳鼓應註譯，臺北：臺灣商務，2000 年。

23. 《莊子今註今譯》，陳鼓應註譯，臺北：臺灣商務，2000 年。

24. 《管子四篇詮釋：稷下道家代表作解析》，陳鼓應撰，北京：商務印書館，2006 年。

25. 《秦漢思想史》，周桂鈿撰，石家莊：河北人民出版社，2000 年。

26. 《新編法言》，朱榮智校注，臺北：臺灣古籍出版社，2000 年。

27. 《中國哲學史》，馮友蘭撰，上海：華東師範大學出版社，2000 年。

28. 《中國哲學史新編（中卷）》，馮友蘭撰，北京：人民出版社，2004 年。

29. 《中國哲學通史（第二卷）》，楊憲邦撰，北京：中國人民大學出版社，2001 年。

30. 《兩漢經學與中國文學》，劉松來撰，南昌：百花洲文藝出版社，2001 年。

31. 《中國哲學史大綱（外一種）》，胡適撰，石家莊：河北教育出版社，2001 年。

32. 《中國哲學史大綱》，胡適撰，北京：團結出版社，2005 年。

33. 《中國古代哲學史》，胡適撰，合肥：安徽教育出版社，2006 年。

34. 《諸子著作年代考》，鄭良樹撰，北京：北京圖書館出版社，2001 年。

35. 《宇宙的寂寞——揚雄傳》，張強撰，北京：東方出版社，2001 年。

36. 《中國思想史》，葛兆光撰，上海：復旦大學出版社，2001 年。

37. 《中國哲學史（兩漢魏晉南北朝卷）——與世界哲學對話及重估一切價值的創作轉化》，歐崇敬撰，臺北：洪葉文化事業有限公司，2002 年。

38. 《中國哲學大綱》，張岱年撰，臺北：藍燈文化事業股份有限公司，2002 年。

39. 《文化與哲學》，張岱年撰，北京：中國人民大學出版社，2006 年。

40. 《象數易學》，張其成撰，北京：中國書店，2003 年。

41. 《兩漢經學今古文平議》，錢穆撰，北京：商務印書館，2003 年。

42. 《中國學術思想史論叢（卷三）》，錢穆撰，合肥：安徽教育出版社，2004 年。

43. 《先秦儒家的專制主義精神：對話新儒家》，李憲堂撰，北京：中國人民大學出版社，2003 年。

44. 《中國學術精神》，徐復觀撰；陳克艱編，上海：華東師範大學出版社，

2003 年。

45. 《中國唯心論史》，張立文、周桂鈿主編，鄭州：河南人民出版社，2004 年。

46. 《儒家思想在世界的傳播與發展：中國人民大學孔子研究院文庫》，張立文編，保定：河北大學出版社，2005 年。

47. 《中國思想通史》，侯外廬撰，北京：人民出版社，2004 年。

48. 《道者，萬物之宗：兩漢道家形上思維研究》，趙中偉撰，臺北：洪葉文化，2004 年。

49. 《道家與中國哲學（漢代卷)》，陳廣忠、梁宗華撰，北京：人民出版社，2004 年。

50. 《呂氏春秋校釋》，陳奇猷著，臺北：華正書局，2004 年。

51. 《中國中古文學史講義（含《漢魏六朝專家文研究》《經學教科書》《兩漢學術發微論)》)》，劉師培撰，北京：中國人民大學出版社，2004 年。

52. 《經學教科書》，劉師培撰；陳居淵注，上海：上海古籍出版社，2006 年。

53. 《古史文存（秦漢魏晉南北朝卷)》，中國社會科學院歷史研究所編，北京：社會科學文獻出版社，2004 年。

54. 《帛書老子校注》，高明撰，北京：中華書局，2004 年。

55. 《儒家身體觀》，楊儒賓撰，臺北：中央研究院中國文哲研究所，2004 年。

56. 《儒學的氣論與工夫論》，楊儒賓、祝平次編，臺北：國立臺灣大學出版中心，2005 年。

57. 《漢代思潮》，龔鵬程撰，北京：商務印書館，2005 年。

58. 《漢代經學文論敘述研究》，程勇撰，濟南：齊魯書社，2005 年。

59. 《中國哲學史提綱》，宗白華撰，南京：江蘇教育出版社，2005 年。

60. 《儒學與儒教》，李申撰，成都：四川大學出版社，2005 年。

61. 《士與西漢思想》，曾祥旭撰，哈爾濱：黑龍江人民出版社，2005 年。

62. 《中國哲學史（第二版)》，北京大學哲學系中國哲學教研室撰，北京：北京大學出版社，2005 年。

63. 《東漢生死觀》，余英時撰；何俊編；侯旭東等譯，上海：上海古籍出版社，2005 年。

64. 《中國哲學原論‧導論篇》，唐君毅撰，北京：中國社會科學出版社，2005 年。

65. 《中國哲學原論‧原性篇》，唐君毅撰，北京：中國社會科學出版社，2005 年。

66. 《中國哲學史》，王邦雄等撰，臺北：里仁書局，2005 年。

67. 《中國通史教程・第一卷，先秦兩漢時期》，姜義華主編；劉澤華本卷主編，上海：復旦大學出版社，2005 年。

68. 《漢賦名家欣賞：枚乘・司馬相如・揚雄》，涂元恆編，臺北：中經社文化有限公司，2005 年。

69. 《明分之道：從荀子看儒家文化與民主政道融通的可能性》，儲昭華撰，北京：商務印書館，2005 年。

70. 《簡帛文獻《五行》箋證》，魏啓鵬撰，北京：中華書局，2005 年。

71. 《淮南鴻烈集解》，劉文典撰；馮逸、喬華點校，北京：中華書局，2006 年。

72. 《論衡校釋》，黃暉撰，北京：中華書局，2006 年。

73. 《先秦諸子與理學》，蒙文通撰，桂林：廣西師範大學出版社，2006 年。

74. 《中國古代哲學史》，復旦大學哲學系中國哲學教研室撰，上海：上海古籍出版社，2006 年。

75. 《王弼集校釋》，樓宇烈校釋，臺北：華正書局 2006 年。

76. 《蜀學・第一輯》，西華大學、四川省文史研究館、蜀學研究中心主辦，成都：巴蜀書社，2006 年。

77. 《漢易卦氣學研究》，梁韋弦撰，濟南：齊魯書社，2007 年。

二、期刊論文

（一）《太玄》部份

1. 〈《太玄》是一部"謗書"——"刺莽說"新證〉，問永寧撰，《周易研究》2005 卷期，2005 年 12 月。

2. 〈試論《太玄》與古易的關係〉，問永寧撰，《深圳大學學報（人文社會科學版）》第 23 卷第 4 期，2006 年 7 月。

3. 〈《太玄平議》商兌〉，問永寧撰，《周易研究》2006 年 4 期，2006 年 8 月。

4. 〈《太玄》與漢代易學〉，問永寧撰，《唐都學刊》22 卷 5 期，2006 年 9 月。

5. 〈《太玄》測辭九則新釋〉，問永寧撰，《甘肅聯合大學學報（社會科學版）》第 23 卷第 3 期，2007 年 5 月。

（二）《法言》部份

1. 〈第二部《論語》——《法言》述評〉，李英華撰，《孔子研究》1997 年第 2 期，1997 年 2 月。

（三）揚雄部份

1. 〈「千石之官」和「猗頓之財」——王充論揚雄、桓譚〉，周桂鈿撰，《浙江學刊（雙月刊）》1994 年第 6 期（總第 89 期），1994 年 6 月。

2. 〈揚雄、桓譚、王充間的思想承傳關係〉，姜書閣撰，《湘潭大學學報（社會科學版）》1994 年第 3 期，1994 年 9 月。

3. 〈曾紀澤與《揚雄論》〉，鄭正偉撰，《天水師專學報（哲社版）》1996 年第 1 期，1996 年 1 月。

4. 〈論揚雄的心態特徵〉，吳全蘭撰，《冀東學刊》1997 年第 2 期（總第 107 期），1997 年 2 月。

5. 〈揚雄與劉勰〉，方銘撰，《中國文化研究》1997 年秋之卷（總第 17 期）。

6. 〈揚雄述論〉，孟祥才撰，《人文雜誌》1999 年第 2 期。

7. 〈聯寫揚雄曠世才〉，張紹誠撰《文史雜志》2000 年 4 期，2000 年 4 月。

8. 〈論揚雄〉，王玫撰，《中國典籍與文化》第 37 期，2001 年。

9. 〈揚雄身後褒貶評說考議——林貞愛《揚雄集校注》序〉，楊世明撰，《四川師範學院學報（社會哲學科學版）》2001 年 2 期，2001 年 2 月。

10. 〈論揚雄對先秦儒學的繼承與發展〉，邊家珍撰，《河南大學學報（社會科學版）》第 42 卷第 3 期，2002 年 5 月。

11. 〈揚雄歷史觀再認識〉，張秋升撰，《聊城大學學報（哲學社會科學版）》2002 年第 5 期，2002 年 5 月。

12. 〈西漢時期成都大文學家揚雄評傳〉，劉文杰撰，《中共成都市委黨校學報》2002 年第 6 期，2002 年 10 月。

13. 〈理解的歷史性——朱熹論揚雄〉，廖棟樑撰，《輔仁國文學報》第 18 期，2002 年 11 月。

14. 〈揚雄對西漢新儒學的重構及其意義〉，邊家珍撰，《東岳論叢》第 23 卷第 6 期，2002 年 11 月。

15. 〈揚雄身心觀述評〉，鄭萬耕撰，《河北師範大學學報（哲學社會科學版）》第 27 卷第 3 期，2004 年 5 月。

16. 〈揚雄沿波而得奇——論屈原創作對揚雄的影響〉，任大先撰，《零陵學院學報》第 25 卷第 5 期，2004 年 9 月。

17. 〈由詩人之賦與辭人之賦探揚雄的文學觀〉，王岫林撰，《孔孟月刊》第 43 卷第 1 期，2004 年 9 月。

18. 〈試論揚雄的憂患意識在儒學發展上的體現〉，張曉民撰，《哲學研究》2005 年第 2 期。

19. 〈北宋諸儒論揚雄〉，李祥俊撰，《重慶社會科學》2005 年第 12 期（總第 132 期）。

20. 〈揚雄《劇秦美新》考論〉，高明撰，《西藏民族學院學報（哲學社會科學版）》第 27 卷第 2 期，2006 年 3 月。

21. 〈揚雄研究的源流與不足〉，趙爲學、王棟撰，《湖南科技學院學報》第 27 卷第 6 期，2006 年 6 月。

22. 〈揚雄人性論辨析〉，李沈陽撰，《蘭州學刊》2006 年第 8 期（總第 155 期）。

23. 〈"揚雄三進制"研討〉，劉華金撰，《湖北大學學報（哲學社會科學版）》34 卷 1 期，2007 年 1 月。

24. 〈試論揚雄的姓〉，問永寧撰，《唐都學刊》第 23 卷第 3 期，2007 年 5 月。

（四）其他相關資料

1. 〈從董仲舒、淮南子至王充的「天」與「命」〉，項退結撰，臺北：國立政治大學中文系所主編《漢代文學與思想學術研討會論文集》，1991 年。

2. 〈王充文學主張探析〉，魏敏慧撰，《新埔學報》第 17 期，1999 年 10 月。

3. 〈賦家與仙境——論漢賦與神仙結合的主要類型及其意涵〉，許東海撰，《漢學研究》第 18 卷第 2 期，2000 年 12 月。

4. 〈西漢儒道與陰陽家之分流〉，呂凱撰，臺北：國立政治大學中國文學系編《第二屆漢代文學與思想學術研討會論文集》，2002 年。

5. 〈論漢代書序中的「設論」〉，車行健撰，《中國古典文學研究》第 8 期 2002 年 12 月。

6. 〈漢代樂律與天人思想同構之宇宙圖式及方法意義〉，李美燕撰，臺北：國立政治大學中國文學系編《第三屆漢代文學與思想學術研討會論文》，2003 年。

7. 〈主體屬性的追尋與重構——論漢代學者對屈原自殺的批評〉，許又方撰，臺北：國立政治大學中國文學系編《第五屆漢代文學與思想學術研討會論文集》，2005 年。

8. 〈漢唐「答客難」系列作品之依仿與拓新〉，陳成文撰，臺北：國立政治大學中國文學系編《第五屆漢代文學與思想學術研討會論文集》，2005 年。

三、學位論文

（一）《法言》部份

1. 《楊子法言研究》，藍秀隆撰，臺北：國立政治大學中國文學系研究所，1971 年。

2. 《《法言》思想研究》，田富美撰，臺北：國立政治大學中國文學系碩士論

文，1998 年。

3. 《《法言》複音詞研究》，張煥新撰，長春：東北師範大學漢語言文字學研究所碩士論文，2004 年。

4. 《《法言》聖人思想分析比較之研究》，石昇瓚撰，臺南：國立臺南大學社會科教育學系碩士論文，2005 年。

（二）揚雄部份

1. 《司馬相如揚雄及其賦之研究》，簡宗梧撰，臺北：國立政治大學中國文學研究所博士論文，1976 年。

2. 《揚雄學案》，李周龍撰，臺北：國立臺灣師範大學中國文學研究所博士論文，1979 年。

3. 《揚雄的實踐哲學》，石啓瑤撰，臺北：國立台灣大學哲學研究所碩士論文，1986 年。

4. 《揚雄、桓譚的反讖緯神道思想》，許時珍撰，臺北：國立政治大學中國文學研究所碩士論文，1993 年。

5. 《揚雄生平及其思想研究》，賴平亞撰，香港：香港珠海大學中國文學研究所碩士論文，1999 年。

6. 《理論與實踐——揚雄文學思想及其賦結合之考察》，蔡妮芳撰，臺中：逢甲大學中國文學所碩士論文，2003 年。

7. 《揚雄的文學思想——以"因""革"為中心》，康衛國撰，西安：陝西師範大學文藝學研究所碩士論文，2003 年。

8. 《淑周楚之豐烈——揚雄作品的文化闡釋》，侯文學撰，長春：東北師範大學中國古代文學研究所博士論文，2003 年。

（三）其他部份

1. 《漢魏晉玄風的流變及其展現》，李中庸撰，新竹：國立清華大學歷史研究所碩士論文，1989 年。

2. 《邁向聖典之路—東晉唐初道教道德經學》，鄭燦山撰，臺北：國立臺灣師範大學國文研究所博士論文，1999 年。

3. 《漢莽諸子與《太史公書》》，朱浩毅撰，臺北：中國文化大學史學研究所碩士論文，2001 年。

4. 《兩漢哲學中宇宙論思想之研究》，吳志鴻撰，臺北：輔仁大學哲學研究所博士論文，2003 年。

5. 《兩漢氣化宇宙論之研究》陳德興撰，臺北：輔仁大學哲學系博士論文，2005 年。

附錄一：揚雄年譜

凡　例

一、據丁介民《揚雄年譜》（1975）、陸侃如《中古文學繫年》（1985）、
　　王青《揚雄評傳・附錄：揚雄年譜》（2000）為資料整理來源。

二、本譜紀年先以君主紀年，次西元，再以譜主年歲。

三、紀年事件以黑體字標出。考證事件下行空兩格列之。

四、相同之紀年，以譜主事件為前，相關事件為後。

五、遇三家編年之異，乃於案後陳列各家之言並說明編列之因。

六、雄生之年與王氏、劉氏等興亡相關而並存，資料雖顯靡覼龐雜，然
　　為求整全以觀而存之。

君主紀元	西元	年歲	事件和作品
宣帝 甘露元年	前 53	1	揚雄出生。 　《文選・任彥昇王文憲集序注》引《七略》曰：「子雲家諜言以甘露元年生也。」雄傳云：「年七十一，天鳳五年卒」與家諜合。 文翁治蜀後八十餘年。 司馬相如卒後六十五年。 　《漢書・循吏列傳》：（文翁）景帝末爲蜀守，仁愛好教化。見蜀地辟陋有蠻夷風，文翁欲誘進之，乃選郡縣小吏開敏有材者張叔等十餘人，親自飭厲，遣詣京師，受業博士，或學律令。……又修起學官於成都市中，招下縣子弟以爲學官弟子，爲除更繇，高者以補郡縣吏，次爲孝弟力田。……數年，爭欲爲學官弟子，富人至出錢以求之。繇是大化，蜀地學於京師者比齊魯焉。至武帝時，乃令天下郡國皆立學校官，自文翁爲之始云。……至今巴蜀好文雅，文翁之化也。」 　《漢書・地理志》：「景、武間，文翁爲蜀守，教民讀書法令，未能篤信道德，反以好文刺譏，貴慕權勢。及司馬相如游宦京師諸侯，以文辭顯於世，鄉黨慕循其迹。後有王褒、嚴遵、揚雄之徒，文章冠天下。繇文翁倡其教，相如爲之師，故孔子曰：『有教無類。』」 　《藝文類聚》三十八引〈晉任豫益州記〉曰：「文翁學堂，在大城南，經火災，蜀郡太守高眹，修復繕立，圖書聖賢古人像及禮器瑞物。」 劉向二十八歲。 京房二十一歲。 龔勝十五歲。 孔光十二歲。 龔舍九歲。 卓茂生。
宣帝 甘露三年	前 51	3	漢成帝生，宣帝愛之，自名曰驁，字太孫，常置左右。
宣帝 黃龍元年	前 49	5	十二月甲戌，宣帝崩。癸巳，太子奭即皇帝位，是爲元帝。

元帝 初元元年	前 48	6	元帝封王禁爲陽平侯。 三月丙午，元帝立皇后王氏。 　　《漢書‧元后傳》：「孝元皇后，王莽之姑也。…… 　　（王）禁有大志，不修廉隅，好酒色，多取傍妻。 　　凡有四女八男，長女軍俠；次即元后政君，次君 　　力，次君弟。長男鳳孝卿，次曼元卿，譚子元， 　　崇少子，商子夏，立子叔，根稚卿，逢時季卿。 　　唯鳳、崇與元后政君同母。」 張敞卒。
元帝 初元二年	前 47	7	劉向爲中書宦官弘恭、石顯所譖，下獄免官，坐免爲 庶人。
元帝 初元四年	前 45	9	王莽生。 劉歆生。 京房以孝廉爲郎。
元帝 永光二年	前 42	12	陽平侯王禁卒，子王鳳嗣侯。 　　《漢書‧元后傳》：「永光二年，禁薨，謚曰頃侯。 　　長子鳳嗣侯，爲尉衛侍中。」
元帝 建昭三年	前 37	17	王莽九歲。 京房爲石顯所陷，棄市，妻子徙邊。時年四十一歲。
成帝 建始元年	前 32	22	多作南北郊，罷甘泉、汾陰祠。 成帝封舅王崇爲安成侯，王譚、王商、王立、王根、 王逢時爲關內侯。 王莽十四歲。 石顯以罪免歸，道死。 　　《漢書‧佞幸傳》：「元帝崩，成帝初即位……丞 　　相御史條奏顯舊惡，及其黨牢梁、陳順皆免官。 　　顯以妻子從歸故郡，憂滿不食，道病死。」 劉向四十八歲，復進用爲中郎。 　　《漢書‧楚元王傳》：「成帝即位，顯等伏辜，更 　　生乃復進用，更名向。向以故九卿召拜爲中郎，使領 　　護三輔都水，數奏封事，遷光祿大夫。」
成帝 河平二年	前 27	27	二月乙亥，成帝封王譚平阿侯，王商成都侯，王立紅 陽侯，王根曲陽侯，王逢時高平侯。五人同日封，故 世謂之五侯。 王莽十九歲。 　　《漢書‧王莽傳》卷九十九上：「王莽字巨君，孝 　　元皇后之弟子也。元后父及兄弟皆以元、成世封 　　侯，居位輔政，家凡九侯五大司馬……唯莽父曼

			蚤死，不侯。莽羣兄弟皆將軍五侯子，乘時侈靡，以與馬聲色佚游相高，莽獨孤貧，因折節爲恭儉。受禮經，師事沛郡陳參，勤身博學，被服如儒生。事母及寡嫂，養孤兄子，行甚敕備。又外交英俊，內事諸父，曲有禮義。」
成帝河平三年	前26	28	**劉歆爲黃門郎，受詔與父向領校秘書。** 《漢書・楚元王傳》卷三十六：「楚元王交，字游，高祖同父少弟也……景帝即位，以親親封元王寵子五人：子禮爲平陸侯，富爲沐侯，歲爲沈猶侯，埶爲宛朐侯，調爲棘樂侯……初休侯富既奔京師，而（元王孫）王戊反，富等皆坐免侯，削屬籍。後聞其數諫戊，乃更封爲紅侯……富子辟彊等四人，共養仕于朝……辟彊字少卿……爲光祿大夫，守長樂衛尉，時年已八十矣。徙爲宗正，數月卒。（辟彊子）德，字路……昭帝初爲宗正……徙大鴻臚丞，遷太中大夫，後復爲宗正……守青州刺史，歲餘復爲宗正。與立宣帝，以定策賜爵關內侯，地節中，以親親行謹厚，封爲陽城侯……子向坐鑄僞黃金，當伏法。德上書訟罪，會薨……賜諡繆侯。」
成帝陽朔元年	前24	30	**作《反離騷》、《廣騷》、《畔牢愁》及《天問解》。** 《反離騷》有「漢十世之陽朔，招搖紀于周正」句，晉灼注：「十世數高祖呂后至成帝也，成帝八年乃稱陽朔。」應劭曰：「招搖，斗杓星也，主天時。周正，十一月也。」 《漢書・揚雄傳》卷八十七上：「乃作書，往往摭《離騷》文而反之，自岷山投諸江流以弔屈原，名曰《反離騷》；又旁《離騷》作重一篇，名曰《廣騷》；又旁《惜誦》以下至《懷沙》一卷，名曰《畔牢愁》。」《廣騷》、《畔牢愁》與《反離騷》當是同一時期作品。 王逸《楚辭章句・天問敘》卷三：「昔屈原所作凡二十五篇，世相教傳，而莫能說《天問》，以其文義不次，又多奇怪之事。自太史公口論道之，多所不逮。至於劉向、揚雄援引傳記，以解說之，亦不能詳悉，所闕者眾，日無聞焉。」 案：丁介民置於三十歲，無論其因。陸：「可見《反騷》等篇作于陽朔中。陽朔共四年，始于公元前二十四年，雄三十歲，至前二十一年，雄三十三歲止，今姑繫于本年。」因僅言作於陽朔期間，而今放於陽朔元年。

			王章直言諫成帝，以爲王鳳建遣共王之國非是，又荐琅邪太守馮野王以代王鳳，王鳳下王章獄，殺之。 《漢書·元后傳》：「初，章每召見，上輒辟左右，時太后從弟長樂衛尉弘子侍中音獨側聽，具知章言，以語鳳。鳳聞之，稱病出就第，上疏乞骸骨……其辭指甚哀，太后聞之爲垂涕，不御食。上少而親倚鳳，弗忍廢……於是王鳳起視事……遂下章吏。廷尉致其大逆罪……章死獄中，妻子徙合浦，自是公卿見鳳，側目而視。」 《漢書·趙尹韓張兩王傳》：「會日有蝕之，章奏封事，召見，言鳳不可任用，宜更選忠賢。上初納受章言，後不忍退鳳。章由是見疑，遂爲鳳所陷，罪至大逆。」 王鳳使御史中丞劾奏馮野王賜告養病而私自便，持虎符出界歸家，奉詔不敬，免野王歸。 王音爲御史大夫，列于三公。
成帝 陽朔二年	前23	31	劉向上封事極諫，謂外家（王氏）日盛，其漸必危劉氏，成帝不能用。 《漢書·楚元王傳》：「書奏，天子召見向，歎息悲傷其意，謂：『君且休矣，吾將思之。』以向爲中壘校尉。」 桓譚生。 《後漢書·桓譚傳》卷二十八上：「桓譚字君山，沛國相人也。父成帝時爲太樂令。」 劉汝霖《漢晉學術編年》卷三：「陽朔……二年……桓譚生……按《御覽》二百十五引桓譚《新論》曰：『余年十七，爲奉車郎。』《北堂書鈔》一百二引桓譚《仙賦》曰：『余少時爲奉車郎，孝成帝出祠甘泉河東……』《後漢書·桓譚傳》載譚以起明堂之年出爲六安郡丞，道卒，年七十餘。《續漢·禮志》，立明堂乃中元元年之事，是譚卒于中元元年也。考《前漢書·成帝紀》，帝以綏和二年（成帝末年）祠甘泉河東。若其時君三年十七歲，爲奉車郎，則卒年爲七十九歲。移前則年過八十，移後則與成帝不相及，故由其年推知生于此年。」
成帝 陽朔三年	前22	32	秋八月丁巳，王鳳卒，子王襄嗣侯。 九月，王音復爲大將軍輔政，封安陽侯。 《漢書·谷永杜鄴傳》：「陽朔中，鳳薨。鳳病困，薦從弟御史大夫音以自代，上從之。以音爲大司馬軍騎將軍，領尚書事。」

			《漢書・元后傳》：「初，譚倨，不肯事鳳，而音敬鳳，卑恭如子，故薦之。」
			王譚位特進，領城門兵。
			王莽二十四歲，爲黃門郎。
			    《漢書・王莽傳》：「陽朔中，世父大將軍鳳病，莽侍疾，親嘗藥，亂首垢面，不解衣帶連月。鳳且死，以託太后及帝，拜爲黃門郎，遷射聲校尉。」
			劉向少子劉歆爲黃門郎，與莽同官。
			    《漢書・楚元王傳》：「莽少與歆俱爲黃門郎，重之。」

成帝
永始元年
	前16	38	王譚卒，子王仁嗣侯。
			成帝追封王曼爲新都哀侯，子莽嗣爵爲新都侯，遷騎都尉光祿大夫侍中。莽時年三十。
			    《漢書・王莽傳》：「永始元年，封莽爲新都侯，國南陽新野之都鄉，千五百戶。遷騎都尉光祿大夫侍中，宿衛謹敕，爵位益尊，節操愈謙。散輿馬衣裘，振施賓客，家無所餘，收瞻名士，交結將相卿大夫甚眾，故在位更推薦之。游者爲之談說，虛譽隆洽，傾其諸父矣。」
			    《漢書・郊祀志》：「三月，以未有皇孫，復甘泉河東祠。」

成帝 永始二年	前15	39	春正月己丑，大司馬車騎將軍王音薨。子王舜嗣侯。 二月，成都侯王商爲大司馬衛將軍。 冬十一月，行幸雍祠五畤。

成帝
永始三年
	前14	40	作《縣邸銘》、《王佴頌》、《階闥銘》、《成都四隅銘》、《綿竹頌》、《蜀都賦》、《蜀王本紀》。
			    嚴可均《全漢文》卷五十二載雄《答劉歆書》：「而雄始能草文，先作《縣邸銘》、《王佴頌》、《階闥銘》及《成都四隅銘》；蜀人有楊莊者爲郎，誦之于成帝，成帝好之，以爲似相如，雄遂以此得外見。」
			    《文選》卷七《甘泉賦》李周翰注：「揚雄家貧好學，每制作慕相如之文，嘗作《綿竹頌》；成帝時直宿郎楊莊誦此文，帝曰：『此似相如之文。』莊曰：『非也，此臣邑人揚子雲。』帝即召見，拜爲黃門侍郎。」
			    案：王青《揚雄評傳》：「陸侃如將其繫於永始三年，似不妥。此乃揚雄『始能草文』時所作，揚雄不可能到四十歲才始能草文。姑且將其繫於揚雄二十二歲之時。《蜀王本紀》如爲揚雄所作，姑

			且也繫於此年。」丁介民將此置於雄四十二歲，但無舉其論。陸侃如：「楊庄薦雄在元延元年，故《縣邸銘》及《綿竹頌》等篇當作于永始中（永始元年揚雄三十八歲，四年四十一歲）。至于他自稱『始能草文』，那顯然是自謙之辭，這幾篇未必即作于他幼年。」陸置於四十歲，吾採陸說。 冬十月庚辰，皇太后詔有司復甘泉泰畤、汾陰后土、雍五畤、陳倉陳寶祠。 《漢書・郊祀志》：「後上以無繼嗣故，令皇太后詔有司曰：『孝武皇帝，大聖通明，始建上下之祀，營泰畤於甘泉，定后土於汾陰，而神祇安之，饗國長久，子孫蕃滋，略世遵業，福流於今。……春秋六十，未見皇孫，食不甘味，寢不安席，朕甚悼焉。春秋大復古，善順祀。其復甘泉泰畤、汾陰后土如故，及雍五畤、陳寶祠在陳倉者。』」
成帝 永始四年	前13	41	春正月，行幸甘泉，郊泰畤，大赦天下。 三月，行幸河東祠后土。成都侯王商免。
成帝 元延元年	前12	42	正月，王商復為大司馬衛將軍。十二月乙未遷為大司馬大將軍，辛亥薨。庚申，光祿勛王根為大司馬驃騎將軍。揚雄被王根招為門下史。 自蜀來游京師。 《漢書・揚雄傳》卷八十七上：「孝成帝時，客有薦雄文似相如者。上方郊祠甘泉泰畤、汾陰后土，以求繼嗣，召雄待詔承明之庭。」 《漢書・揚雄傳》卷八十七下：「初，雄年四十餘，自蜀來至游京師，大司馬車騎將軍王音奇其文雅，召以為門下史，薦雄待詔。歲餘，奏《羽獵賦》，除為郎，給事黃門，與王莽、劉歆並。」「王音」有誤，當作王根。 王莽三十四歲。
成帝 元延二年	前11	43	春正月，行幸甘泉，郊泰畤。作《甘泉賦》。 三月，行幸河東，祠后土，作《河東賦》。 十二月，作《羽獵賦》及《趙充國賦》，除為郎，給事黃門。 《漢書・揚雄傳》卷八十七上：「上方郊祠甘泉泰畤、汾陰后土，以求繼嗣，召雄待詔承明之庭。正月從上甘泉，還奏《甘泉賦》以風……其三月將祭后土，上乃帥群臣橫大河，湊汾陰。既祭，行游介山，回安邑，顧龍門，覽鹽池，陟西岳以

望八荒，迹殷周之虛，眇然以思唐虞之風。雄以為臨川羨魚，不如歸而結網，還上《河東賦》以勸……其十二月羽獵，雄從，以為：昔在二帝三王，宮館台榭沼池苑囿林麓藪澤，財足以奉郊廟，御賓客，充庖廚而已，不奪百姓膏腴谷土桑柘之地。女有餘布，男有餘粟，國家殷富，上下交足，故甘露零其庭，醴泉流其唐，鳳凰巢其樹，黃龍游其沼，麒麟臻其囿，神爵棲其林。昔者禹任益虞而上下和，草木茂；成湯好田而天下用足；文王囿百里，民以為尚小；齊宣王囿四十里，民以為大；裕民之與奪民也。武帝廣開上林，南至宜春、鼎胡、御宿、昆吾，旁南山而西至長楊、五柞，北繞黃山，瀕渭而東，周袤數百里；穿昆明池象滇河，營建章、鳳闕、神明、馺娑、漸台、泰液，象海水周流方丈、瀛洲、蓬萊。游觀侈靡，窮妙極麗；雖頗割其三垂以贍齊民，然至羽獵田車戎馬器械儲偫禁御所營，尚泰奢麗夸詡，非堯、舜、成湯、文王三驅之意也。又恐後世復修前好，不折中以泉台，故聊因校獵以風。」

《漢書·揚雄傳》卷八十七下：「明年，上將大夸胡人以多禽獸。秋，命右扶風發民入南山，西自褒斜，東至弘農，南敺漢中。張羅網罝罘，捕熊羆豪豬虎豹狖玃狐菟麋鹿，載以檻車，輸長楊射熊館。以網為周阹，縱禽獸其中，令胡人手搏之，自取其獲，上親臨觀焉。是時，農民不得收斂。雄從至射熊館，還，上《長楊賦》。聊因筆墨成文章，故藉翰林以為主人，子墨為客卿，以風。」

《漢書·成帝紀》卷十：「建始元年……十二月作長安南北郊，罷甘泉汾陰祠……（永始三年）冬十月庚辰，皇太后詔有司復甘泉泰畤，汾陰后土……四年春正月行幸甘泉，郊泰畤……三月，行幸河東，祠后土……（元延）二年春正月行幸甘泉，郊泰畤。三月行幸河東，祠后土……冬行幸長楊宮，從胡客大校獵……四年春正月行幸甘泉，郊泰畤……三月行幸河東，祠后土。（綏和）二年春正月，行幸甘泉，郊泰畤……三月行幸河東，祠后土。丙戌，帝崩于未央宮。皇太后詔有司復長安南北郊。」

《漢書·趙充國傳》卷六十九：「初，充國以功德與霍光等，列畫未央宮。成帝時，西羌嘗有警，上思將帥之臣，追美充國，乃召黃門郎揚雄，即充國圖畫而頌之。」

			《漢書·西域傳》卷九十六下：「時大昆彌雌栗靡健，翕侯皆畏服之，告民牧馬畜無使入牧，國中大安和翁歸靡時。小昆彌末振將恐爲所并。使貴人烏日領詐降，刺殺雌栗靡。漢欲以兵討之而未能，遣中郎將段會宗持金幣與都護圖方略，立雌栗靡季父公主孫伊秩靡爲大昆彌，漢沒入小昆彌侍子在京師者。久之，大昆彌翕侯難棲殺末振降，末振將兄安日子安犁靡代爲小昆彌。漢恨不自責誅末振將，復使段會宗即斬其太子番丘，還，賜爵關內侯，是歲，元延二年也。」 案：丁介民置於四十五歲但論證未明，今從陸侃如。 **觀書於石室。** 《雄答歆書》云：「雄爲郎之歲，自奏少不得學，而心好沈博絕麗之文。願不受三歲之奉，且休脫直事之繇，得肆心廣益，以自克就。有詔可，不奪奉。令尙書賜筆墨錢六萬，得觀書於石室。」 《文心雕龍·事類》：「夫以子雲之才，而自奏不學，及觀書石室，乃成鴻采，表裏相資，古今一也。」
成帝 元延三年	前 10	44	**秋，作《長楊賦》。** 《文選》李善注：「明年，謂作《羽獵賦》之明年，即校獵之年也。班欲敘作賦之明年。《漢書·成紀》曰：『元延二年，冬，幸長楊宮，縱胡客大校獵』是也。《七略》曰《羽獵賦》永始三年十二月上，然永始三年去校獵之前，首尾四載，謂之明年，疑班固誤也。又《七略》曰《長楊賦》綏和元年上。綏和在校獵後四歲，無容元延二年校獵，綏和二年賦，又疑《七略》誤。 《答劉歆書》戴震注子雲：「行幸長楊宮，從胡客大校獵，《紀》爲元延二年冬，《傳》因雄有《長楊》、《羽獵》二賦，遂以長楊大校獵繫之《羽獵賦》後，別云『明年』。若以明年爲元延三年，則《紀》於三年無其事；若以『明年』爲元延二年，則《紀》於元年無行幸甘泉、河東及羽獵事。此亦《傳》誤也。《郊祀志》：平帝時，王莽奏稱『永始元年三月，以未有皇孫，復甘泉、河東祠』。與《紀》之繫於永始三年十月庚辰不合。此莽追憶，以故年月參差也。李善注《文選》引《七略》云：『《甘泉賦》永始三年正月，待詔臣雄上；《羽獵賦》永始三年十二月上；《長楊賦》綏和元年上。』善辯之士曰：『《漢書》永始四年正月行幸甘泉，

三年無幸甘泉之文，疑《七略》誤也；綏和在校獵後四歲，無容元延二年校獵，綏和元年賦，又疑《七略》誤也。』《七略》之誤，蓋如莽奏之一時追憶，致年月參差，而《甘泉》諸賦，則斷宜作於元延二年，時雄年四十二。楊莊誦其文於成帝，即在此元年、二年間。《贊》所謂『年四十餘，自蜀來至游京師』者，語應有依據，非空撰出。……《傳》內遺楊莊而以爲王音，然於前云『考成帝時，客有薦雄文似相如者，上方郊祀甘泉泰畤、汾陰后土以求繼嗣，詔雄待詔承明之庭』，事在王音薨後，與雄答書合。不能指名楊莊，泛目曰客，亦不言王音，原自謹嚴。《贊》內舉音薦待詔，不過互存異聞。使雄由王音薦，則年四十餘，當改之曰三十餘，其元延二年，爲久滯京師矣。」

錢大昕《廿二史考異》：「此《傳》皆取子雲自序，與《本紀》敘事多相應。如上文云『正月從上甘泉』，即《紀》所書『元延二年正月，行幸甘泉，郊泰畤』也；云『其三月將祭后土，上乃率羣臣橫大河，湊汾陰』，即《紀》所書『三月，行幸河東，祠后土』也；云『其十二月羽獵』，即《紀》所書『冬，行幸長楊宮，從胡騎大校獵』也。此年秋，復幸長楊射熊館，則《本紀》無之。蓋行幸近郊射獵，但書最初一次，餘不盡書耳。但二年校獵，無從胡客校獵事，至次年乃有之。并兩事爲一，則《紀》失之也。戴氏震以《本紀》元延三年無長楊校獵事，斷爲《傳》誤。不知《羽獵》、《長楊》二賦，元非一時之作。《羽獵》在元延二年之冬，《長楊》在三年之秋。子雲自序，必不誤也。」

《通鑒考異》卷三十二元延三年：「《成紀》元延二年，冬，行幸長楊宮，從胡客大校獵，宿萯陽宮，賜從官胡旦用之。按：《揚雄傳》，祀甘泉河東之歲十二月羽獵，雄上《校獵賦》，明年，從至射熊館，還，上《長楊賦》。然則從胡客校獵，當在今年，《紀》因去年冬有羽獵事，致此誤耳。」

王先謙《漢書補注》卷八十七下：「沈欽韓曰：《羽獵》、《長楊》二賦，均是二年冬事，而《傳》次序，一在當年，一在明年，蓋以上賦之先後爲次也。《羽獵賦序》但言苑囿之廣，泰奢之風；先聞有校獵之詔，逆作賦，在行幸長楊之前。及雄從幸長楊，親覩搏獸，歸奏此賦，在明年爾。蓋雄于每篇自敘作賦之由，故須別起，班但承其文耳，

			非有誤也。又疑《七略》當時文，不當有失，或雄自敘，止據奏御之日。祕書典校，則憑寫進之年，故參差先後也。」
			鄭文〈對揚雄生平與作品的探索〉一文：「又，《成紀》書『冬，行幸長楊宮，從胡人大校獵』，《羽獵賦序》言『故聊因校獵，賦以風』。此二『校獵』，如同爲一事，則『從胡客大校獵』，也應與『以網爲周陉，縱禽獸其中，令胡人手搏之，自取其獲』同爲一事。但前者只是允許胡人參加這一次校獵活動，後者則是指定胡人在一定範圍之內，自取所得，這又是兩碼事了。既然這樣，爲什麼《成紀》不書後者呢？前引錢氏所釋固有道理，而《成紀》漏書，也並非不可能之事。」
			作繡補、靈節、龍骨之銘詩三章。
			嚴可均《全漢文》卷五十二載雄《答劉歆書》：「雄爲郎之歲，自奏少不得學而心好沈博絕麗之文，願不受三年之奉，且休脫直事之繇，得肆心廣意以自克就。有詔可不奪奉，令尚書賜筆墨錢六萬，得觀書于石室。如是（爲郎）後一歲，作繡補、靈節、龍骨之銘詩三章。成帝好之，遂得盡意。」
			案：王青置於四十七歲，無論證。陸侃如：「我們知道他待詔歲餘乃奏賦爲郎，這幾篇作于爲郎後一歲，當然在本年了。」吾從陸說。
			始於長安般問異語纂輯方言。
			《雄答歆書》：「如是（爲郎）後一歲，作繡補、靈節、龍骨之銘詩三章，成帝好之，遂得盡意。故天下上計孝廉及內部衛卒會者，雄常把三寸弱翰，齎油素四尺，以問其異語，歸即以鉛摘次之於槧。」
			《西京雜記》曰：「揚子雲好事，常懷鉛提槧，從諸計吏，訪殊方絕域四方之語，以爲裨補輶軒所載，亦洪意也。」
			王逢時卒，子買之嗣侯。
成帝元延四年	前9	45	**作《酒賦》。**
			《漢書·陳遵傳》卷九十二：「先是黃門侍郎揚雄作《酒箴》以諷諫成帝，其文爲酒客難法度士，譬之于物。」
			嚴可均《全漢書》卷五十二載雄《酒賦》，注：「案《漢書》題作《酒箴》，《御覽》引《漢書》作《酒賦》，各書作《酒賦》，《北堂書鈔》作《都酒賦》。

			都酒者，酒器名也，驗文當以都酒爲長。」王以憲懷疑此賦作於元延四年，據《成帝紀》載，此年：「甘露降京師，賜長安民牛酒。」 案：陸侃如：「此文既爲諫成帝而作，當然在雄爲郎之後，成帝崩之前，故附于此（四十六歲）。」丁介民置於四十五歲。吾以爲雄爲郎至成帝崩之期間於四十五、四十六歲，但今置於前者四十五歲。
成帝 綏和元年	前8	46	荐莊遵。 四月丁丑，大司馬驃騎將軍王根更爲大司馬。七月，免。 十一月丙寅，侍中騎都尉光祿大夫王莽爲大司馬。 　　《漢書・王莽傳》：「根因乞骸骨，薦莽自代，上遂擢莽大司馬，是歲，綏和元年也，年三十八矣。」 　　《漢書・王吉傳》卷七十二：「蜀有嚴君平……揚雄少時從游學，以而仕京師顯名，數爲朝廷在位賢者稱君平德。杜陵李彊素善雄，久之爲益州牧，喜謂雄曰：『吾眞得嚴君平矣！』雄曰：『君備禮以待之，彼人可見而不可得詘也。』彊心以爲不然。及至蜀，致禮與相見，卒不敢言以爲從事，乃嘆曰：『揚子雲誠知人！』」顏師古注：「《地理志》謂君平爲嚴遵。」 劉向卒，七十二歲。 　　《漢書・楚元王傳》：「年七十二卒，卒後十三歲而王氏代漢。」 劉歆復爲中壘校尉。
成帝 綏和二年	前7	47	二月壬子，丞相翟方進薨。 三月丙戌，成帝崩。 四月丙午，哀帝即位。 十一月丁丑，大司馬王莽免。 王莽舉劉歆爲光祿大夫，貴幸。 　　《漢書・劉歆傳》：「哀帝初即位，大司馬王莽舉歆宗室有材行爲侍中太中大夫，遷騎都尉，奉車光祿大夫，貴幸。復領五經，卒父前業，歆乃集六藝群書，種別爲《七略》。」 劉歆復領五經，卒父前業，奏七略。 　　《漢書・藝文志》：「哀帝時，復使向子侍中奉車都尉歆卒父業，歆於是總羣書而奏其七略。故有《輯略》、有《六藝略》、有《諸子略》、有《詩賦略》、有《兵書略》、有《術數略》、有《方技略》。」

			桓譚爲奉車郎，從成帝至甘泉河東，作《仙賦》。
			嚴可均《全後漢文》卷十二載《仙賦序》：「余少時爲郎，從孝成帝出祠甘泉河東，見部先置華陽集靈宮。宮在華山下，成帝所造，欲以懷集仙者王喬、赤松子，故名殿爲存仙，端門南向山，署曰望仙門。余居此焉，竊有樂高眇之志，即書壁爲小賦以頌美。」
哀帝 建平元年	前6	48	哀帝即位。 十月壬午，京兆尹朱博爲大司空。傅喜爲大司馬。 是年雄始作《太玄》。 　　束景南據隋蕭該《漢書音義》引劉向《別錄》：「揚雄經目有元首、元衝、元錯、元測、元舒、元瑩、元數、元文、元捃、元圖、元告、元問，合十二篇。」 　　案：王青：「表明劉向已見過《太玄》，而劉向卒於成、哀之交。據此，《太玄》應作於成帝元延四年到綏和二年之間。此說與自序矛盾，今從自序，定《太玄》作於哀帝年間。」依王青之論，將始作《太玄》置於此。 劉歆改名爲秀。 　　《漢書·劉歆傳》：「初，歆以建平元年改名秀，字穎叔也。」 光武帝劉秀生。
哀帝 建平二年	前5	49	丁明爲大司馬衛將軍。光祿勛丁望爲左將軍。 論鼓妖事。 　　《漢書·五行志》卷二十七中之下：「哀帝建平二年四月乙亥朔，御史中丞朱博爲丞相，少府趙玄爲御史大夫。臨延登受策，有大聲如鐘鳴，殿中郎吏陛者皆聞焉。上以問黃門侍郎揚雄、李尋。尋對曰：『《洪範》所謂鼓妖者也……』揚雄亦以爲：『鼓妖，聽失之象也。朱博爲人強毅多權謀，宜將不宜相，恐有凶惡極疾之怒。』八月，博、玄坐爲奸謀，博自殺，玄減死論。」 王莽以新都侯遣就國，時年四十一歲。
哀帝 建平三年	前4	50	《太玄》完成，作《解嘲》、《解難》、《太玄賦》。 　　《漢書·揚雄傳》卷八十七下：「哀帝時，丁、傅、董賢用事，諸附離之者或起家至二千石。時雄方草創《太玄》，有以自守，泊如也。或嘲雄以玄尚白，而雄解之，號曰《解嘲》。」又云：「《玄》文多，故不著，觀之者難知，學之者難成。客有難

			《玄》大深，眾人之不好也，雄解之，號曰《解難》。」 案：丁介民將《解嘲》、《解難》置於四十七歲，無論證。今從陸侃如。 **劉歆復轉涿郡太守，以病免官。** 《漢書・劉歆傳》卷三十六：「後復轉在涿郡，歷三郡守，數年以病免官。」 陸侃如《中古文學繫年上》：「年月無考，以常理推之，免官當在起為安定屬國都尉前不久；其轉涿郡，可假定在建平三年（前四年）左右。」
哀帝 元壽元年	前2	52	**揚雄上書諫勿許單于朝。** 《漢書・匈奴傳》卷九十四下：「建平四年，單于上書願朝。五年，時哀帝被疾，或言匈奴從上游來厭人，自黃龍、竟寧時，單于朝中國輒有大故。上由是難之，以問公卿，亦以為虛費府帑，可且勿許。單于使辭去，未發，黃門郎揚雄上書諫曰：『……今單于歸義，懷款誠之心，欲離其庭，陳見於前，此乃上世之遺策，神靈之所想望，國家雖費，不得已者也。奈何距以來厭之辭，疏以無日之期，消往昔之恩，開將來之隙。夫款而隙之，使有恨心，負前言，緣往辭，歸怨於漢，因以自絕，終無北面之心，威之不可，論之不能，焉得不為大憂乎……夫百年勞之，一日失之，費十而愛一，臣竊為國不安也。唯陛下少留意於未亂未戰，以遏邊萌之禍。』書奏，天子寤焉，召還匈奴使者，更報單于書而許之，賜繒帛五十匹，黃金十斤。單于未發，會病，復遣使願朝明年。故事單于朝從名王以下及從者二百餘人，單于又上書言：蒙天子神靈，人民盛壯，願從五百人入朝，以明天子盛德。上皆許之。元壽二年，單于來朝。」 案：陸侃如、王青皆歸於五十二歲。丁介民置於五十一歲，依上述之論證而知為誤。今從陸、王。 **正月，大司馬衛將軍丁明更為大司馬驃騎將軍，孔鄉侯傅晏為大司馬衛將軍。** **十二月，侍中駙馬都尉董賢為大司馬衛將軍。** **王根卒。** **周護、宋崇等對策頌莽功德，莽以徵還京師，時年四十四歲。** **孔光為丞相。**

哀帝 元壽二年	前 1	53	五月，哀帝正三公官分職，董賢爲大司馬，孔光爲大司徒，彭宣爲大司空，封辰平侯。六月，哀帝崩，董賢自殺。 《漢書・平帝紀》：「哀帝崩，太皇太后詔曰：『大司馬賢年少，不合眾心。其上印綬罷。』賢即日自殺。」 王莽爲大司馬，領尙書事，時年四十五歲。 《漢書・王莽傳》：「臣以元壽二年六月戊午倉卒之夜，以新都侯引入未央宮，庚申拜爲大司馬，充三公位。」 九月辛酉，平帝即位。 《漢書・平帝紀》：「帝年九歲，太皇太后臨朝，大司馬莽秉政，百官總己以聽於莽。」 《漢書・元后傳》：「帝年九歲，常年被疾，太后臨朝，委政於莽，莽顓威福。」 劉歆爲右曹太中大夫，遷中壘校尉，著三統曆譜。 《漢書・劉歆傳》：「會哀帝崩，王莽授政，莽少與歆俱爲黃門郎，重之。白太后，太后留歆爲右曹太中大夫，遷中壘校尉。」
平帝 元始元年	1	54	比歲連喪兩子，歸葬蜀地，以此困乏，作《逐貧賦》。 揚雄在《法言・問神》中曾提到其子揚烏而與《玄》文之事：「育而不苗者，吾家之童烏乎！九歲而我《玄》文。」 《華陽國志・序志》：「文學神童揚烏，雄子，七歲而預父《玄》文，九歲卒。」 《太平御覽》卷五五六引桓譚《新論》：「揚子雲爲郎，居長安，素貧，比歲亡其兩男，哀痛之，皆持歸葬于蜀，以此困乏。」 案：王青《揚雄評傳》：「揚雄二子之喪在作《太玄》之後，《法言》之前，揚雄爲郎之日，姑且繫於此年。此時揚雄的經濟狀況最爲窘迫，如《逐貧賦》爲揚雄所作，姑且也定於此年。」陸侃如置於五十五歲，無論證。今從王青說。 正月丙辰，平帝封王莽爲太傅，賜號安漢公，莽年四十六歲。 二月，劉歆爲義和官，班教化、禁淫祀、放鄭聲。 《漢書・平帝紀》卷十二：「元始元年春……二月，置義和官，秩二千石；外史閭師，秩六百石；班教化，禁淫祀，放鄭聲。」 《漢書・劉歆傳》卷三十六：「遷……義和、京兆尹，使治明堂辟雍。」

| 平帝
元始三年 | 3 | 56 | 班彪生。
作法言
　　《法言‧孝至篇》：「漢興二百一十載而中天，其庶幾乎。」
　　《法言義疏‧附錄：揚子法言校補》劉師培云：「此乃揚子自述其作書之歲也。以史考之，當爲平帝三年。此書成于居攝前，故稱新莽爲漢公，互相勘驗，厥證益昭。」
　　《漢書》八十七下：「雄見諸子各以其知舛馳，大氐詆訾聖人，即爲怪迂，析辯詭辭，以撓世事，雖小辯，終破大道而或眾，使溺於所聞而不自知其非也。及太史公記六國，歷楚漢，訖麟止，不與聖人同，是非頗謬於經。故人時有問雄者，常用法應之，譔以爲十三卷，象論語，號曰法言。」
　　《論衡》二十九案書篇云：「董仲舒著書不稱子者，意殆自謂過諸子也。」故知雄著書之意，亦在糾繩諸子，故更立名號，明非諸子之儔也。
　　案：陸侃如置於五十五歲，無論證。王青從陸說。丁介民：「自漢王己未至平帝癸亥，正爲二百一十年，《法言音義》引柳宗元云：『揚子極陰陽之數，此言知漢祚之方半耳。』故繫此。」今從丁說。
王莽殺其子王宇。
王莽遣使者迫守紅陽侯王立、平阿侯王仁自殺。
王立卒，子王柱嗣侯。
王仁卒，子王術嗣侯。
張竦爲陳崇草奏，稱莽功德。
班彪生。 |
| 平帝
元始四年 | 4 | 57 | 作《琴清英》等篇，王莽據以立樂經。
　　《漢書‧藝文志》卷三十：「揚雄所序三十八篇（……樂四）。」
　　《漢書‧王莽傳》卷九十九上：「（元始四年）莽奏起明堂、辟雍、靈台，爲學者築舍萬區，作市常滿倉，制度甚盛，立樂經，益博士員經各五人。」
　　姚振宗《漢書藝文志條理》卷二之上：王應麟《漢書藝文志考證》卷五：「揚雄所序……樂四，未詳；雄有《琴清英》。王謨《漢魏遺書鈔》曰：《琴清英》乃樂書四篇之一……馬國翰《玉函山房輯佚書》曰：漢志載雄所序三十八篇，有樂四篇，此其一也。清英猶言菁華，梁昭明《文選序》云：『略 |

			其蕪穢，集其精英』，亦此義。《水經注》引揚雄《琴清英》，蓋雄諸樂篇散失，後魏時存者唯此。隋唐志均不著錄，則亦佚矣，輯錄得六節。」 姚振宗《漢書藝文志條理》卷二之上：「王謨《漢魏書鈔》曰：《琴清英》乃樂書四篇之一……案《王莽傳》，元始四年立《樂經》，《論衡・超奇篇》謂蜀郡陽城衡所作。《隋志》有《樂經》四卷，不著撰人，或以爲即陽城衡所作。今案本志云樂四，疑即王莽在平帝時所立。當時成書不一其人，故王仲任歸之陽城衡，班孟堅歸之揚雄。猶《論語集解》同撰者五人，諸史志歸之何晏，《晉書》歸之鄭沖也。」 **王莽羣臣奏立莽女爲皇后。** **二月，平帝立莽女爲皇后。** **四月甲子，加安漢公號曰宰衡，位上公。莽母及子安、臨皆封列侯，莽年四十九歲。**
平帝 元始五年	5	58	**作《訓纂》、《難蓋天八事》。** 《漢書・藝文志》卷三十：「《訓纂》一篇。《別字》十三篇，《蒼頡傳》一篇，揚雄《蒼頡訓纂》一篇……漢興，閭里書師合《蒼頡》、《爰曆》、《博學》三篇，斷六十字 以爲一章，凡五十五章，并爲《倉頡篇》。武帝時司馬相如作《凡將篇》，無復字；元帝時黃門令史游作《急就篇》；成帝時將作大匠李長《元尚篇》，皆《蒼頡》中正字也，《凡將》則頗有出矣。至元始中，征天下通小學者以百數，各令記字於庭中。揚雄取其有用者以作《訓纂篇》，順續《蒼頡》，又易《蒼頡》中重復之字，凡八十九章。」 《漢書・平帝紀》卷十三：「（元始五年）征天下通知逸經、古記、天文、曆算、鐘律、小學、史篇、方術、本草，及以五經、《論語》、《孝經》、《爾雅》教授者，在所爲駕一封軺傳，遣詣京師，至者數千人。」 《說文解字》卷十五上敘：「秦始皇初兼天下，丞相李斯乃奏同之，罷其不與秦文合者；斯作《蒼頡篇》，中車府令趙高作《爰曆篇》，太史令胡毋敬作《博學篇》，皆取史籀大篆，或頗省改，所謂小篆者也……孝宣皇帝時，召通《蒼頡》讀者，張敞從受之；涼州刺史杜業，沛人爰禮，講學大夫秦近，亦能言之。孝平皇帝時，征禮等百餘人，

			令說文字未央庭中，以禮爲小學之士。黃門侍郎揚雄採以作《訓纂篇》，凡《蒼頡》以下十四篇，凡五千三百四十字，群書所載略存之矣。」綜上各條記載，揚雄作《訓纂》當在本年。 《隋書·天文志序》：「漢末揚子雲《難蓋天八事》，以通渾天。」 《晉書·天文志》引桓譚《新論》云：「通人揚子雲因眾儒之說天，以天爲如蓋轉……乃圖畫形體行度，……欲爲世人立紀律，以垂法後嗣。余難之……子雲無以解也。」「後與子雲奏事時待報」，桓譚又以事實證明天象以渾天家法相應，於是，「子雲立敗其作」。 王青《揚雄評傳》：「揚雄作《太玄》時似尚未改從渾天說，其轉變當在作《太玄》後，與桓譚同爲郎之歲。桓譚綏和二年十七歲時爲郎，至今已二十八歲，應該已能影響揚雄。所以姑且將其定爲此年。」 **劉歆、陳崇等皆以治明堂，言教化，封爲列侯。** **劉慶上書宜令安漢公行天子事，如周公。** **十二月丙午平帝崩。** **王莽居攝踐祚，服天子韍冕，時年五十歲。**
孺子嬰 居攝元年	6	59	**續《史記》。** 《後漢書·班彪傳》卷四十：「武帝時司馬遷著《史記》，自太初以後闕而不錄。後好事者頗或綴集時事，然多鄙俗，不足以踵繼其書。」章懷太子注：「好事者謂揚雄、劉歆、陽城衡、褚少孫、史孝山之徒也。」 《論衡·須頌》卷二十：「司馬子長記黃帝以至孝武、揚子雲錄宣帝以至哀、平。」 《史通·辨職》卷十：「才若馬遷，精勤不懈若揚子雲。」 《史通·史官建置》卷十一：「司馬遷既沒，後之續《史記》者，若褚先生、劉向、馮商、揚雄之徒，并以別職，來知史務。」 《史通·古今正史》卷十二：「《史記》所書，年止漢武；太初以後，闕而不錄。其後劉向、向子歆及諸好事者若馮商、衛衡、揚雄、史岑、梁審、肆仁、晉馮、段肅、金丹、馮衍、韋融、蕭奮、劉恂等，相次撰續，迄於哀、平間，猶名《史記》。

			至建武中，司徒掾班彪以其言鄙俗，不足以蹖前史；又雄、歆褒美僞新，誤後惑衆，不當垂之後代者也。」
			姚振宗《漢書藝文志拾遺》卷一：「《論衡》言揚子雲錄宣帝至哀平，《史通》亦謂其精勤不懈，則子雲所續者尤多。」
			三月己丑，立宣帝玄孫嬰爲皇太子，號曰孺子。
			《漢書‧元后傳》：「平帝崩，無子，莽徵宣帝玄孫選最少者廣戚侯子劉嬰，年二歲，託以下相爲最吉。乃風公卿奏請立嬰爲孺子，令宰衡安漢公莽踐祚居攝，如周公傅成王故事。」
			四月，劉崇、張紹謀攻莽，敗死。
			王莽封張竦爲淑德侯。
孺子嬰 居攝二年	7	60	九月，東郡太守翟義立劉信爲天子，起兵討莽，移檄郡國，聚衆十餘萬，王莽聞之，大懼。遣王邑、孫建等將關東甲卒，發奔命以擊翟義。
			十月，王莽依周書作大誥，遣桓譚等班於天下，諭以攝位當反政孺子之意。
			十二月，王邑等破翟義於圉，義敗死，劉信亡走。
			王莽封桓譚明告里附城。
			《漢書‧王莽傳》卷九十九上：「二年……九月，東郡太守翟義都試勒車騎，因發犇命，立嚴鄉侯劉信爲天子……莽惶懼不能食，晝夜抱孺子，告禱郊廟，放大誥作策。遣諫大夫桓譚等班於天下，諭以攝位當反政孺子之意，還封譚爲明告里附城。」師古注曰：「明告者，以其出使能明告諭於外也。附城，云如古附庸也。」解附城爲附庸，尚未得其意，莽傳云：「當賜關內侯者，更名曰附城。」
孺子嬰 初始元年	8	61	作《官箴》及《州箴》。
			《漢書‧揚雄傳》卷八十七下：「箴莫善於《虞箴》，作《州箴》。」注：「晉灼曰：九州之箴也。」
			《後漢書‧胡廣傳》載：「初揚雄依《虞箴》作十二州二十五官箴，其九箴亡闕。」
			嚴可均《全漢文》卷五十四載雄：「《冀州箴》《青州箴》《兗州箴》《徐州箴》《揚州箴》《荊州箴》《豫州箴》《益州箴》《雍州箴》《幽州箴》《并州箴》《交州箴》；《司空箴》《尚書箴》《大司農箴》《侍中箴》《光祿勳箴》《大鴻臚箴》《宗正卿箴》《衛尉箴》《太僕箴》《廷尉箴》《太常箴》《少府

			箴》《執金吾箴》《將作大匠箴》《城門校尉箴》《太史令箴》《博士箴》《國三老箴》《太樂令箴》《太官令箴》《上林苑令箴》。」注道：「今遍索群書，除《初學記》之《潤州箴》，《御覽》之《河南尹箴》，顯誤不錄之外，得《州箴》十二，《官箴》二十一，凡三十三箴，視東漢時多出五箴。縱使司空、尚書、太常、博士四箴可屬崔駰、崔瑗，仍多出一箴，與《胡廣傳》未合。猝求其故而不得。覆審乃明所謂亡闕者謂有亡有闕。《侍中》《太史令》《國三老》《太樂令》、《太官令》五箴多闕文，其四箴亡，故云九箴亡闕也。」三十七箴的寫作，應在王莽改十三州爲十二州之後，在更改官制之前。漢武帝時，漢置十三州。 《漢書・王莽傳》卷九十九上：「（元始五年）莽復奏曰：太后秉統數年，恩澤洋溢，和氣四塞，絕域殊俗，靡不慕義……《堯典》十有二州，後定爲九州。漢家廓地遼遠，州牧行部遠者三萬餘里，不可爲九。謹以經義正十二州名分界，以應正始。奏可。」所以州箴當作於元始五年以後。 《漢書・王莽傳》卷九十九中：「始建國元年……更名大司農曰羲和，後更爲納言，大理曰作士，太常曰秩宗，大鴻臚曰典樂，少府曰共工，水衡都尉曰予虞……更名光祿勳曰司中，太僕曰太御，衛尉曰太衛，執金吾曰奮武，中尉曰軍正。」揚雄官箴仍從舊名，可知當作於始建國元年以前。 九月，王莽兄子王光自殺。 十一月，王莽奏以居攝三年爲初始元年，奏可。 張充等六人謀共劫莽，發覺，誅死。 十二月，哀章作銅匱獻莽，莽自稱新皇帝。 劉歆歸故官，議功顯君喪服。 《漢書・王莽傳》卷九十九上：「居攝，……三年……九月，莽母功顯君死，意不在哀，令太后詔議其服。少阿羲和劉歆與博士諸儒七十八人皆曰……莽遂行焉。」是年十一月改元初始。 《漢書・翟義傳》卷八十四：「正月……楊武將軍劉歆歸故官。」
新莽 建國元年	9	62	完成《法言》。 案：王青：「湯炳正《揚子雲年譜》『王莽始建國元年』條云：『莽之定輿服興學校，在元始三年，立辟雍制禮樂，在元始四年與五年，復井刑免人

役，即指今年四月復井田禁買賣田宅奴婢而言。」
是《法言》之絕筆，當在今年四月以後明年投閣
之前也。」又：「《法言・重黎》有『近羲近和』
之語，『羲和』這官名，是王莽在建國元年由大司
農而改。故《法言》成書在王莽建國元、二年間。」
今從王青。

爲中散大夫。

作《劇秦美新》。

> 雄傳云：「京師爲之語曰：『惟寂寞，自投閣，爰
> 清靜，作符命。』」京師士民，以解嘲有「爰清爰
> 靜，游神之庭。惟寂惟寞，守德之宅」之詞，故
> 取之以譏雄也。作符命，正指作劇秦美新。後儒
> 以班書不載此文，疑其爲僞，不知於時莽既稱新，
> 誅殺任意，上書崇德者，多至數十萬人，何貴乎
> 子雲一頌，故不必以此爲子雲諱也。其序首稱諸
> 中散大夫，自是於復召爲大夫之後也。

> 《文心雕龍・體性》：「子雲沈寂，故志隱而味深。」
> 〈才略〉：「子雲屬意，辭人最深，觀其涯度幽遠，
> 搜選詭麗。」夫劇秦一文，子雲不得已之作也。
> 誦述新莽功德，止能美於暴秦，其深意固可知矣。
> 序所言配五帝，冠三王，開闢以來未之聞，直以
> 戲莽耳。班固典引所謂：「揚雄美新，典而亡實。」
> 典而亡實，道盡其用心矣。

> 《法言・孝至》：「漢興二百一十載而中天，其庶
> 矣乎。辟雍以本之，校學以教之，禮樂以容之，
> 輿服以表之，復其井刑，勉人役，唐矣乎。」

> 嚴可均《全漢文》卷五十三載雄《劇秦美新》：「諸
> 吏中散大夫臣雄稽首再拜……作《劇秦美新》一
> 篇。」

> 案：陸侃如：「由此知雄爲大夫乃是中散大夫，此
> 篇大約是答謝升遷而作。」陸、王皆置於六十二
> 歲。丁介民置六十三歲但無論證。今從陸、王說。

正月，王莽篡漢，時年五十四歲。

劉歆爲莽國師，封嘉新公，與王舜、平晏、哀章號爲
四輔，位上公。

新莽 建國二年	10	63	**復應召爲莽大夫** 《漢書・揚雄傳》八十七下：「雄以病免，復召爲 大夫。」復召雄爲大夫者，殆是莽嘉其素不與劉 棻之事也。以病免者，劇秦美新云：「臣常有顚眴 病。」以病免其朝拜也。

			《漢書・揚雄傳》卷八十七下：「及莽纂位，談說之士用符命，稱功德，獲封爵者甚眾。雄復不侯，以耆老久次，轉爲大夫，恬於勢利乃如是。」 《漢書・王莽傳》卷九十九中：「始建國元年……封拜卿大夫侍中尚書官，凡數百人。」雄爲大夫，當在此數百人之中。
新莽 建國三年	11	64	**劉歆子棻及泳被誅。** 《漢書・王莽傳》卷九十九中：「二年……冬十二月……是時爭爲符命封侯，其不爲者相戲曰：『獨無天帝除書乎？』司命陳崇白莽曰：『此開奸臣作福之路而亂天命，宜絕其原。』莽亦厭之，遂使尚書大夫趙并驗治，非五威將率所班，皆下獄。初甄豐、劉歆、王舜爲王莽腹心，倡導在位……時（豐）子尋爲侍中京兆大尹茂德侯，即作符命……莽以詐立，心疑大臣怨謗，欲震威以懼下，因是發怒……收捕尋，尋亡，豐自殺；尋隨方士入華山，歲餘捕得。辭連國師公歆子侍中東通靈將五司大夫隆威侯棻，棻弟右曹長水校尉伐虜侯泳，大司空邑弟左關將軍掌威侯奇，及歆門人侍中騎都尉丁隆等，牽引公卿黨親列侯以下死者數百人……乃流棻于幽州，放尋于三危，殛隆于羽山，皆驛車載其尸傳致云。」因劉棻事被牽連，投天祿閣下，幾死，以病免官。 《漢書・揚雄傳》卷八十七下：「王莽時，劉歆、甄豐皆爲上公。莽既以符命自立，即位之後，欲絕其原，以神前事；而豐子尋，歆子棻，復獻之。莽誅豐父子，投棻四裔；辭所連及，便收不請。時雄校書天祿閣上，治獄事使者欲收雄；雄恐不能免，乃從閣上自投下，幾死。莽聞之曰：『雄素不與事，何故在此？』閑請問其故，乃劉棻嘗從雄學作奇字；雄不知情，有詔勿問。然京師爲之語曰：『惟寂寞，自投閣；愛清靜，作符命。』雄以病免。」 陳直《漢書新證》云：「天祿閣遺址，現在西安未央宮大殿遺址，直北約一華里，曾出『天祿閣』瓦當（懷寧柯氏所藏拓本），又出天鹿畫瓦，知天祿即天鹿之假借。」案：王青：「據《漢書》卷九十九中《王莽傳中》，甄豐、甄尋事發在始建國二年冬十二月，歲餘之後，捕得甄尋，連及劉棻，牽連到揚雄至少在始建國三年冬。今繫於此年。」丁介民置於六十三歲無論證。今從陸、王說。

新莽 建國四年	12	65	復召爲大夫。 　　《漢書・揚雄傳》卷八十七下：「復召爲大夫。」 侯芭從受《太玄》、《法言》。 　　《漢書・揚雄傳》卷八十七下：「家素貧，耆酒，人希至其門。時有好事者，載酒肴從游學，而鉅鹿侯芭常從雄居，受其《太玄》、《法言》焉。劉歆亦嘗觀之，謂雄曰：『空自苦！今學者有祿利，然尚不能明《易》，又如《玄》何？吾恐後人用覆醬瓿也。』雄笑而不應。」 桓譚遷講學祭酒。 　　嚴可均《全後漢文》卷十三載《新論・見徵》第五：「陽城子姓張名衡，蜀郡人，王翁（時）與吾俱爲講學祭酒。」 　　嚴可均《全後漢文》卷十四載《新論・譴非》第六：「余前作王翁掌教大夫時，有男子畢康殺其母。」
新莽 建國五年	13	66	作《元后誄》。 　　《漢書・元后傳》卷九十八：「孝元皇后，王莽之姑也……建國五年二月癸丑崩，三月乙酉，合葬渭陵。莽詔大夫揚雄作誄。」
新莽 天鳳三年	16	69	歆與揚雄書索取《方言》，揚雄《答劉歆書》論《方言》，時正在撰著中。 　　《全漢文》卷五十二載揚雄《答劉歆書》，其云：「又敕以殊言十五卷，君何由知之？謹歸誠底裡，不敢違信。 　　雄少不師章句，亦于五經之訓所不解。嘗聞先代輶軒之使，奏籍之書，皆藏于周秦之室；及其破也，遺棄無見之者。獨蜀人有嚴君平，臨邛林閭翁孺者，深好訓詁，猶見輶軒之使所奏言。翁孺與雄外家牽連之親，又君平過誤，有以私遇少而與雄也。君平財有千言耳，翁孺梗概之法略有。翁孺往數歲死，婦蜀郡掌氏子，無子而去……雄爲郎之歲……得觀書於石室……故天下計孝廉及內郡衛卒會者，雄常把三寸弱翰，齎油素四尺，以問其異語，婦即以鉛摘次之於槧，二十七歲於今矣。而語言或交錯相反，方覆論，思詳悉集之燕其疑。張伯松不好雄賦頌之文，然亦有以奇之，常爲雄道言其父及其先君憙典訓。屬雄以此篇目頻示其成者，伯松曰：『是懸諸日月不刊之書也。』」

			姚振宗《漢書藝文志拾補》卷一：「應劭《風俗通義序》曰：周秦常以歲八月遣輶軒之使，求異代方言，還奏籍之，藏於秘室……揚雄好之，天下孝廉衛卒交會周章質問以次注續，二十七歲乃治正，凡九千字，其所發明猶未若《爾雅》之閎麗也。……《華陽國志》曰：雄以典莫正于《爾雅》，故作《方言》。又曰：林閭字公孺，臨邛人也。善古學。古者天子有輶車之使，自漢興以來劉向之徒但聞其官，不詳其職。職惟閭與嚴君平知之曰：此使考八方之風雅，通九州之異同，主海內之音韻，使人主居高堂知天下風俗也。揚雄聞而師之，因此作《方言》。」
新莽 天鳳四年	17	70	**劉歆與雄書索觀方言，作答書拒之。** 《方言》卷末劉歆與雄書云：「詔問三代周秦軒車使者，遒人使者，以歲八月巡路，求代語、僮謠、歌戲、欲得其最目。因從事郝隆求之有日，篇中但有其目，無見文者。……屬聞子雲獨採集先代絕言，異國殊語，以為十五卷，其所解略多矣，而不知其目。非子雲澹雅之才，沈鬱之思，不能經年銳精以成此書，良為勤矣。……今聖朝留心典誥，發精於殊語，欲以驗考四方之事，不勞戎馬高車之使，坐知傜俗，適子雲攘意之秋也。……蓋蕭何造律，張倉推曆，皆成之於帷幕，貢之於王門，功列於漢室，名流乎無窮。誠以隆秋之時，收藏不殆，饑春之歲，散之不疑，故至於此也。今僅使密人奉手書，願與其最目，得使入錄，令聖朝留明明之典。」 《雄答歆書》云：「如是（為郎）後一歲，作繡補、靈節、龍骨之銘詩三章，成帝好之，遂得盡意。故天下上計孝廉及內郡衛卒會者，雄常把三寸弱翰，齎油素四尺，以問其異語，歸即以鉛摘次之於槧，二十七歲於今矣。而語言或交錯相反，方覆論思，詳悉集之，燕其疑。張伯松不好雄賦頌之文，然亦有以奇之。常為雄道言其父及其先君憙典訓，屬雄以此篇目頗示其成者，伯松曰：是懸諸日月不刊之書也。……伯松與雄獨何德慧，而君與雄獨何譖隙，而當匿乎哉。……即君必欲脅之以威，陵之以武，欲令入之於此，此又未定，未可以見，今君又終之，則縊死以從命也。而可且寬假延期，必不敢有愛，雄之所為，得使君輔貢於明朝，則雄無恨，何敢有匿，唯執事圖之。」

			桓譚遷掌樂大夫。 　　《後漢書・桓譚傳》卷二十八上：「莽時，爲掌樂大夫。」 　　嚴可均《全後漢書》卷十四載《新論・袪蔽》第八：「余前爲王翁典樂大夫，見樂家書記。」
新莽 天鳳五年	18	71	**卒，弟子侯芭爲起墳。** 　　《漢書・揚雄傳》卷八十七下：「年七十一，天鳳五年卒。侯芭爲起墳，喪之三年。時大司空王邑，納言嚴尤，聞雄死，謂桓譚曰：『子嘗稱揚雄書，豈能傳於後世乎？』譚曰：『必傳，顧君與譚不及見也。凡人賤近貴遠，親見揚子雲祿位容貌不能動人，故輕其書。……今揚子之書文義至深，而論不詭於聖人，若使遭遇時君，更閱賢知，爲所稱善，則必度越諸子矣。』」 　　姚振宗《漢書藝文志拾補》卷二：「《藝文類聚》冢墓門《揚雄家牒》曰：子雲以天鳳五年卒，葬安陵阪上。所厚沛郡桓君山，平陵如子禮，弟子鉅鹿侯芭，共爲治喪。諸公遣世子，朝臣郎吏行事者會送。桓君山爲斂賻起祠塋，侯芭負土作墳，號曰玄冢。」 　　藝文類聚四十、御覽五百五十八并引揚雄家諜曰：「子雲以天鳳五年卒，葬安陵阪上，所厚沛郡桓君山、平陵如子禮、弟子鉅鹿侯芭，共爲治喪。諸公遣世子朝臣郎吏行事者會送。桓君山爲斂賻，起祠塋，侯芭負土作墳，號曰玄塚。」

附錄二：卦氣圖 [註1]

常氣	月中節 四正卦	初候 始卦	次候 中卦	末候 終卦
冬至	十一月中 坎初六	蚯蚓結 公中孚	麋角解 辟復	水泉動 侯屯內
小寒	十二月節 坎九二	雁北鄉 侯屯外	鵲始巢 大夫謙	野雞始鳴 卿睽
大寒	十二月中 坎六三	雞始乳 公升	鷙鳥厲疾 辟臨	水澤腹堅 侯小過內
立春	正月節 坎六四	東風解凍 侯小過外	蟄蟲始振 大夫蒙	魚上冰 卿益
雨水	正月中 坎九五	獺祭魚 公漸	鴻雁來 辟泰	草木萌動 侯需內
驚蟄	二月節 坎上六	桃始華 侯需外	倉庚鳴 大夫隨	鷹化爲鳩 卿晉
春分	二月中 震初六	玄鳥至 公解	雷乃發聲 辟大壯	始電 侯豫內
清明	三月節 震六二	桐始華 侯豫外	田鼠化爲鴽 大夫訟	虹始見 卿蠱
穀雨	三月中 震六三	萍始生 公革	鳴鳩指其羽 辟夬	戴勝降于桑 侯旅內

〔註 1〕 朱伯崑撰：《易學哲學史》(臺北：藍燈文化事業股份有限公司，1991 年)，頁
133～135。另外，圖中有二處錯誤之處，一爲常氣「春分」與「月中節四正
卦」配對本爲「二月中震初六」，但震卦爲☳，應改爲「二月中震初九」；二
爲常氣「秋分」與「月中節四正卦」配對爲「八月中兌九二」，兌卦爲☱，應
改爲「八月中兌初九 」。上文已爲校正本。

立夏	四月節 震九四	螻蟈鳴 侯旅外	蚯蚓生 大夫師	王瓜生 卿比
小滿	四月中 震六五	苦茱秀 公小畜	靡草死 辟乾	小暑 至侯大有內
芒種	五月節 震上六	螳螂生 侯大有外	鵙始鳴 大夫家人	反舌無聲 卿井
夏至	五月中 離初九	鹿角解 公咸	蜩始鳴 辟姤	半夏生 侯鼎內
小暑	六月節 離六二	溫風至 侯鼎外	蟋蟀居壁 大夫豐	鷹乃學習 卿渙
大暑	六月中 離九三	腐草爲螢 公履	土潤溽暑 辟遯	大雨時行 侯恆內
立秋	七月節 離九四	涼風至 侯恆外	白露降 大夫節	寒蟬鳴 卿同人
處暑	七月中 離六五	鷹祭馬 公損	天地始肅 辟否	禾乃登 侯巽內
白露	八月節 離上九	鴻雁來 侯巽外	玄鳥歸 大夫萃	群鳥養差 卿大畜
秋分	八月中 兌初九	雷乃收聲 公賁	蟄戶 辟觀	水始涸 侯歸妹內
寒露	九月節 兌九二	鴻雁來賓 侯歸妹外	雀入大水爲蛤 大夫無妄	菊有黃華 卿明夷
霜降	九月中 兌六三	豺乃祭獸 公困	草木黃落 辟剝	蟄蟲咸俯 侯艮內
立冬	十月節 兌九四	水始冰侯 艮外	地始凍 大夫既濟	野鷄入水爲蜃 卿噬嗑
小雪	十月中 兌九五	虹藏不見 公大過	天氣上騰地氣下降 辟坤	閉塞而成冬 侯未濟內
大雪	十一月節 兌上六	鴠不鳴 侯未濟外	虎始交 大夫蹇	荔挺生 卿頤

附錄三：太玄擬卦日星節候圖〔註1〕

	一	二	三	四	五	六	七	八	九
中（中孚）	畫一日冬至十一月中牛一蚯蚓結	夜	畫二日牛二度	夜	畫三日牛三度	夜	畫四日牛四度	夜	畫五日牛五度
周（復）	夜	畫六日牛六度	夜	畫七日牛七	夜	畫八日牛八	夜	畫九日女一度	夜
礥（屯）	畫十日女二	夜	畫十一日女三	夜	畫十二日女四	夜	畫十三日女五	夜	畫十四日女六
閑（屯）	夜	畫十五日女七	夜	畫十六日小寒十二月女八雁北鄉	夜	畫十七日女九	夜	畫十八日女十	夜
少（謙）	畫十九日女十一	夜	畫二十日女十二	夜	畫二十一日虛一鵲始巢	夜	畫二十二日虛二	夜	畫二十三日虛三
戾（睽）	夜	畫二十四日虛四	夜	畫二十五日虛五	夜	畫二十六日虛六雉始雊	夜	畫二十七日虛七	夜

〔註1〕 （元）胡一桂著：《周易啓蒙翼傳》（外篇），所載錄（宋）王薦，所作「太玄擬卦日星節候圖」。引文見《文淵閣四庫全書》（冊22）（臺北：臺灣商務印書館，1988年），頁365〜367。

上（升）	畫二十八日虛八	夜	畫二十九日虛九	夜	畫三十日虛十	夜	畫三十一日大寒十二月中危一雞始乳	夜	畫三十二日危二
干（升）	夜	畫三十三日危三	夜	畫三十四日危四	夜	畫三十五日危五	夜	畫三十六日危六	夜
莥（臨）	畫三十七日危七	夜	畫三十八日危八	夜	畫三十九日危九	夜	畫四十日危十	夜	畫四十一日危十一
羨（小過）	夜	畫四十二日危十二	夜	畫四十三日危十三	夜	畫四十四日危十四	夜	畫四十五日危十五	夜
差（小過）	畫四十六日立春正月危十六東風解凍	夜	畫四十七日危十七	夜	畫四十八日室一	夜	畫四十九日室二	夜	畫五十日室三
童（蒙）	夜	畫五十一日室四蟄蟲始振	夜	畫五十二日室五	夜	畫五十三日室六	夜	畫五十四日室七	夜
增（益）	畫五十五日室八	夜	畫五十六日室九魚上冰	夜	畫五十七日室十	夜	畫五十八日室十一	夜	畫五十九日室十二
銳（漸）	夜	畫六十日室十三	夜	畫六十一日雨水正月中室十四獺祭魚	夜	畫六十二日室十五	夜	畫六十三日室十六	夜
達（泰）	畫六十四日壁一	夜	畫六十五日壁二	夜	畫六十六日壁三鴻雁水	夜	畫六十七日壁四	夜	畫六十八日壁五

交 （泰）	夜	畫六十 九日 壁六	夜	畫七十 日 壁七	夜	畫七十 一日 壁八 草木萌 動	夜	畫七十 二日 壁九	夜
奕 （需）	畫七十 三日 奎一	夜	畫七十 四日 奎一	夜	畫七十 五日 奎三	夜	畫七十 六日 奎四	夜	畫七十 七日驚 蟄二月 奎五 桃始華
傒 （需）	夜	畫七十 八日 奎六	夜	畫七十 九日 奎七	夜	畫八十 日 奎八	夜	畫八十 一日 奎九	夜
從 （隨）	畫八十 二日 奎十 倉庚鳴	夜	畫八十 三日 奎十一	夜	畫八十 四日 奎十二	夜	畫八十 五日 奎十三	夜	畫八十 六 奎十四
進 （晉）	夜	畫八十 七日 奎十五 鷹化鳩	夜	畫八十 八日 奎十六	夜	畫八十 九日 婁一度	夜	畫九十 日 婁二	夜
釋 （解）	畫九十 一日 婁三	夜	畫九十 二日春 分二月 中 婁四 乙鳥至	夜	畫九十 三日 婁五	夜	畫九十 四日 婁六	夜	畫九十 五日 婁七
格 （大壯）	夜	畫九十 六日 婁八	夜	畫九十 七日 婁九 雷乃發 聲	夜	畫九十 八日 婁十	夜	畫九十 九日 婁十一	夜
夷 （大壯）	畫一百 日 婁十二	夜	畫一百 一日 胃一	夜	畫一百 二日 胃二 始電	夜	畫一百 三日 胃三	夜	畫一百 四日 胃四
樂 （豫）	夜	畫一百 五日 胃五	夜	畫一百 六日 胃六	夜	畫一百 七日 胃七 清明三 月	夜	畫一百 八日 胃八	夜

爭（訟）	晝一百九日胃九	夜	晝十百十日胃十	夜	晝一百十一日胃十一	夜	晝一百十二日胃十二田鼠化駕	夜	晝一百十三日胃十三
務（蠱）	夜	晝一百十四日胃十四	夜	晝十百十五日昴一	夜	晝一百十六日昴二	夜	晝一百十七日昴三虹始見	夜
事（蠱）	晝一百十八日昴四	夜	晝一百十九日昴五	夜	晝一百二十日昴六	夜	晝一百二十一日昴七	夜	晝一百二十二日昴八萍始生
更（革）	夜	晝一百二十三日昴九	夜	晝一百二十四日昴十	夜	晝一百二十五日昴十一	夜	晝一百二十六日畢一	夜
斷（夬）	晝一百二十七日畢二鳴鳩拂羽	夜	晝十百二十八日畢三	夜	晝一百二十九日畢四	夜	晝一百三十日畢五	夜	晝一百三十一日畢六
毅（夬）	夜	晝一百三十二日畢七戴勝降桑	夜	晝一百三十三日畢八	夜	晝一百三十四日畢九	夜	晝一百三十五日畢十	夜
裝（旅）	晝一百三十六日畢十一	夜	晝一百三十七日立夏四月畢十二螻蟈鳴	夜	晝一百三十八日畢十三	夜	晝一百三十九日畢十四	夜	晝一百四十日畢十五
眾（師）	夜	晝一百四十一日畢十六	夜	晝一百四十二日觜一蚯蚓出	夜	晝一百四十三日觜二	夜	晝一百四十四日參一	夜

密（比）	晝一百四十五日 參二	夜	晝一百四十六日 參三	夜	晝一百四十七日 參四 王瓜生	夜	晝一百四十八日 參五	夜	晝一百四十九日 參六
親（比）	夜	晝一百五十日 參七	夜	晝一百五十一日 參八	夜	晝一百五十二日 參九	夜	晝一百五十三日 小滿五月 井一 苦菜秀	夜
斂（小畜）	晝一百五十四日 井二	夜	晝一百五十五日 井三	夜	晝一百五十六日 井四	夜	晝一百五十七日 井五	夜	晝一百五十八日 井六 靡草死
彊（乾）	夜	晝一百五十九日 井七	夜	晝一百六十日 井八	夜	晝一百六十一日 井九	夜	晝一百六十二日 井十	夜
睟（乾）	晝一百六十三日 井十一 小暑至	夜	晝一百六十四日 井十二	夜	晝一百六十五日 井十三	夜	晝一百六十六日 井十四	夜	晝一百六十七日 井十五
盛（大有）	夜	晝一百六十八日 井十六 螳螂生	夜	晝一百六十九日 井十七	夜	晝一百七十日 井十八	夜	晝一百七十一日 井十九	夜
居（家人）	晝一百七十二日 井二十	夜	晝一百七十三日 井二十一 鵙始鳴	夜	晝一百七十四日 井二十二	夜	晝一百七十五日 井二十三	夜	晝一百七十六日 井二十四
法（井）	夜	晝一百七十七日 井二十五	夜	晝一百七十八日 井二十六 反舌无聲	夜	晝一百七十九日 井二十七	夜	晝一百八十日 井二十八	夜

應 (咸)	晝一百 八十一 日 井二十 九	夜	晝一百 八十二 日 井三十	夜	晝一百 八十三 日夏至 五月中 井三十 一 鹿角解	夜	晝一百 八十四 日 井三十 二	夜	晝一百 八十五 日 井三十 三
迎 (咸)	夜	晝一百 八十六 日 鬼一	夜	晝一百 八十七 日 鬼二	夜	晝一百 八十八 日 鬼三 蜩始鳴	夜	晝一百 八十九 日 鬼四	夜
遇 (姤)	晝一百 九十日 柳一	夜	晝一百 九十一 日 柳二	夜	晝一百 九十二 日 柳三	夜	晝一百 九十三 日 柳四 半夏生	夜	晝一百 九十四 日 柳五
竈 (鼎)	夜	晝一百 九十五 日 柳六	夜	晝一百 九十六 日 柳七	夜	晝一百 九十七 日 柳八	夜	晝一百 九十八 日 柳九 溫風至	夜
大 (豐)	晝一百 九十九 日 柳十	夜	晝二百 日 柳十一	夜	晝二百 一日 柳十二	夜	晝二百 二日 柳十三	夜	晝二百 三日 柳十四 蟋蟀居 壁
廓 (豐)	夜	晝二百 四日 柳十五	夜	晝二百 五日 星一	夜	晝二百 六日 星二	夜	晝二百 七日 星三	夜
文 (渙)	晝二百 八日 星四 鷹學習	夜	晝二百 九日 星五	夜	晝二百 十日 星六	夜	晝二百 十一日 星七	夜	晝二百 十二日 張一
禮 (覆)	夜	晝二百 十三日 張二	夜	晝二百 十四日 張三 腐草化 螢	夜	晝二百 十五日 張四	夜	晝二百 十六日 張五	夜

逃（遯）	晝二百十七日 張六	夜	晝二百十八日 張七	夜	晝二百十九日 張八 土潤溽暑	夜	晝二百二十日 張九	夜	晝二百二十一日 張十	
唐（遯）	夜	晝二百二十二日 張十一	夜	晝二百二十三日 張十二	夜	晝二百二十四日 張十三 大雨時行	夜	晝二百二十五日 張十四	夜	
常（恆）	晝二百二十六日 張十五	夜	晝二百二十七日 張十六	夜	晝二百二十八日 張十七	夜	晝二百二十九日立秋七月 張十八 涼風至	夜	晝二百三十日 翼一	
度（節）	夜	晝二百三十一日 翼二	夜	晝二百三十二日 翼三	夜	晝二百三十三日 翼四	夜	晝二百三十四日 翼五 白露降	夜	
水（節）	晝二百三十五日 翼六	夜	晝二百三十六日 翼七	夜	晝二百三十七日 翼八	夜	晝二百三十八日 翼九	夜	晝二百三十九日 翼十 寒蟬鳴	
昆（同人）	夜	晝二百四十日 翼十一	夜	晝二百四十一日 翼十二	夜	晝二百四十二日 翼十三	夜	晝二百四十三日 翼十四	夜	
減（損）	晝二百四十四日 處暑 翼十五 鷹祭寫	夜	晝二百四十五日 翼十六	夜	晝二百四十六日 翼十七	夜	晝二百四十七日 翼十八	夜	晝二百四十八日 軫一	
唫（否）	夜	晝二百四十九日 軫二 天地始肅	夜	晝二百五十日 軫三	夜	晝二百五十一日 軫四	夜	晝二百五十二日 軫五	夜	

守 （否）	晝二百 五十三 日 軫六	夜	晝二百 五十四 日 軫七 禾乃登	夜	晝二百 五十五 日 軫八	夜	晝二百 五十六 日 軫九	夜	晝二百 五十七 日 軫十
翕 （巽）	夜	晝二百 五十八 日 軫十一	夜	晝二百 五十九 日白露 八月 軫十二 鴻雁來	夜	晝二百 六十日 軫十三	夜	晝二百 六十一 日 軫十四	夜
聚 （萃）	晝二百 六十二 日 軫十五	夜	晝二百 六十三 日 軫十六 乙鳥歸	夜	晝二百 六十四 日 軫十七	夜	晝二百 六十五 日 角一	夜	晝二百 六十六 日 角二
積 （大畜）	夜	晝二百 六十七 日 角三	夜	晝二百 六十八 日 角四 羣鳥養 羞	夜	晝二百 六十九 日 角五	夜	晝二百 七十日 角六	夜
飾 （賁）	晝二百 七十一 日 角七	夜	晝二百 七十二 日 角八	夜	晝二百 七十三 日 角九	夜	晝二百 七十四 日秋分 角十 雷收聲	夜	晝二百 七十五 日 角十一
疑 （賁）	夜	晝二百 七十六 日 角十二	夜	晝二百 七十七 日 亢一	夜	晝二百 七十八 日 亢二	夜	晝二百 七十九 日 亢三	夜
視 （觀）	晝二百 八十日 亢四	夜	晝二百 八十一 日 亢五	夜	晝二百 八十二 日 亢六	夜	晝二百 八十三 日 亢七	夜	晝二百 八十四 日 亢八 水始涸
沈 （歸妹）	夜	晝二百 八十五 日 亢九	夜	晝二百 八十六 日 氐一	夜	晝二百 八十七 日 氐二	夜	晝二百 八十八 日 氐三	夜

內（歸妹）	晝二百八十九日 氐四	夜	晝二百九十日 寒露九月 氐五 鴻雁來賓	夜	晝二百九十一日 氐六	夜	晝二百九十二日 氐七	夜	晝二百九十三日 氐八
去（无妄）	夜	晝二百九十四日 氐九	夜	晝二百九十五日 氐十 雀入大水化蛤	夜	晝二百九十六日 氐十一	夜	晝二百九十七日 氐十二	夜
晦（明夷）	晝二百九十八日 氐十三	夜	晝二百九十九日 氐十四	夜	晝三百日 氐十五 菊有黃華	夜	晝三百一日 房一	夜	晝三百二日 房二
瞢（明夷）	夜	晝三百三日 房三	夜	晝三百四日 房四	夜	晝三百五日霜降 房五 豺祭獸	夜	晝三百六日 心一	夜
窮（困）	晝三百七日 心二	夜	晝三百八日 心三	夜	晝三百九日 心四	夜	晝三百十日 心五	夜	晝三百十一日 尾一
割（剝）	夜	晝三百十二日 尾二	夜	晝三百十三日 尾三	夜	晝三百十四日 尾四	夜	晝三百十五日 尾五 蟄蟲咸俯	夜
止（艮）	晝三百十六日 尾六	夜	晝三百十七日 尾七	夜	晝三百十八日 尾八	夜	晝三百十九日 尾九	夜	晝三百二十日 尾十 水始冰
堅（艮）	夜	晝三百二十一日 尾十一	夜	晝三百二十二日 尾十二	夜	晝三百二十三日 尾十三	夜	晝三百二十四日 尾十四	夜

成 (既濟)	晝三百 二十五 日 尾十五 地始凍	夜	晝三百 二十六 日 尾十六	夜	晝三百 二十七 日 尾十七	夜	晝三百 二十八 日 尾十八	夜	晝三百 二十九 日 箕一
闞 (噬嗑)	夜	晝三百 三十日 箕二 雉入大 水化蜃	夜	晝三百 三十一 日 箕三	夜	晝三百 三十二 日 箕四	夜	晝三百 三十三 日 箕五	夜
失 (大過)	晝三百 三十四 日 箕六	夜	晝三百 三十五 日小雪 箕七 虹藏不 見	夜	晝三百 三十六 日 箕八	夜	晝三百 三十七 日 箕九	夜	晝三百 三十八 日 箕十
劇 (大過)	夜	晝三百 三十九 日 箕十一	夜	晝三百 四十日 斗一 天氣騰 地	夜	晝三百 四十一 日 斗二	夜	晝三百 四十二 日 斗三	夜
馴 (坤)	晝三百 四十三 日 斗四	夜	晝三百 四十四 日 斗五	夜	晝三百 四十五 日 斗六 閉塞成 冬	夜	晝三百 四十六 日 斗七	夜	晝三百 四十七 日 斗八
將 (未濟)	夜	晝三百 四十八 日 斗九	夜	晝三百 四十九 日 斗十	夜	晝三百 五十日 斗十一	夜	晝三百 五十一 日 斗十二 大雪十 一月	夜
難 (蹇)	晝三百 五十二 日 斗十三	夜	晝三百 五十三 日 斗十四	夜	晝三百 五十四 日 斗十五	夜	晝三百 五十五 日 斗十六	夜	晝三百 五十六 日 斗十七
勤 (蹇)	夜	晝三百 五十七 日 斗十八	夜	晝三百 五十八 日 斗十九	夜	晝三百 五十九 日 斗二十	夜	晝三百 六十日 斗二十 一	夜

養 （頤）	晝三百 六十一 日 斗二十 二 荔挺出	夜	晝三百 六十二 日 斗二十 三	夜	晝三百 六十三 日 斗二十 四	夜	晝三百 六十四 日 斗二十 五	夜	晝三百 六十五 日 斗二十 六 度半
踦	半日之 半四分 度之一								
贏	半日 半度								